JN236283

魂の願い
新月のソウルメイキング

New Moon Astrology
by Jan Spiller

ジャン・スピラー●
東川恭子=訳

徳間書店

NEW MOON A STROLOGY
Copyright©2001 by Jan Spiller
Japanese translation rights arranged with
Bantam Books, an imprint of The Bantam Dell Publishing Group, a division
of Random House, Inc.
through Japan UNI Agency, Inc.

この本を書き上げるにあたり、インスピレーションのもとになったのは、
「自分自身を成長させたい」、そして「新しい経験の中に飛び込んでみたい」という
わたしたち人間の心からの願いです。これまでの歴史の中で、
今ほど守護霊や天使たちがわたしたちの魂のそばにあり、
心に描く夢をかなえてあげようと支援してくれている時はありません。
天上から手を差し伸べてくれている天使たちに、心からの感謝の気持ちを贈ります。

ジャン・スピラー

新月のソウルメイキング　目次

プロローグ……9

パート① 宇宙の法則を味方につける……30

願いの法則……32

よりよい結果を得るために……69

ポイント……83

パート② 各星座の新月パワー

パート② 各星座の新月パワー……86
新月パワーには得意分野がある……88
新月が牡羊座にある時に実現する願い……91
新たな始まり／自分を見つめる／純粋さ・本物／自己発見／独立／勇気／悪癖を絶つ
新月が牡牛座にある時に実現する願い……99
お金／官能的喜び／満足／忍耐／自分の存在価値を認める／解放する／頑固さ
新月が双子座にある時に実現する願い……107
運動・活動／学び／コミュニケーション能力／論理・知性／世間慣れ／前向きな日常／不安を取り除く
新月が蟹座にある時に実現する願い……116
家庭・家族／安定／成長／親密さ・慈愛／感情・気分／育成／解放／不安感
新月が獅子座にある時に実現する願い……124
愛とロマンス／創造力／寛大さ／祝福・遊び／尊厳／決断力／短気／傲慢
新月が乙女座にある時に実現する願い……133
体の健康／食生活・運動／仕事・ライフワーク／眼識／助けてあげること／秩序／リラックス／完璧主義

新月が天秤座にある時に実現する願い……142
結婚／交渉術／調和／チームワーク／社交性・外交手腕／洗練／ヒーリング／相互依存
新月が　蠍　座　にある時に実現する願い……150
力づける／変化／危機管理能力／自制心／セックスパートナー／ソウルメイト／財務協力／権力闘争の回避
新月が射手座にある時に実現する願い……159
真実の追究／心の安定／旅行・自由・冒険／法律問題／忠実さ・楽観主義／解決策を見つける／過剰を克服する
新月が山羊座にある時に実現する願い……167
老後の安定／対処法／責任／目標達成／成功と承認／処理能力／権威者／他者を操作しない
新月が水瓶座にある時に実現する願い……176
ユニークな解決法／予知／人道的姿勢／啓示／ユーモア／友情／冷淡・無関心
新月が　魚　座　にある時に実現する願い……184
想像力／内なる幸福感／霊的敏感さ／信心深さ・精神性／霊的癒し／慈愛の心／被害者意識の解放

パート③ 願いの念力で前世のカルマを解放する……194

願いの実現を阻むカルマの解消法……196

ドラゴンヘッドが牡羊座にある人……205

依存心を克服する／個性を自覚し、リーダーシップを磨く／優柔不断を克服し、心のままに行動する／主張する／他人の感情の乱れに冷静に対処する／自分の魅力を知り、自分自身を愛する

ドラゴンヘッドが牡牛座にある人……213

自分の欲求を自覚し、存在価値を確立する／他者の評価に頼らない／お金の扱いを学び、感謝の心を持つ／自分の境界線を知り、快適ゾーンに留まる／自らの価値観に目覚め、一歩ずつ前進する／おせっかいをやめ、批判的態度を改める／自らを崖っぷちに追い込まない

ドラゴンヘッドが双子座にある人……222

身勝手な正義感を振りかざさない／社交性とエチケットを学ぶ／他者のあるがままを尊重する／事実・論理・選択肢の価値を知る／自分の枠を拡げる／多様性を楽しむ

ドラゴンヘッドが蟹座にある人……230

感情の大切さを理解する／状況操作欲求を抑える／感情を素直に表現する／母親的優しさで手を差し伸べる／本能に従う／自分を満たすことを学ぶ

ドラゴンヘッドが獅子座にある人……238
自信をつける／強い自己を確立する／自分が誰なのかを知る／運命を自ら切り拓く／無関心をやめ、自ら参加する／リスクを恐れず、心の命じるままに進む
ドラゴンヘッドが乙女座にある人……246
無秩序から建設的な参加へ／目標を決めて実現を目指す／今ここにあるものに集中する／的確な状況判断をする／被害者にならない／健全な日課をこなす
ドラゴンヘッドが天秤座にある人……254
利己主義を克服する／自分の基準を他者に押しつけない／社交・外交の仕方を学ぶ／過度な自意識を抑制する／他人の感情に敏感になる／チームワークの素晴らしさを知る
ドラゴンヘッドが蠍座にある人……263
頑固さを改める／安心よりも活気や元気を重視する／抑圧から解放される／パートナーシップの大切さを知る／他者の欲求を理解する／共同経営で経済的安定を得る
ドラゴンヘッドが射手座にある人……271
言葉の裏にある真意を探る／迷う心を静める／気持ちを率直に伝える／精神性を高める／直観を信じる／自由に生きる楽しさを味わう
ドラゴンヘッドが山羊座にある人……279
自分の人生に責任を持つ／家族のしがらみを克服する／感情的にならない／自尊心を高める／目標を達成する／安定した人生を受け入れる

ドラゴンヘッドが水瓶座にある人……286
他者の欲求に気づく／意志を強引に貫かず、流れに逆らわない／自我（エゴ）を抑えて客観的になる／人道的な活動に参加する／恋愛は友人関係から始める／愛を受け入れる／大局を見る
ドラゴンヘッドが魚座にある人……295
謙虚さを養う／取り越し苦労をやめ、天に委ねる／過剰分析をやめる／無条件の愛を学ぶ／職場で完璧主義を振りかざさない／大いなる力との結びつきを意識する

パート④テーマ別願いごと（50音順）……304

現在の自分が「真に求めていること」を願う……306
愛……311
家・不動産……314
依存症……318
うつ病……321
運動……323
お金……325
恐れ……331
学校……336
虐待……338
兄弟／姉妹……341
車……342
訓練・修行……343
計画と環境づくり……345
結婚・パートナー……349
権威者（上司、目上の人）……356
元気……358
健康……359
幸福……363
心の安定……367
子ども……370

コミュニケーション……374
思考……378
仕事……380
自信……386
自尊心……388
社会的地位……391
習慣（悪い）……392
信頼……396
睡眠……398
ストレス……400
成功……402
誠実さ・自分らしさ……406
精神世界のサポート……408
世界平和……413
積極性……417
セックス……418
創造力……422
ダイエット……423
楽しむこと・楽しみ……428
食べ物……431
友だち／友人……434
人間関係……439
ビジネス……445
ペット……449
変化……450
法律問題……451
瞑想・祈り……454
勇気……456
両親……458
旅行……461
恋愛……462

新しい次元に生きる……469

訳者あとがき……473

新月カレンダー……16
最大パワー周期を調べよう
ホームページから……52
星座・日付早見表……57
あなたのドラゴンヘッドの位置……200

プロローグ　願いはなぜかなうのか

「願いを込めると、そこには不思議な念力が宿る」というのは、古来からの常識です。今も、子どもたちは流れ星や干草を積んだトラックを見ると、願いごとを心の中で唱えます。わたしたちは心のどこかで、夢はいつかきっと実現すると信じています。「魔法の瞬間」に心を込めて願いごとをすると、その望みは具体的な形となってわたしたちの前に現れる――わたしたちの多くは、本能的にそれを知っているのです。

願いをかなえる最も強いパワーを持っているのは、新月です。本書は、新月がそのパワーを発するタイミングを占星術的に示し、あなたの願いが実現するお手伝いをします。

わたしはこれまでの21年間、新月パワーの周期を利用して、自分自身の願いをかなえるという「実験」を続けてきました。結果はどうだったかって？　わたしの人生は、それ以前とまったく違ったものになっています。さまざまなハードルをまるで「魔法のように」乗り越え、健康でスタイリッシュな生活を築き、自分が望んでいた分野で成功を収めました。そう、わたしの夢はすべて現実になったのです。

中には、とてもかないそうもない願いもいくつかありました。当時のわたしにとっては、まさに「夢」でしかなかったものです。そうしたものまで実現できたのは、占星術によるパワー周期が与えてくれた新しいエネルギーのおかげです。そのエネルギーによって、周りの人々や状況に変化が起こり、夢を実現できるよう、わたしのものの見方や考え方自体も変化したからです。

今、わたしはまったく新たな次元に生きていると感じています。人生のコースを道路にたとえるなら、まるで高速路線を走っているように、わたしの願いは次々に実現していくのです。

夢が次々と、しかもスピーディに実現していく一方で、心の中は以前よりずっと静かで、穏やかです。ストレスもありません。夢を実現させるために、自分の意志力を駆使しているわけではないからです。わたしがするのは、ある時刻を選んで、かなえたい願いを宇宙に伝えるだけ。星の周期がもたらす自然のパワーを活用すれば、宇宙は自動的に、夢が現実となる機会を作ってくれるのです。

夢や目標、またはある方向に行きたいという強い意志がなければ、人生は、気まぐれな波に身を任せて行ったり来たりと漂う、舵《かじ》のないボートのようなもの。生きる目標を持たず、ただ周りの人や出来事に反応するだけで、漫然と日々を生きている人は、たくさんいます。けれども、人生をさまざまな夢や目標を実現していく「チャンスの連続」ととらえることだってできるのです。

わたしは時々、こう自問します。

「この人生で、自分がなすべきことは、何なのか？　それを、きちんとやっているだろうか？　なすべきことをするために、自分の体や知性、そしてわたしを取り巻く宇宙や自然、周囲の人たちが与えてくれる人のエネルギーを、どう使えばいいのだろう？」

年を重ね、死を目前にして自分の生涯を振り返った時、最良の人生だったと思いたい。わたしにとってかけがえのないものを一つひとつ実現するために、やってみたいことを実際に経験できる自分、大好きな人々と過ごせる日々にしていきたい……。そう思うと、もう無駄にできる時間などありません。

願いを込めるという行為は、夢を現実のものにする過程で、魂の成長をもたらします。理想のマイホームを手に入れて豊かに暮らすこと、愛情あふれるパートナーとの生活、両親や子供とのいい関係など、あなたが手に入れたいものはみな、あなたの魂が求めているものにほかなりません。さまざまな経験を求め、それが実現していく過程で、あなたの魂は人生の多様な真実を理解し、磨かれていくのです。そして基本的な願いが満たされると、あなたの関心は身の回りのことから少しずつ拡大し、やがて人類全体、宇宙全体にプラスになることがらへと、自然に移行していきます。

願いがかなうということは、それが実現する環境が整っているということです。いいかえれば、その夢にふさわしい人格になるために、わたしたちは少しずつ変化し、成長していくのです。ですから、自分の現状からみて、実現が難しそうな願いの場合、その実現を阻んでいる考えや習慣がないか、自らの心を見つめなければなりません。つまり、願いをかなえる過程は、自分の心の構造やその偏《かたよ》りに目を向けることでもあるわけです。新月パワー周期を利用して、成功を妨《さまた》げる考え方を心の中から追い出し、夢の実現を願う時、その願いはかない、同時に魂が癒《いや》されてバランスを取り戻していくのです。

願いを込めるということは、何をどうしたいのかを自分自身で決断し、ゴールをはっきり心に描くことです。ただ頭で考えるプロセスではありません。ゴールに到達することが自分にとって「正しい」進路だと心と体で感じ、それを全身全霊で受け止める過程なのです。

そして、その願いを実現するために、目指すゴールを「魔法の瞬間」に書き留める。これは、自分自身でそれを確認する作業であると同時に、宇宙に向かって目標達成宣言をすることでもあります。自分自身で決断し、宇宙にそれを伝えることによって、それらは実現するのです。

占星術は、とっておきの「魔法の瞬間」をあらかじめ教えてくれます。そして、わたしたちの願いがかなうように支援してくれるのです。

月は12の星座（サイン）上をぐるっと巡《めぐ》り、29・5日ごとに太陽と結合します。これが新月。月齢0《ゼロ》で、夜空に月が見えない時期です。

新月の時は、あらゆる作物がよく育つといわれています。実際、アメリカの農家は、月の満ち欠けをカレンダーに記した「農業暦」を見て、最も大きな収穫が見込める種《たね》蒔《ま》きの日を決定します。アメリカだけではありません。何世紀も前から、どこの国でも、農夫たちは、月の周期に合わせて種を蒔くという「知恵」をもっていたのです。

新月パワーは、植物にだけ発揮されるわけではありません。髪を速く伸ばしたいなら、新月の日を選んで美容院に行きましょう。爪を丈夫にして、きれいに伸ばしたいなら、手入れをするのは新月の日がおすすめです。どんなことでも新月の日に始めたものは、通常より速いペースで成長します。ビジネスのプロジェクト、人間関係、創作活動も同じです。新月は、新しいことを始めるのに最適のタイミングなのです。

そう、タイミングがすべてです。春に種を蒔けば、秋には大きな収穫が得られます。それが自然の法則です。同じ種を冬の吹雪のさなかに蒔いても、収穫は期待できません。たとえ実りがあったとしても、最適な時期を選んで種を蒔いた場合とは比べものにならないほど、収穫はお粗末なはず。しかも、そのお粗末な収穫を得るのに、何倍もの手間をかける必要があるのです。

願いの実現にも、これとまったく同じことがいえます。すでに述べたように、新月の日を待って新しいことを始めると、早い展開が望めます。願いの実現は、わたしたちの毎日に新たなページを開くこと。ですから、わたしたちが新月の日に願いを込める時、新月もまた期待に応えてくれるのです。

この新月パワーを利用した夢の実現法をより深く理解し、最も効果的な方法を見つけようと、わたしは自分自身を実験台にして、さまざまな挑戦を続けてきました。このパワーがもたらす効果を、身をもって実感・確信してからは、占星術の相談にやってくるクライアントに、新月パワー周期を利用する方法をすすめるようになりました。そして、それを実践したクライアントたちも、わたしと同じような結果を得ています。

願いを込めるのに最適な、毎月訪れる新月の日のことを、わたしは「新月パワー周期」と呼んでいます。また、一年間の新月のうち最も強いパワーが降りてくる時期のことを

「最大パワー周期」と名づけました。「最大パワー周期」は、人によって異なっていて、それはその人の誕生図を見るとわかります。これらのパワー周期のメリットを最大限に活用する方法や、願いの言葉の効果的な作り方は、試行錯誤を重ねていくうちに、次第に明らかになっていきました。

あなたは今、心に願っていることをすべて、しかもスピーディに実現するための道路《ロード》地図《マップ》を手にしているのです。

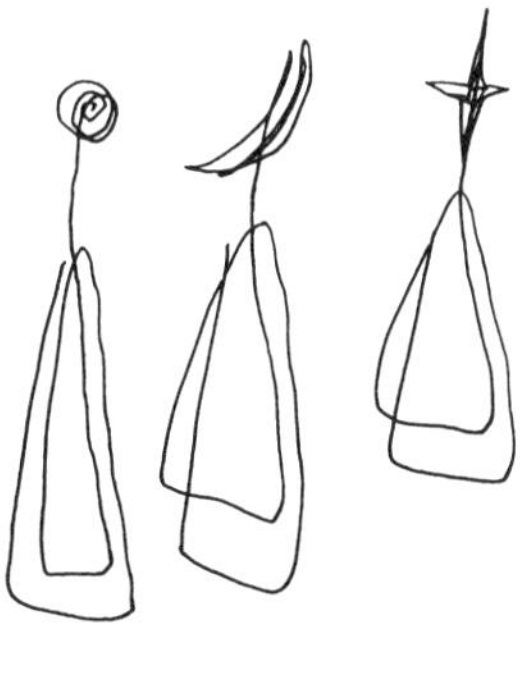

新月カレンダー
(2006〜2050)

新月になってから48時間以内に願いのリストを作りましょう。
ただし、最も効果があるのは初めの8時間以内です。

出典：アメリカ占星術センターのデータを明石標準時に換算

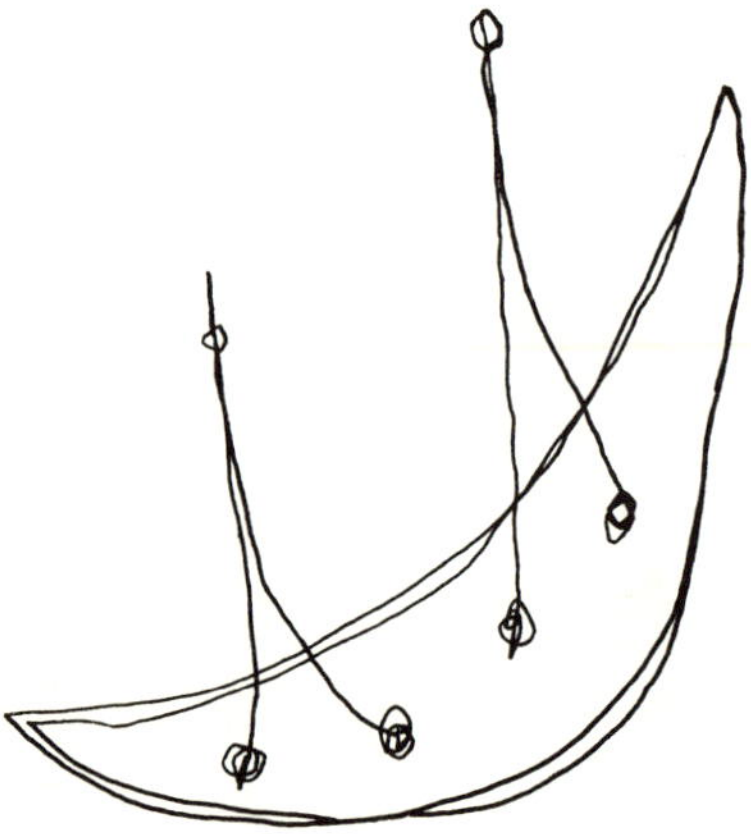

●2007年

1月19日	山羊座	13：02
2月18日	水瓶座	1：15
3月19日	魚　座	11：43
4月17日	牡羊座	20：37
5月17日	牡牛座	4：29
6月15日	双子座	12：14
7月14日	蟹　座	21：04
8月13日	獅子座	8：03
9月11日	乙女座	21：45
10月11日	天秤座	14：01
11月10日	蠍　座	8：04
12月10日	射手座	2：41

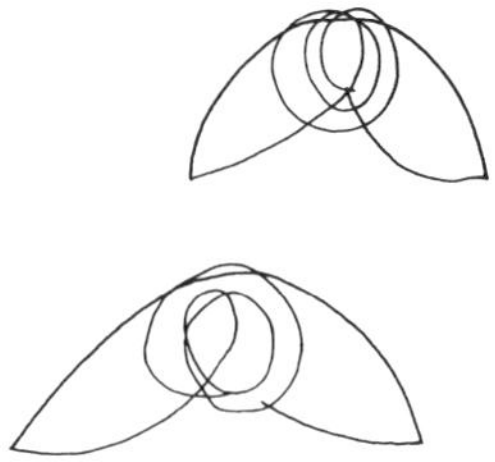

●2008年

1月8日	山羊座	20：37
2月7日	水瓶座	12：45
3月8日	魚　座	2：15
4月6日	牡羊座	12：56
5月5日	牡牛座	21：19
6月4日	双子座	4：24
7月3日	蟹　座	11：20
8月1日	獅子座	19：13
8月31日	乙女座	4：58
9月29日	天秤座	17：13
10月29日	蠍　座	8：14
11月28日	射手座	1：55
12月27日	山羊座	21：23

●2006年

1月29日	水瓶座	23：15
2月28日	魚　座	9：31
3月29日	牡羊座	19：16
4月28日	牡牛座	4：45
5月27日	双子座	14：26
6月26日	蟹　座	1：06
7月25日	獅子座	13：32
8月24日	乙女座	4：10
9月22日	乙女座	20：45
10月22日	天秤座	14：15
11月21日	蠍　座	7：19
12月20日	射手座	23：01

●2009年

1月26日	水瓶座	16：56
2月25日	魚　座	10：35
3月27日	牡羊座	1：07
4月25日	牡牛座	12：24
5月24日	双子座	21：12
6月23日	蟹　座	4：36
7月22日	蟹　座	11：36
8月20日	獅子座	19：02
9月19日	乙女座	3：44
10月18日	天秤座	14：34
11月17日	蠍　座	4：15
12月16日	射手座	21：02

●2010年

1月15日	山羊座	16：12
2月14日	水瓶座	11：53
3月16日	魚　座	6：02
4月14日	牡羊座	21：29
5月14日	牡牛座	10：06
6月12日	双子座	20：16
7月12日	蟹　座	4：41
8月10日	獅子座	12：09
9月8日	乙女座	19：31
10月8日	天秤座	3：45
11月6日	蠍　座	13：52
12月6日	射手座	2：37

●2011年

1月4日	山羊座	18：03
2月3日	水瓶座	11：31
3月5日	魚　座	5：47
4月3日	牡羊座	23：33
5月3日	牡牛座	15：51
6月2日	双子座	6：03
7月1日	蟹　座	17：55
7月31日	獅子座	3：40
8月29日	乙女座	12：04
9月27日	天秤座	20：10
10月27日	蠍　座	4：57
11月25日	射手座	15：10
12月25日	山羊座	3：07

●2012年

1月23日	水瓶座	16：41
2月22日	魚　座	7：35
3月22日	牡羊座	23：38
4月21日	牡牛座	16：20
5月21日	双子座	8：48
6月20日	双子座	0：02
7月19日	蟹　座	13：25
8月18日	獅子座	0：56
9月16日	乙女座	11：11
10月15日	天秤座	21：03
11月14日	蠍　座	7：09
12月13日	射手座	17：42

●2015年

1月20日	水瓶座	22：15
2月19日	魚　座	8：48
3月20日	魚　座	18：37
4月19日	牡羊座	3：58
5月18日	牡牛座	13：15
6月16日	双子座	23：06
7月16日	蟹　座	10：25
8月14日	獅子座	23：55
9月13日	乙女座	15：42
10月13日	天秤座	9：06
11月12日	蠍　座	2：49
12月11日	射手座	19：30

●2013年

1月12日	山羊座	4：44
2月10日	水瓶座	16：21
3月12日	魚　座	4：52
4月10日	牡羊座	18：36
5月10日	牡牛座	9：29
6月9日	双子座	0：58
7月8日	蟹　座	16：15
8月7日	獅子座	6：51
9月5日	乙女座	20：38
10月5日	天秤座	9：35
11月3日	蠍　座	21：50
12月3日	射手座	9：23

●2014年

1月1日	山羊座	20：15
1月31日	水瓶座	6：39
3月1日	魚　座	17：00
3月31日	牡羊座	3：46
4月29日	牡牛座	15：15
5月29日	双子座	3：40
6月27日	蟹　座	17：10
7月27日	獅子座	7：43
8月25日	乙女座	23：13
9月24日	天秤座	15：15
10月24日	蠍　座	6：58
11月22日	射手座	21：33
12月22日	山羊座	10：36

●2016年

1月10日	山羊座	10：31
2月8日	水瓶座	23：40
3月9日	魚　座	10：56
4月7日	牡羊座	20：24
5月7日	牡牛座	4：30
6月5日	双子座	12：01
7月4日	蟹　座	20：02
8月3日	獅子座	5：45
9月1日	乙女座	18：04
10月1日	天秤座	9：13
10月31日	蠍　座	2：39
11月29日	射手座	21：19
12月29日	山羊座	15：55

●2017年

1月28日	水瓶座	9：08
2月26日	魚　座	23：59
3月28日	牡羊座	11：59
4月26日	牡牛座	21：17
5月26日	双子座	4：45
6月24日	蟹　座	11：32
7月23日	獅子座	18：47
8月22日	獅子座	3：31
9月20日	乙女座	14：30
10月20日	天秤座	4：13
11月18日	蠍　座	20：43
12月18日	射手座	15：30

●2018年

1月17日	山羊座	11：18
2月16日	水瓶座	6：07
3月17日	魚　座	22：12
4月16日	牡羊座	10：58
5月15日	牡牛座	20：49
6月14日	双子座	4：44
7月13日	蟹　座	11：48
8月11日	獅子座	18：59
9月10日	乙女座	3：02
10月9日	天秤座	12：47
11月8日	蠍　座	1：03
12月7日	射手座	16：22

●2021年

1月13日	山羊座	14：01
2月12日	水瓶座	4：07
3月13日	魚　座	19：22
4月12日	牡羊座	11：31
5月12日	牡牛座	4：01
6月10日	双子座	19：54
7月10日	蟹　座	10：17
8月8日	獅子座	22：51
9月7日	乙女座	9：53
10月6日	天秤座	20：06
11月5日	蠍　座	6：15
12月4日	射手座	16：44

●2022年

1月3日	山羊座	3：35
2月1日	水瓶座	14：47
3月3日	魚　座	2：36
4月1日	牡羊座	15：26
5月1日	牡牛座	5：28
5月30日	双子座	20：31
6月29日	蟹　座	11：54
7月29日	獅子座	2：56
8月27日	乙女座	17：17
9月26日	天秤座	6：56
10月25日	蠍　座	19：50
11月24日	射手座	7：58
12月23日	山羊座	19：18

●2019年

1月6日	山羊座	10：29
2月5日	水瓶座	6：04
3月7日	魚　座	1：05
4月5日	牡羊座	17：51
5月5日	牡牛座	7：46
6月3日	双子座	19：03
7月3日	蟹　座	4：18
8月1日	獅子座	12：12
8月30日	乙女座	19：38
9月29日	天秤座	3：28
10月28日	蠍　座	12：39
11月27日	射手座	0：06
12月26日	山羊座	14：14

●2020年

1月25日	水瓶座	6：43
2月24日	魚　座	0：32
3月24日	牡羊座	18：29
4月23日	牡牛座	11：27
5月23日	双子座	2：39
6月21日	蟹　座	15：42
7月21日	蟹　座	2：34
8月19日	獅子座	11：42
9月17日	乙女座	20：00
10月17日	天秤座	4：32
11月15日	蠍　座	14：08
12月15日	射手座	1：17

●2025年

1月29日	水瓶座	21：36
2月28日	魚　座	9：46
3月29日	牡羊座	19：59
4月28日	牡牛座	4：32
5月27日	双子座	12：03
6月25日	蟹　座	19：33
7月25日	獅子座	4：12
8月23日	乙女座	15：07
9月22日	乙女座	4：55
10月21日	天秤座	21：27
11月20日	蠍　座	15：48
12月20日	射手座	10：44

●2026年

1月19日	山羊座	4：53
2月17日	水瓶座	21：02
3月19日	魚　座	10：24
4月17日	牡羊座	20：53
5月17日	牡牛座	5：03
6月15日	双子座	11：55
7月14日	蟹　座	18：44
8月13日	獅子座	2：38
9月11日	乙女座	12：28
10月11日	天秤座	0：50
11月9日	蠍　座	16：03
12月9日	射手座	9：53

●2023年

1月22日	水瓶座	5：55
2月20日	魚　座	16：07
3月22日	牡羊座	2：24
4月20日	牡羊座	13：14
5月20日	牡牛座	0：54
6月18日	双子座	13：37
7月18日	蟹　座	3：33
8月16日	獅子座	18：39
9月15日	乙女座	10：40
10月15日	天秤座	2：56
11月13日	蠍　座	18：29
12月13日	射手座	8：33

●2024年

1月11日	山羊座	20：58
2月10日	水瓶座	8：00
3月10日	魚　座	18：02
4月9日	牡羊座	3：22
5月8日	牡牛座	12：23
6月6日	双子座	21：39
7月6日	蟹　座	7：58
8月4日	獅子座	20：13
9月3日	乙女座	10：57
10月3日	天秤座	3：50
11月1日	蠍　座	21：48
12月1日	射手座	15：23
12月31日	山羊座	7：28

●2027年

1月8日	山羊座	5：25
2月7日	水瓶座	0：57
3月8日	魚　座	18：31
4月7日	牡羊座	8：52
5月6日	牡牛座	19：59
6月5日	双子座	4：42
7月4日	蟹　座	12：03
8月2日	獅子座	19：06
9月1日	乙女座	2：42
9月30日	天秤座	11：37
10月29日	蠍　座	22：37
11月28日	射手座	12：25
12月28日	山羊座	5：13

●2028年

1月27日	水瓶座	0：13
2月25日	魚　座	19：38
3月26日	牡羊座	13：33
4月25日	牡牛座	4：48
5月24日	双子座	17：17
6月23日	蟹　座	3：29
7月22日	蟹　座	12：03
8月20日	獅子座	19：45
9月19日	乙女座	3：24
10月18日	天秤座	11：58
11月16日	蠍　座	22：19
12月16日	射手座	11：07

●2029年

1月15日	山羊座	2：25
2月13日	水瓶座	19：33
3月15日	魚　座	13：20
4月14日	牡羊座	6：41
5月13日	牡牛座	22：44
6月12日	双子座	12：52
7月12日	蟹　座	0：52
8月10日	獅子座	10：57
9月8日	乙女座	19：46
10月8日	天秤座	4：15
11月6日	蠍　座	13：25
12月5日	射手座	23：53

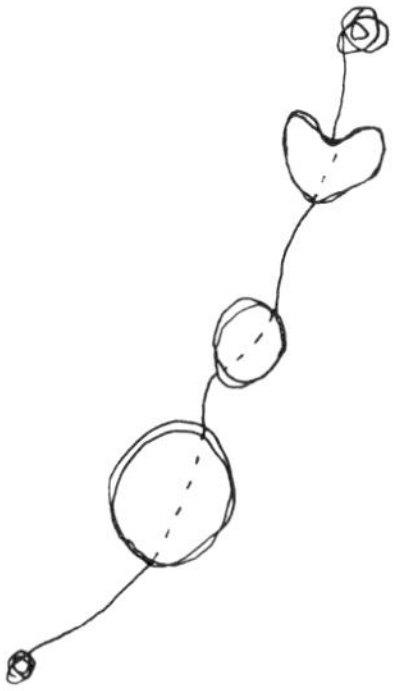

●2030年

1月4日	山羊座	11：50
2月3日	水瓶座	1：08
3月4日	魚　座	15：36
4月3日	牡羊座	7：04
5月2日	牡牛座	23：12
6月1日	双子座	15：22
7月1日	蟹　座	6：36
7月30日	獅子座	20：12
8月29日	乙女座	8：08
9月27日	天秤座	18：56
10月27日	蠍　座	5：18
11月25日	射手座	15：47
12月25日	山羊座	2：33

●2031年

1月23日	水瓶座	13：32
2月22日	魚　座	0：50
3月23日	牡羊座	12：50
4月22日	牡牛座	1：59
5月21日	双子座	16：18
6月20日	双子座	7：25
7月19日	蟹　座	22：42
8月18日	獅子座	13：34
9月17日	乙女座	3：47
10月16日	天秤座	17：22
11月15日	蠍　座	6：11
12月14日	射手座	18：07

●2032年

1月13日	山羊座	5：07
2月11日	水瓶座	15：26
3月12日	魚　座	1：26
4月10日	牡羊座	11：40
5月9日	牡牛座	22：37
6月8日	双子座	10：33
7月7日	蟹　座	23：42
8月6日	獅子座	14：12
9月5日	乙女座	5：58
10月4日	天秤座	22：27
11月3日	蠍　座	14：46
12月3日	射手座	5：54

●2033年

1月1日	山羊座	19：18
1月31日	水瓶座	7：00
3月1日	魚座	17：25
3月31日	牡羊座	2：53
4月29日	牡牛座	11：47
5月28日	双子座	20：37
6月27日	蟹座	6：08
7月26日	獅子座	17：14
8月25日	乙女座	6：40
9月23日	天秤座	22：41
10月23日	蠍座	16：30
11月22日	射手座	10：40
12月22日	山羊座	3：48

●2034年

1月20日	水瓶座	19：03
2月19日	魚座	8：11
3月20日	魚座	19：16
4月19日	牡羊座	4：28
5月18日	牡牛座	12：14
6月16日	双子座	19：27
7月16日	蟹座	3：16
8月14日	獅子座	12：54
9月13日	乙女座	1：15
10月12日	天秤座	16：33
11月11日	蠍座	10：18
12月11日	射手座	5：15

●2035年

1月10日	山羊座	0：04
2月8日	水瓶座	17：24
3月10日	魚座	8：11
4月8日	牡羊座	19：59
5月8日	牡牛座	5：05
6月6日	双子座	12：22
7月5日	蟹座	19：00
8月4日	獅子座	2：12
9月2日	乙女座	11：01
10月1日	天秤座	22：08
10月31日	蠍座	11：59
11月30日	射手座	4：39
12月29日	山羊座	23：32

●2036年

1月28日	水瓶座	19：18
2月27日	魚座	14：00
3月28日	牡羊座	5：58
4月26日	牡牛座	18：34
5月26日	双子座	4：18
6月24日	蟹座	12：11
7月23日	獅子座	19：18
8月22日	獅子座	2：36
9月20日	乙女座	10：52
10月19日	天秤座	20：52
11月18日	蠍座	9：16
12月18日	射手座	0：35

●2037年

1月16日	山羊座	18：36
2月15日	水瓶座	13：56
3月17日	魚　座	8：37
4月16日	牡羊座	1：09
5月15日	牡牛座	14：56
6月14日	双子座	2：11
7月13日	蟹　座	11：33
8月11日	獅子座	19：43
9月10日	乙女座	3：26
10月9日	天秤座	11：35
11月7日	蠍　座	21：04
12月7日	射手座	8：40

●2038年

1月5日	山羊座	22：42
2月4日	水瓶座	14：53
3月6日	魚　座	8：17
4月5日	牡羊座	1：44
5月4日	牡牛座	18：20
6月3日	双子座	9：26
7月2日	蟹　座	22：34
8月1日	獅子座	9：41
8月30日	乙女座	19：14
9月29日	天秤座	3：59
10月28日	蠍　座	12：54
11月26日	射手座	22：48
12月26日	山羊座	10：04

●2039年

1月24日	水瓶座	22：38
2月23日	魚　座	12：18
3月25日	牡羊座	3：01
4月23日	牡牛座	18：36
5月23日	双子座	10：39
6月22日	蟹　座	2：22
7月21日	蟹　座	16：56
8月20日	獅子座	5：51
9月18日	乙女座	17：23
10月18日	天秤座	4：10
11月16日	蠍　座	14：47
12月16日	射手座	1：33

●2040年

1月14日	山羊座	12：26
2月12日	水瓶座	23：26
3月13日	魚　座	10：47
4月11日	牡羊座	23：01
5月11日	牡牛座	12：29
6月10日	双子座	3：04
7月9日	蟹　座	18：15
8月8日	獅子座	9：28
9月7日	乙女座	0：15
10月6日	天秤座	14：26
11月5日	蠍　座	3：57
12月4日	射手座	16：35

●2042年

1月22日	水瓶座	5：43
2月20日	魚　座	16：40
3月22日	牡羊座	2：24
4月20日	牡牛座	11：21
5月19日	牡牛座	19：56
6月18日	双子座	4：49
7月17日	蟹　座	14：53
8月16日	獅子座	3：03
9月14日	乙女座	17：51
10月14日	天秤座	11：04
11月13日	蠍　座	5：30
12月12日	射手座	23：31

●2043年

1月11日	山羊座	15：54
2月10日	水瓶座	6：07
3月11日	魚　座	18：11
4月10日	牡羊座	4：08
5月9日	牡牛座	12：23
6月7日	双子座	19：37
7月7日	蟹　座	2：52
8月5日	獅子座	11：24
9月3日	乙女座	22：19
10月3日	天秤座	12：13
11月2日	蠍　座	4：58
12月1日	射手座	23：38
12月31日	山羊座	18：49

●2041年

1月3日	山羊座	4：09
2月1日	水瓶座	14：44
3月3日	魚　座	0：41
4月1日	牡羊座	10：31
4月30日	牡牛座	20：47
5月30日	双子座	7：57
6月28日	蟹　座	20：18
7月28日	獅子座	10：03
8月27日	乙女座	1：17
9月25日	天秤座	17：43
10月25日	蠍　座	10：32
11月24日	射手座	2：37
12月23日	山羊座	17：08

●2044年

1月30日	水瓶座	13：05
2月29日	魚　座	5：14
3月29日	牡羊座	18：28
4月28日	牡牛座	4：43
5月27日	双子座	12：41
6月25日	蟹　座	19：26
7月25日	獅子座	2：12
8月23日	乙女座	10：06
9月21日	乙女座	20：05
10月21日	天秤座	8：38
11月19日	蠍　座	23：58
12月19日	射手座	17：54

●2045年

1月18日	山羊座	13：27
2月17日	水瓶座	8：52
3月19日	魚　座	2：16
4月17日	牡羊座	16：28
5月17日	牡牛座	3：28
6月15日	双子座	12：06
7月14日	蟹　座	19：30
8月13日	獅子座	2：41
9月11日	乙女座	10：28
10月10日	天秤座	19：38
11月9日	蠍　座	6：51
12月8日	射手座	20：43

●2046年

1月7日	山羊座	13：24
2月6日	水瓶座	8：11
3月8日	魚　座	3：17
4月6日	牡羊座	20：53
5月6日	牡牛座	11：57
6月5日	双子座	0：24
7月4日	蟹　座	10：40
8月2日	獅子座	19：26
9月1日	乙女座	3：27
9月30日	天秤座	11：27
10月29日	蠍　座	20：18
11月28日	射手座	6：51
12月27日	山羊座	19：41

●2047年

1月26日	水瓶座	10：45
2月25日	魚　座	3：27
3月26日	牡羊座	20：46
4月25日	牡牛座	13：41
5月25日	双子座	5：28
6月23日	蟹　座	19：37
7月23日	獅子座	7：51
8月21日	獅子座	18：47
9月20日	乙女座	3：32
10月19日	天秤座	12：29
11月17日	蠍　座	22：30
12月17日	射手座	8：39

●2050年

1月23日	水瓶座	13：58
2月22日	魚　座	0：04
3月23日	牡羊座	9：42
4月21日	牡牛座	19：28
5月21日	双子座	5：52
6月19日	双子座	17：23
7月19日	蟹　座	6：19
8月17日	獅子座	20：49
9月16日	乙女座	12：50
10月16日	天秤座	5：50
11月14日	蠍　座	22：43
12月14日	射手座	14：19

●2048年

1月15日	山羊座	20：34
2月14日	水瓶座	9：33
3月14日	魚　座	23：28
4月13日	牡羊座	14：21
5月13日	牡牛座	5：59
6月11日	双子座	21：51
7月11日	蟹　座	13：05
8月10日	獅子座	3：01
9月8日	乙女座	15：26
10月8日	天秤座	2：46
11月6日	蠍　座	13：40
12月6日	射手座	0：32

●2049年

1月4日	山羊座	11：25
2月2日	水瓶座	22：17
3月4日	魚　座	9：14
4月2日	牡羊座	20：41
5月2日	牡牛座	9：12
5月31日	双子座	23：02
6月30日	蟹　座	13：52
7月30日	獅子座	5：08
8月28日	乙女座	20：20
9月27日	天秤座	11：07
10月27日	蠍　座	1：16
11月25日	射手座	14：36
12月25日	山羊座	2：53

パート

1

宇宙の法則を味方につける

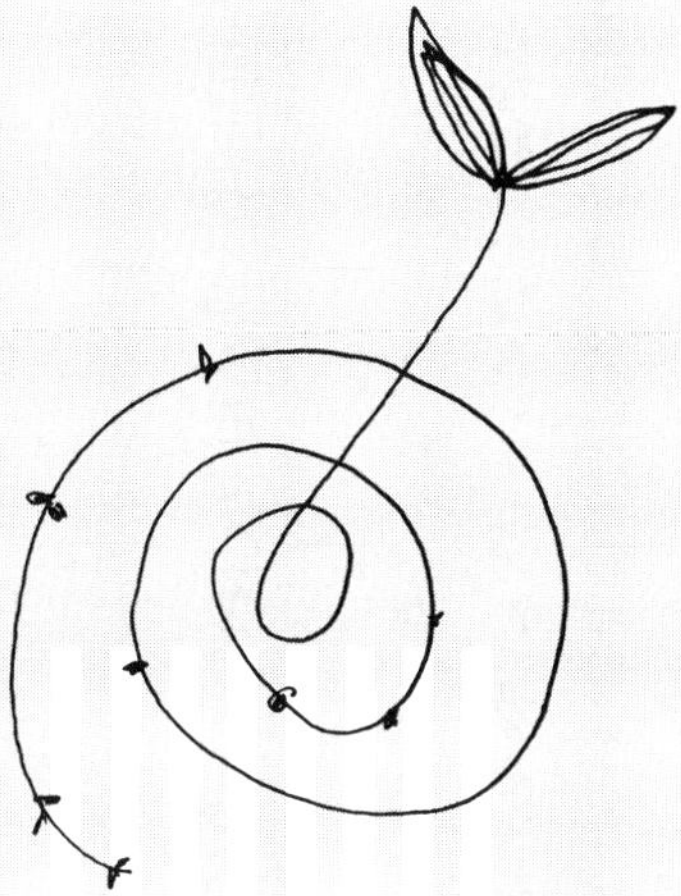

宇宙のパワーを活用して願いを実現するためには、
いくつかのルールがあります。
パート１では、長年にわたって研究・解明した
そのルールを紹介します。
それに従って、願いを宇宙に伝える――
夢をかなえるためにあなたがすべきことは、
ただそれだけ。努力も、強い意志も必要ありません。
宇宙の摂理と自分自身を信じさえすれば、
どんな願いも、必ずかなうのです。

願いの法則

宇宙に願いを伝えるタイミング

自分で種を蒔き、自分で刈り取る——それが、惑星地球《このほし》での法則です。この先の人生で、どんな収穫を得たいか（どんな夢を実現したいか）を思い描き、ちょうどよいタイミングで種を蒔けば、秋にはたわわに実った夢の果実を収穫することができます。夢を抱き、種を蒔くことは、いわば人生の仕込みをするということなのです。

本書では、占星術による天体の周期という魔法を使って、わたしたちの願いを最も強く宇宙に伝え、確実に、しかもスピーディに実現させるためのノウハウをお教えします。

まずは、毎月の新月を調べましょう。２０５０年までの新月の周期は、16ページから始まる新月カレンダーに記してあります。この表では、何日の何時からという正確な日時だけでなく、その月の新月がどの星座（サイン）に位置しているかについてもわかります（その月の新月が、どんな願いの実現により強いパワーを発揮するかは、パート2で細述しています）。

試行錯誤の結果わかったことですが、新月になった瞬間から48時間後までは、願いをかなえる新月パワーが働きますが、願いの実現により高い効果が期待できるのは、最初の8時間です。

新月に唱えた願いごとが、29・5日後に巡ってくる次の新月までに実現するとは限りません。けれども種を蒔いておけば、何ヶ月か後には、必ず実現します。

毎月、新月が始まる時刻の直前には、中間期ともいうべき時間帯があります。これはそれまでの周期を完結し、次の周期への移行を促《うなが》すための時間です。ですから、新月が始まる厳密な時刻を調べ、必ず、その時刻が過ぎたことを確認してから、願いごとを書き記《しる》すようにしてください。フライングをして、新月が始まる数分前に願うより、始まってから一日経ってからのほうが、格段に効果が高いのです。そして、新月が始まる時刻に近いほど、実現のパワーが強くなります。新月が始まる直前でも、始まってから時間が経ち過ぎても、その恩恵は得られません。このことは、これまでの経験から、明らかです。

新月が始まってから48時間以内に願いごとを書き記すこと――これは、絶対欠かせない原則です。

◆**新月に入った瞬間から8時間以内に、願いごとのリストを作ろう。**

願いごとのリストの作り方

新月パワーで夢を実現するためには、願いごとのリストを手書きで作らなくてはなりません。ワープロやタイプライター、パソコンで作ってはいけません。理由はわかりませんが、手書きであることは、新月パワーを利用するための絶対条件の一つなのです。

願いを明解な言葉で、あなたの気持ちが映し出されるように表現することも大切です。これには直感を働かせ、それを重視してください。

願いを書き終えたら、必ず読み返します。「これでいい」と感じたら、その願いはあなたの中で調和しているということ。ですから、この願いは宇宙に聞き届けられます。けれども「どこかしっくり来ない」と感じたら、要注意。別の表現をするか、またはあなたの気持ちがしっくり来る時まで、その願いは心にとどめておいたほうがいいのです。

リストに入れる願いは、最大10件までにとどめます。もちろん、それより少なくてもかまいませんが、10件を超える願いを書いてはいけません。それ以上になると、願いを実現させるエネルギーが分散してしまい、実現が困難になるからです。願いごとの数が増えるほど、一つひとつの実現にかかる宇宙のエネルギーは小さくなります。

けれども、一つだけというのも避けましょう。新月がもたらすエネルギーを活性化するため、願いごとは二つ以上書いたほうがいいのです。どうしても実現させたいことが一つしかない場合には、その実現を阻む要素になりそうなことを解消するための願いなど、それに関連したものを2番目、3番目に記しておくと、さらに効果が上がります。

より確実な結果を得るためには、うまくいってほしい、あるいは変化してほしい分野を一つか二つに絞り込んで、その分野のなかで2～3件の願いのバリエーションをつくることをおすすめします（パート4に、さらに詳しい説明があります）。

新月のエネルギーは、毎月少しずつ変化します。また、あなたの人生も月を追うごとに変化し、興味の対象も変わります。ある時は、それまでと違った分野や内容の願いを心に抱き、また別の月には、新たな関心に呼び起こされた願いを、新月に込めることもあるでしょう。

新月パワー周期を、毎月欠かさず活用することも大切です。あなたにとって特別に強いパワーを得られる月があったり、そうでない月があったりするからです。

特別に強いパワーを発揮する時期は、各自が持つ誕生図《バース・チャート》によって異なります。誕生図はあなた固有の運命を表すもので、あなたと同じ誕生図が作られるのは2万5千年に一度。これは、太陽の周りをたくさんの惑星が、それぞれ異なる速度で周っていることに起因します。惑星の配列が変わることによって、月の周期も変化します。そのため、ある特定の月には、あなたの運勢に強く働きかけることがあるのです。ただ、それ以外の新月にもパワーが満ちているので、その貴重なエネルギーを無駄にすることがないよう、毎月欠かさず実行しましょう。

願いのリストを書いた紙をどうしたらよいか、とよく聞かれます。そんな時、わたしは「捨てることさえしなければ、あなたのご自由に」と答えます。あるクライアントは、紙を布団の下に入れています。どうしてそうするのか理由は知りませんが、彼女はそうするのがいいと感じているのですから、それでいいのです。

新月パワーの願いは、いわゆる「新年の抱負」のように、努力を要するものではありません。また、書いた紙を二度と見なくても、願いはきちんとかないます。中には、リストを読むのを毎朝の日課にしている人もいます。もちろん、それもOK。自分がいいと思えることをしていいのです。

わたしの場合、パワー周期が終わり、リストを書いた紙に日付を書き留めた後は、身の周りに「何か変だな」と思う出来事が起きない限り、二度とリストに目を通すことはありません。「いったいこれはどういうことかしら？　普段こんなことはめったに起きないのに」などと感じたら、リストを出して、読み返します。すると「なるほど。8番めの願いがかなうために、あんなことが起きたのね」などと気づくのです。

願いを実現させるために、あなたが特にすべきことは何もありません。ただし、これまでとは違ったことが起こるようになったり、あなたの中に生まれた「新しいあなた」に気づいたら、決してそれを打ち消そうとしてはいけません。それは、あなたの願いをかなえるために起きていることなのですから。

◆毎月手書きでリストを作ろう。
◆1回に10件を超える願いをつくってはいけない。
◆1回に2件以上の願いを作ろう。
◆リストを作ったら日付を書き、保存しておこう。

自己啓発と願いごと

占星術と月の周期を利用した願いごとは、タイミングとは無関係にできる自己啓発とは異なります。

自己啓発は、自分の意識を前向きに捉え直し、否定的な考えを追い出す過程をたどります。自己啓発やプラス思考のテクニックは、わたしたちの中にある男性（陽）エネルギーを刺激することで、意思力や行動力を活性化させます。自分が強い意思を持つことで、望むような現実を生み出すのです。ここでのキーワードは「アクション」「行動」です。

一方、月の周期を利用して願いを込める行為は、大いなる力にすべてを委《ゆだ》ねること。自己啓発とは対照的なものです。大いなる力に心を明け渡すことで、わたしたちの中にある女性（陰）エネルギーを活性化するのです。こうした受動的なエネルギーは、まるで磁石のように、望む結果をわたしたちのもとにたぐり寄せます。本書では、さまざまな願いごとの例を挙げていますが、これらの多くが受動的な表現を用いているのは、そのためです。わたしたちの望む結果を招き、受け入れる窓を開放していることを示すために、やさしい言葉を用いることが、願いを書き記す上での原則の一つなのです。

外的環境を否定してはいけません。子供のように純真な心で、宇宙からプラスのエネルギーが流れ込んでくるのを受け入れるのです。ここでは、タイミングという魔法のような宇宙の力と精神世界の摂理が、新たな現実を生み出します。目の前の現実を否定することなく、高次のエネルギーが流れ込んでいる現実観に意識のチャンネルを切り替えると、そのエネルギーがわたしたちの言動を微妙に変化させ、新たな現実が作られていくのです。

たとえば、あなたが常に金銭問題を抱えているとします。この問題を解決するために、自己啓発的なアプローチをするならば、「わたしは絶対に大金持ちになると決心しました」となります。一方、占星術のタイミングを活用して望む状況を招き入れる、願いごとの手法では、「貧乏に対する恐怖感がなくなりますように」、「使い切れないほどのお金を引き寄せ、幸せなお金持ちになりたい」、あるいは「経済的な不安を払拭するために、正しい決断ができるわたしにな〜れ」といった表現が有効です。わたしたちの潜在意識は、願いごとの呼びかけを聞き、行動に変化が現れます。これまでとは違う行動は、違う結果、違う現実を、自《おの》ずから作り上げるのです。

願いを込める時、なるべく本書に記された願いごとの文例を活用することをおすすめします。けれども本書の表現がしっくり来なければ、自分の感性に合った表現を使うべきです。わたし個人の例でいえば、過去22年間の実験の結果、「〇〇できるわたしにすんなりとなりたい」という表現が一番有効でした。

願いごとと自己啓発を同時に行っても、不都合は一切ありません。あなたを幸せに導くプラスのエネルギーを呼び込む方法は、積極的に活用しましょう。

心の声・直感を信じる

新月パワー周期は、あなたの願いを数日後、あるいは何ヵ月後かに実現させる特別な力があるだけではありません。その影響は、あなた自身の変化となって現れるのです。

この時期、ふだんのあなたなら思いもよらないような願いが浮かんでくるはずです。それこそ、実現すると、真の喜びをもたらしてくれるものなのです。

何を願うのか決める時、心の声によく耳を傾け、その声を信じましょう。リストを作る時、願いを一つ書くたびに、心の声を聞いてみるのです。読み返した時に、平穏で幸せな気分になったら、それはあなたが「真の人生」を生きるために、実現すべきこと。ぜひとも実現したい願いです。時には、自分が書いた願いに、胸騒ぎや不安を感じることがあるかもしれません。そのような場合は、その願いは今回のリストから消し、機が熟すまでしばらく待つほうがいいでしょう。

パワー周期中にあなたの頭をよぎるものは、ふだんの論理的思考から来るものではありません。あなたの過去や潜在意識に照らしたものでもなければ、他者の意見に根ざしたものでもありません。この時期だけは、天使たちが地球の表面近くまで下りて来て、あなたが「特別な人」になれる日。だから、オープンで純粋な心を持って直感に身を任せれば、あなたがいちばん幸せになれるような願いごとが浮かぶのです。

◆新月の日に、あなたの気持ちが落ち着き、幸福感を覚えるような願いごとのリストが作れると信じよう。

運命の展開を信じる

どんな願いも、繰り返しリストに入れて気長に待てば、いつか必ず実現します。ただし、例外もあります。その願いが、あなたの運命と真っ向から対立する場合です。

あなたが心の底から求めるものは、ほとんどの場合、あなたの運命の一部。本来、実現されるべきものです。もし、願いがあっさり否定されたら、多分、それはあなたの運命の筋書きに反したものなのでしょう。運命は「宇宙の摂理」。それに反するものは、あなただけでなく、周囲の人にとってもよいことではありません。自らの運命に背《そむ》いてまで、どうしても実現したい何かが生まれること自体、非常にまれなことです。

わたしが知る限り、過去に一度だけ、次のようなことがありました。

わたしのクライアントに、青少年から麻薬を遠ざけるために、自立を促《うなが》す本を書いている人がいました。この出版プランは、彼が地元の学校で実践したプログラムの成功がきっかけで誕生したものです。クライアントとわたしは、非常にパワーの強い新月の日に、この本が大手出版社から世に出ることや全国的に売れること、そして、その結果として、彼の考えをさらに広めるための機会（講演やセミナーなど）が生まれることなどを一緒に願いました。これらの願いは、すべて実現。子どもたちを支援する彼のアイデアは他の学校でも取り入れられ、彼はこの分野の専門家として全国的に知られる存在になりました。初めは半信半疑だった彼も、新月パワーをすっかり信じるようになったのです。

数ヶ月後、彼は、再びわたしのところにやって来ました。今度は男女関係に関する本を出すので、また一緒に願いを込めてほしいというのです。今回、彼には前とは違った動機がありました。お金持ちになり、有名人としてテレビのトークショーに出たいと思っていたのです。わたしたちはまた同じことをしましたが、何一つ実現しませんでした。本の内容が、もう少し世の中に役に立つものだったら、結果は違っていたかもしれません。

そんなことがあった後、彼は、強姦防止プログラムを再編成するので力を貸してほしいと頼まれ、協力しました。このプロジェクトは大成功で、大きな効果が上がりました。現在、彼は家庭内暴力専門のセラピスト養成プログラムを開発し、この社会的意義の大きい分野で、第一人者としての地位を築き、多くの人々に影響を与えています。宇宙の構成員としての彼の使命という見方をすれば、彼の才能は、この分野でこそ求められていたのかもしれません。だとすれば、男女関係の本が売れてしまうと、彼が果たすべき重要な使命に気づくことも、それを果たすこともなかったといえます。つまり、この願いが実現されなかったのは、あの本が、彼の運命の筋書きにはないことだったから、ということです。

◆自分の運命の展開を信じよう。宇宙は、あなたの幸せを願っている。願いがすぐにかなわない場合は、かなうまで願い続ける一方で、代わりに何か別のいいことが起きていないか、注意深く見守ろう。

主体はあくまで「自分」にする

他者の行動や考えを変えるための願いごとは、かないません。いろいろ試した結果、どれも実現しないことがわかったのです。けれども、その人と接するあなた自身の行動を変えることで、その人の変化を促すことはできます。たとえば、片想いをしているあなたが相思相愛になりたい時、「○○がわたしを好きになりますように」と願っても、宇宙はその願いを聞いてくれません。この場合、「二人が恋愛関係になることを促す言葉を、○○にいえるわたしになりたい」とか、「○○との幸せな関係を築くためのステップを、迷うことなく、着実に踏んでいきたい」、あるいは「○○とわたしが幸せなカップルになることを阻《はば》むあらゆる要素を、わたしの中から追い出したい」というような表現にしましょう。

主語を自分にしたこうした表現にすれば、願いはかなうのです。

もし、相手と第三者との関係のために願いが実現しない場合、その人への関心を一度横におき、あなた自身が本当は何を求めているのか、じっくり考えてみましょう。

その人と恋愛がしたいの？

パートナーや結婚相手になってほしいの？

ちょっと危険な火遊びや浮気の相手を探しているだけ？

それとも家族の絆を深めるために、その人の力が必要なの？

こうしたことがクリアになったら、あなたと同じことを望んでいる人を引き寄せることを願えばいいのです。たとえば、「わたしにふさわしい男性（女性）を見つけ、健全で幸せな恋愛関係を作りたい」とか、「温かい家庭で子どもを育てたいと願っているわたしが、ぴったりの結婚相手と出合い、安定した楽しい家庭を築きたい」というように。

自分の子どもや家族の誰かを助けたいという願いも、例外ではありません。動機がどれほど純粋でも、自分以外の人のことはかなわないのです。けれども、その人をよりよい方向に導くように、あなた自身を変えたいと願うことはできます。たとえば、「ジョニーが宿題をちゃんとやって、成績がよくなりますように」という願いはかないません。「ジョニーが素直に宿題をしたくなるような言葉をかけることで、成績を向上させられる親になりたい」とか、「ジョニーの成績を上げるために、わたしができる最良のことは何か、明快な答えが見つかりますように」という願いなら、あなた自身の行動や考え方に関するものですから、実現します。

「子どもたちが幸せになりますように」とか、「娘の結婚生活が改善しますように」といった願いも、かないません。でも、「子どもたちが幸せになるように導いてあげられますように」、「斬新で実用的な考えを娘に伝え、娘の気持ちを寛大に受け止めることで、幸せな結婚生活に導けるわたしになれますように」とか「娘の結婚生活がもっとよくなるような考えが浮かび、娘に伝えられるわたしになりたい」という願いなら、かないます。

大切な人の健康問題に心を痛めているなら、「ベティの健康回復に絶大な効果がある方法が、わたしを通じてベティに伝わりますように」とか、「息子のケンが元気になるために必要なエネルギーをたくさんあげられるわたしになりたい」と願いましょう。つまり、健康回復に必要なエネルギーを宇宙から集め、その人に送り込む道具にあなた自身がなれるよう、自分を解放するということです。こうした表現で願うと、うまくいきます。

◆他の人に関する願いはかなわないが、その人に接するあなた自身を変えたいという願いなら実現する。

「春分お宝マップ」を作る

占星術によるタイミングを最大限に生かして願いを実現する効果的な方法を、もう一つお教えしましょう。これは友人の占星術家、バズ・メイヤーズが考え出したもので、お宝マップ（手に入れたいもののコラージュ）という視覚イメージ効果と、春分（新しい始まりを表す春の最初の日）のパワーを合わせた方法です。

それを作るのは、春分後、最初に訪れる新月の日。新月カレンダー（16〜29ページ参照）で、新月が牡羊座にある時が、この特別な日にあたります。

お宝マップは、次のものを使って作ります。

・あなたの未来の人生で経験したいことを表す写真が載っている雑誌

・はさみ、スティック糊

・ポスターボード（56㎝×71㎝ぐらいが最適）

あらかじめこれらのものを用意しますが、写真の選択を含め、実際に制作にかかるのは新月が牡羊座に入ってから。その日が来たら、雑誌をめくり、未来の人生のイメージに合うイラストや写真、見出しの言葉などを切り抜き、ポスターボードに貼っていきます。

並べ方にルールはありません。あなたが望む人生の青写真が、そこに表現されていればいいのです。たとえば、恋愛面での夢を左上に集め、仕事に関する目標を右上にというように、ボードをいくつかのエリアに分けるのもいいでしょう。あるいは、ジャンルにとらわれず、その時の気分に任せて雑然とレイアウトしてもかまいません。ここは、あなたの潜在意識や直感、心の声にリードしてもらいましょう。

お宝マップを作っている最中に、雑誌などからもっとすてきな絵や写真を探すのもいいでしょう。将来のイメージを探しているうちに、それまであまり関心のなかった写真やイメージが目にとまることもあるかもしれません。

また、既存のものを使わず、自分で絵や言葉を書き込むのも楽しいものです。

どんな形であれ、大切なのはあなたの望みをマップ上に表現することです。

春分お宝マップは、牡羊座の新月が始まってから2日以内で完成させましょう。あとはそれらの夢が一つずつ実現するのを待つばかり。お宝マップをしまい込んでも構いません。

◆毎年、牡羊座の新月には、「春分お宝マップ」を作ろう。

「最大パワー周期」を活用する

誰にでも、毎年3〜5週間続く「最大パワー周期」があり、それは太陽がそれぞれの第

11ハウスに入った時に訪れます。わたしがこの時期をそう名づけたのは、願いをかなえる力が、新月パワー周期と比しても格段に強いからです。もちろん、毎日願いを書き続ける必要もありません。各自の最大パワー周期を調べる方法は、次に述べますが、わたしの場合は、自分の最大パワー周期を肌で感じることができるため、この時に、願いごとを書くようにしています。

願いを伝えるためのルールはほぼ同じですが、異なる点が二つあります。最大パワー周期中は、最大40件の願いごとを受け付けてもらえること、そして太陽が第11ハウスを通過しているこの期間中なら、いつでも願いのリストを書けるということです。

クライアントの中には、毎年必ず、自分の最大パワー周期中に、わたしのもとを訪れる人もいます。彼らはみな、最大パワー周期の劇的な威力を体験しているのです。わたしも、この存在を知って以来、一度もこのチャンスを逃したことがありません。

「このパワー周期の後に、わたしが感じるあらゆる恐れや否定的な感情を楽々と乗り越え、何ごとも思い通りに運びますように」

最大パワー周期中に願いのリストを作る時、このような願いを加えることを強くおすすめします。なぜなら、この期間中の願いをかなえる力があまりに強力なため、とまどいを覚えるケースが多いからです。

わたしの体験をお話しましょう。

最大パワー周期を知ってから最初の2年間、願いは確かに一つずつ現実のものになっていきました。けれども最大パワー周期直後の新月（太陽が第12ハウスに入った時）の日、夢が着々と実現しているにもかかわらず、身の周りがあまりに大きく変化したために、不安でしかたがありませんでした。願いごとをするのはもうやめようかと思ったほどです。3年目からは前述の願いを入れるようにしたので、不安感に襲われることはなくなりました。ですから、これが願いの一つに数えられても、入れておいたほうが得策なのです。

ただし、あなたの潜在意識に蓄積されている「心のゴミ」が掘り起こされる場合は、この願いを入れても強い不安感に襲われることがあります。心のゴミとは、子ども時代から現在に至るまでに親や親戚、社会から教え込まれた否定的な既成概念、さらには前世から引きずっている否定的な考え方などです。これらは長いこと、あなたの一部になっているものですから、そこにメスが入れられる時に、不安感や不快感を覚えるのは当然のこと。願いを実現し、本来の運命を歩むために、避けて通れないプロセスなのです。

不安感に襲われた時には、心配ごとを書き出してみるといいでしょう。そして、その日が終わるころ、紙を破って捨てるのです。こうすることで、潜在意識に宿る否定的な考えや感情を捨て去るジェスチャーをするのです。この方法は、誰にでも必ず効果があるというわけではありませんが、人によっては大きな効果があります。

◆最大パワー周期中に願いごとをしよう。その驚異的なパワーは、あなたの夢の実現に、絶大な効力を発揮する。

◆最大パワー周期の願いのリストに、次の新月の時期に訪れる強い不安感を開放してほしいという願いを加えよう。

◆夢を実現したいなら、年に一度の最大パワー周期、春分お宝マップ、そして毎月やってくる新月パワー周期の3つをすべて、活用しましょう。これらの時期は、わたしたちが宇宙の持つ壮大な力にアクセスし、夢を実現するための強運を授かるチャンス、「魔法の期間」なのです。

「最大パワー周期」を調べよう

あなたの最大パワー周期を調べるには、インターネットでわたしのホームページ(www.janspiller.com)にアクセスする方法と、生まれた時間を含む完全な誕生図を用いる方法とがあります。

毎月めぐってくる新月パワー周期のいずれかが、必ずあなたの最大パワー周期にあたります。ですから、どちらの方法でも調べられない場合は、新月パワー周期に欠かさず願いを書けば、この魔法の周期を逃すこともありません。

【ホームページから調べる】

わたしのホームページでは、生年月日や誕生地などいくつかのデータを入力するだけで、最大パワー周期の始まりと終わりがわかります。年によって、最大パワー周期の始まる日や終わる日が通常の期間よりも1～2日早まったり、延びたりすることがありますが、ここで表示される最大パワー周期は、うるう年などによる年ごとのずれなども考慮し、どの年にも当てはまるように作られています。

www.janspiller.comで最大パワー周期を調べよう

↓

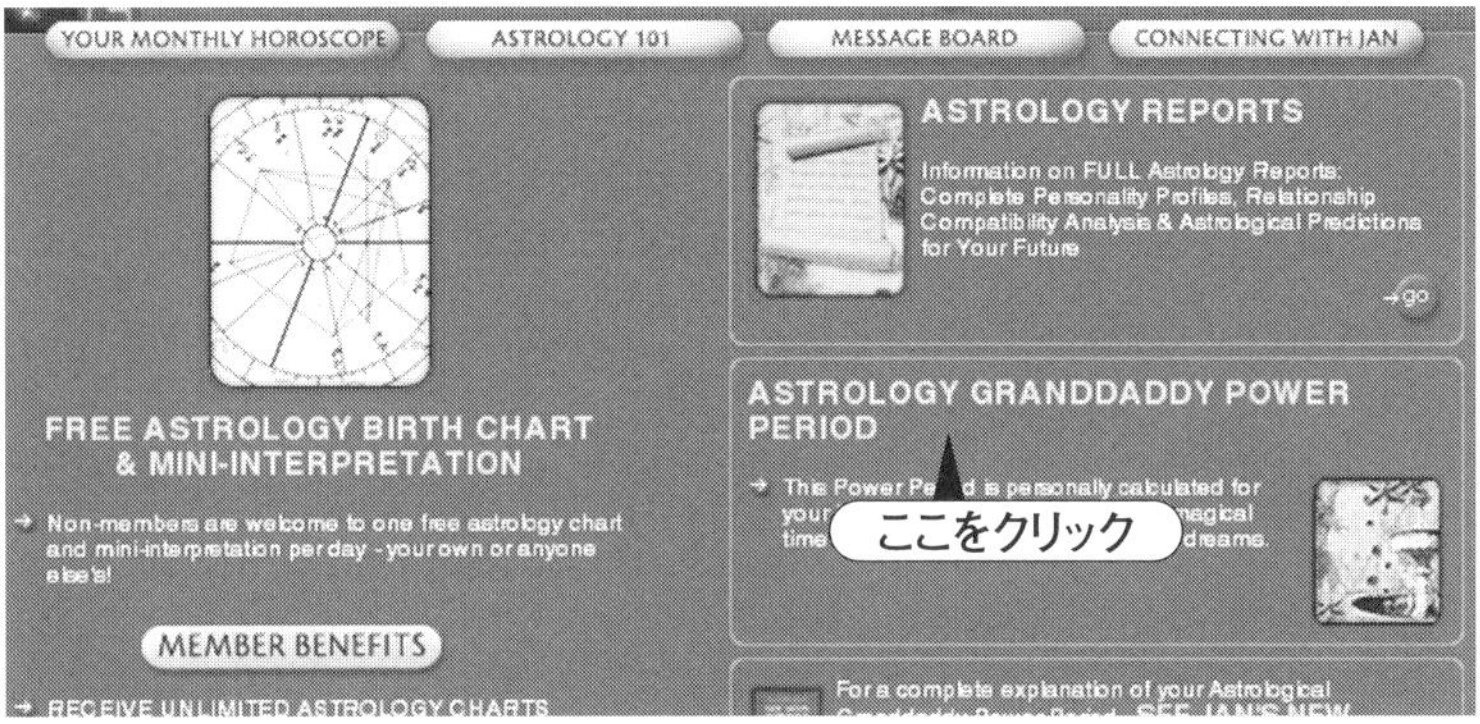

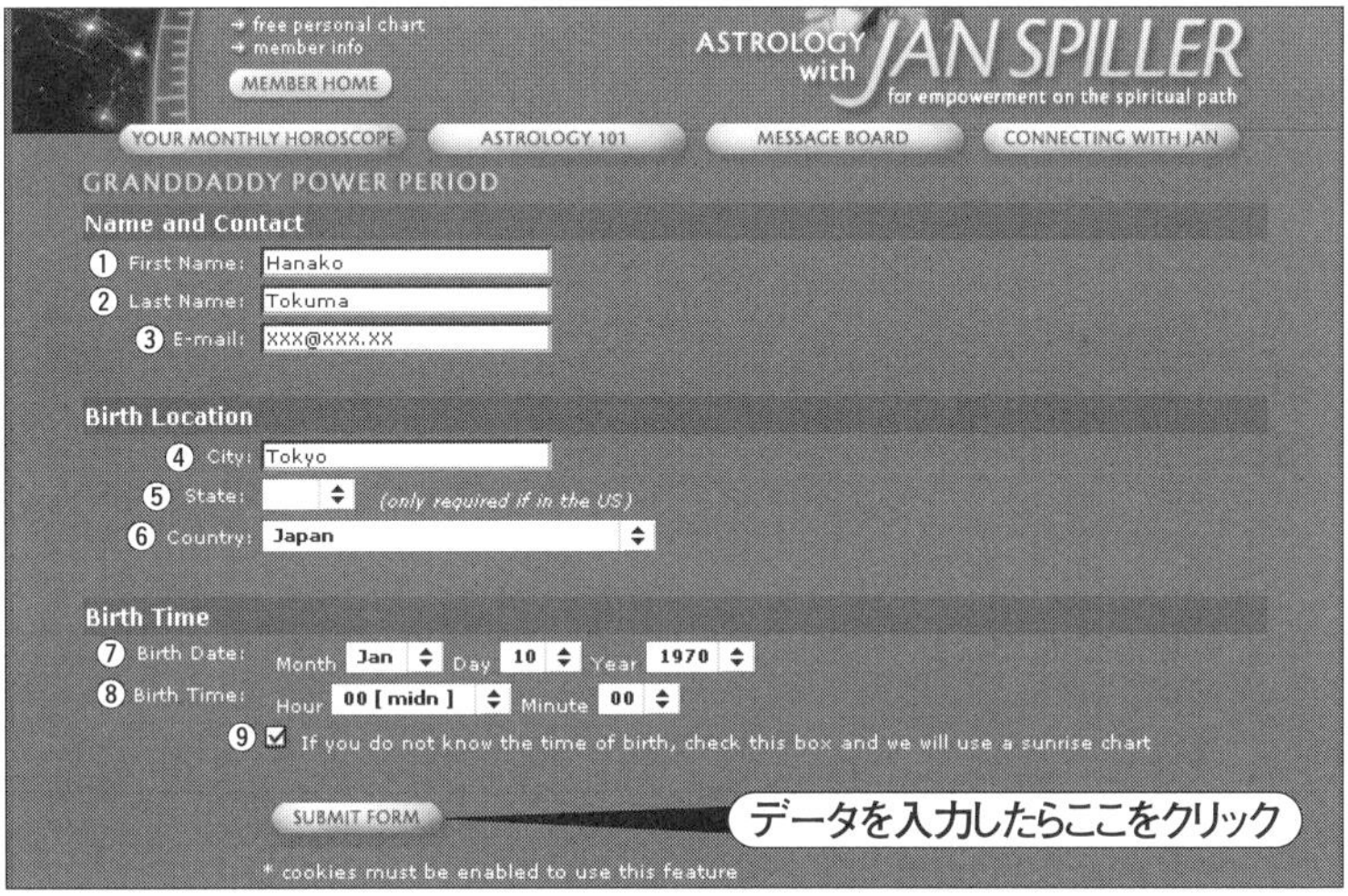

① 名
② 姓
③ Eメール
④ 生まれた都市
⑤ 生まれた州(米国以外は入力不要)
⑥ 生まれた国
⑦ 誕生日（月・日・年）
⑧ 生まれた時間（時・分）
⑨ 生まれた時間が不明な場合は、ここにチェックを入れる

次のページへ

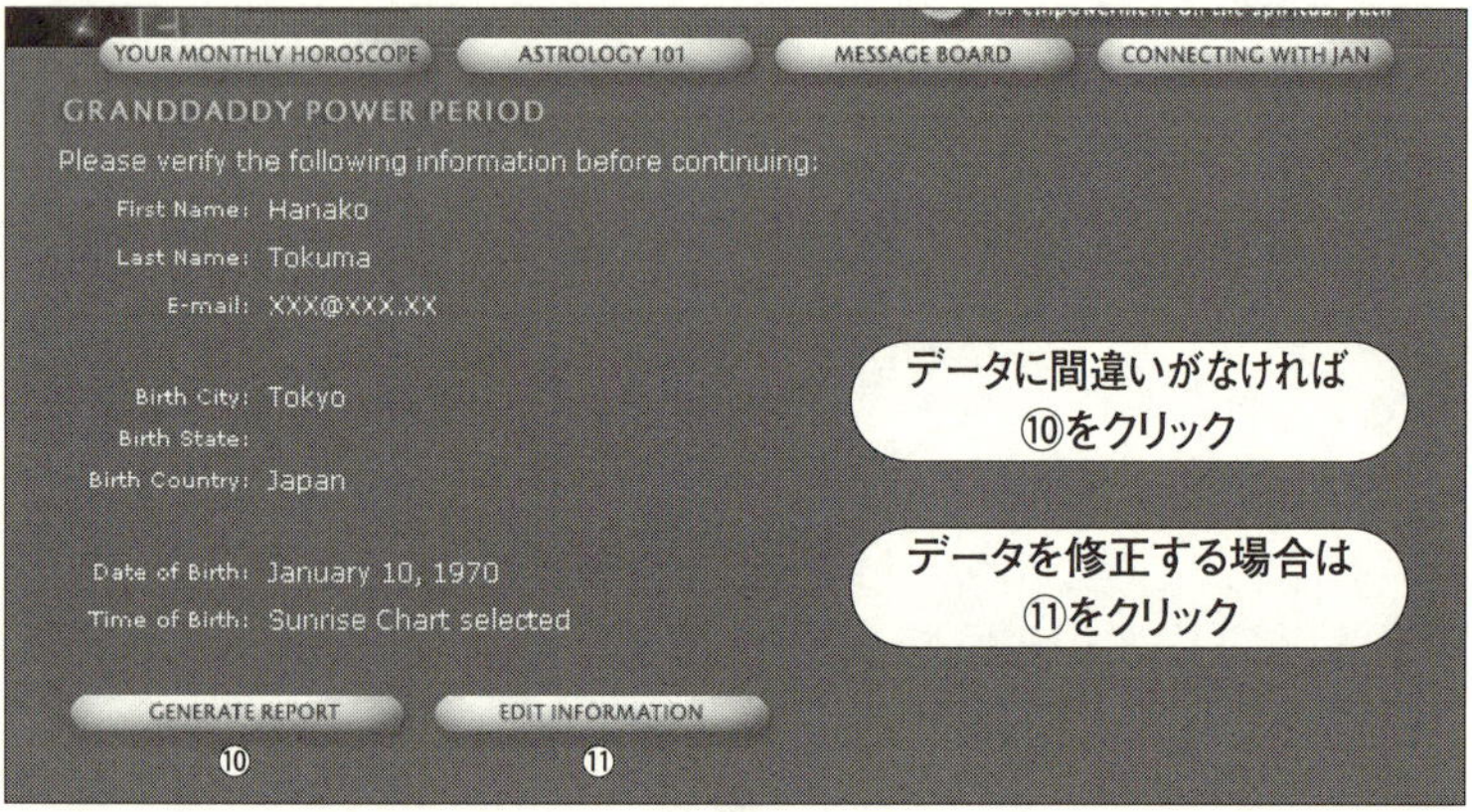
YOUR MONTHLY HOROSCOPE
ASTROLOGY 101
MESSAGE BOARD
CONNECTING WITH JAN
GRANDDADDY POWER PERIOD
Please verify the following information before continuing:
First Name: Hanako
Last Name: Tokuma
E-mail: XXX@XXX.XX
Birth City: Tokyo
Birth State:
Birth Country: Japan
Date of Birth: January 10, 1970
Time of Birth: Sunrise Chart selected
データに間違いがなければ
⑩をクリック
データを修正する場合は
⑪をクリック
GENERATE REPORT
EDIT INFORMATION
⑩
⑪

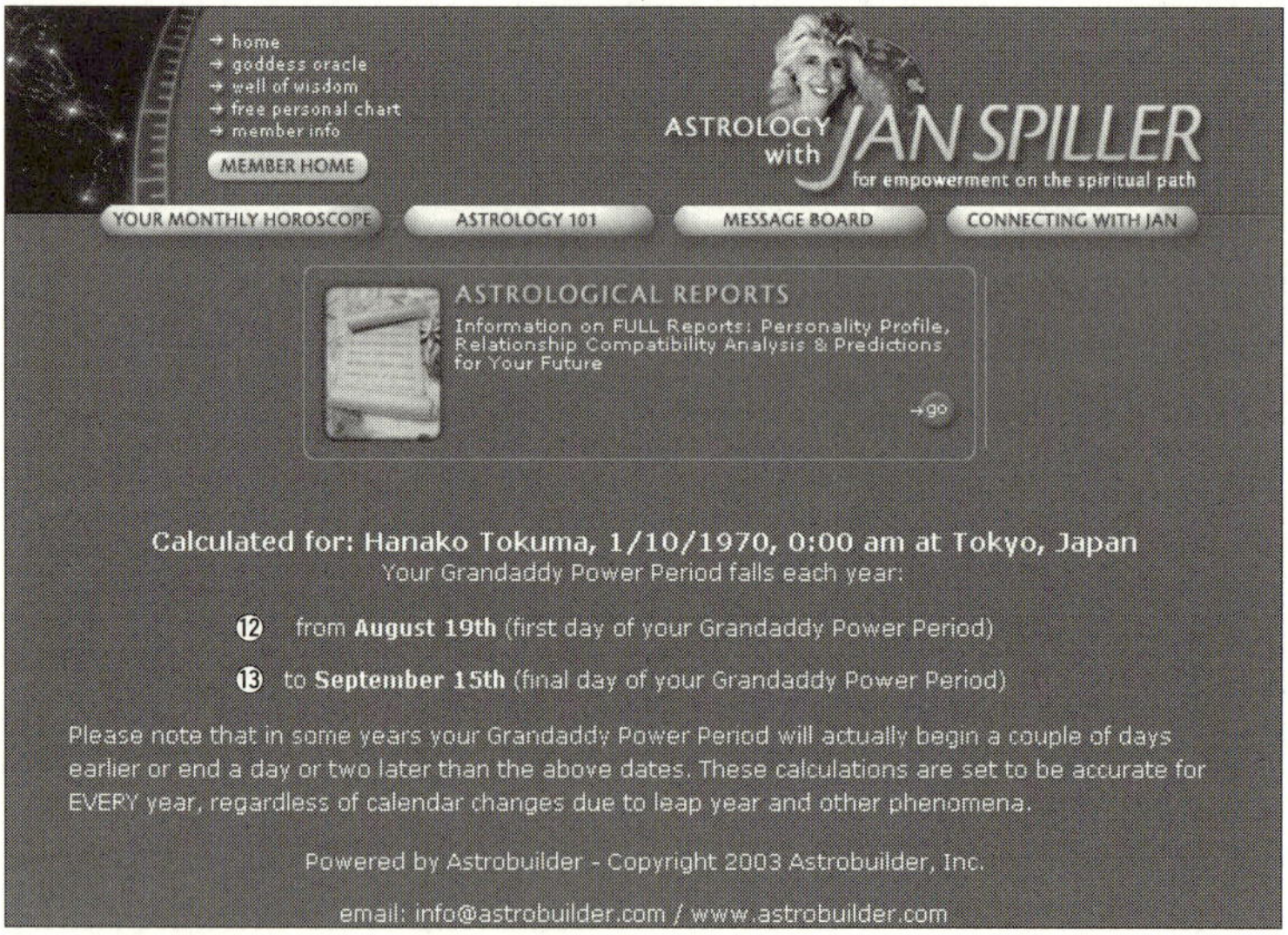
→ home
→ goddess oracle
→ well of wisdom
→ free personal chart
→ member info
MEMBER HOME
ASTROLOGY with JAN SPILLER
for empowerment on the spiritual path
YOUR MONTHLY HOROSCOPE
ASTROLOGY 101
MESSAGE BOARD
CONNECTING WITH JAN
ASTROLOGICAL REPORTS
Information on FULL Reports: Personality Profile, Relationship Compatibility Analysis & Predictions for Your Future
→go
Calculated for: Hanako Tokuma, 1/10/1970, 0:00 am at Tokyo, Japan
Your Grandaddy Power Period falls each year:
⑫ from August 19th (first day of your Grandaddy Power Period)
⑬ to September 15th (final day of your Grandaddy Power Period)
Please note that in some years your Grandaddy Power Period will actually begin a couple of days earlier or end a day or two later than the above dates. These calculations are set to be accurate for EVERY year, regardless of calendar changes due to leap year and other phenomena.
Powered by Astrobuilder - Copyright 2003 Astrobuilder, Inc.
email: info@astrobuilder.com / www.astrobuilder.com

⑫最大パワー周期が始まる日　⑬最大パワー周期が終わる日

【誕生図から調べる】

生まれた時間を含んだ完全な誕生図を用意し、第11ハウスの角度と星座を特定します。次に、57〜68ページの「星座・日付早見表」で、星座の角度から、太陽が第11ハウスに入る月日をチェック。これが最大パワー周期がスタートする日です。同様に、第12ハウスの星座と角度から、その時期の終わりを調べます。

56ページの誕生図で、具体的に説明しましょう。まず、第11ハウスの始まりを見てください。星座は牡羊座、角度は23度4分です（角度だけを見るので、この場合は23度）。次に、星座・日付早見表（57〜68ページ）を見ると、牡羊座23度は4月13日となっていますから、最大パワー周期は4月13日に始まるということです。そして、第11ハウスは双子座3度32分で終わっています。表を見ると、双子座3度は5月24日です。従って、最大パワー周期が終わるのは5月24日となります。

誕生年がうるう年の場合、最大パワー周期はここで示される日より一日遅く始まり、一日早く終わります。１９４４年はうるう年ですから、ヘレンの最大パワー周期は、毎年4月14日から5月23日までということです。

誕生時間が曖昧な場合などは、始まりを2日遅く、終わりを2日早めれば、確実です。

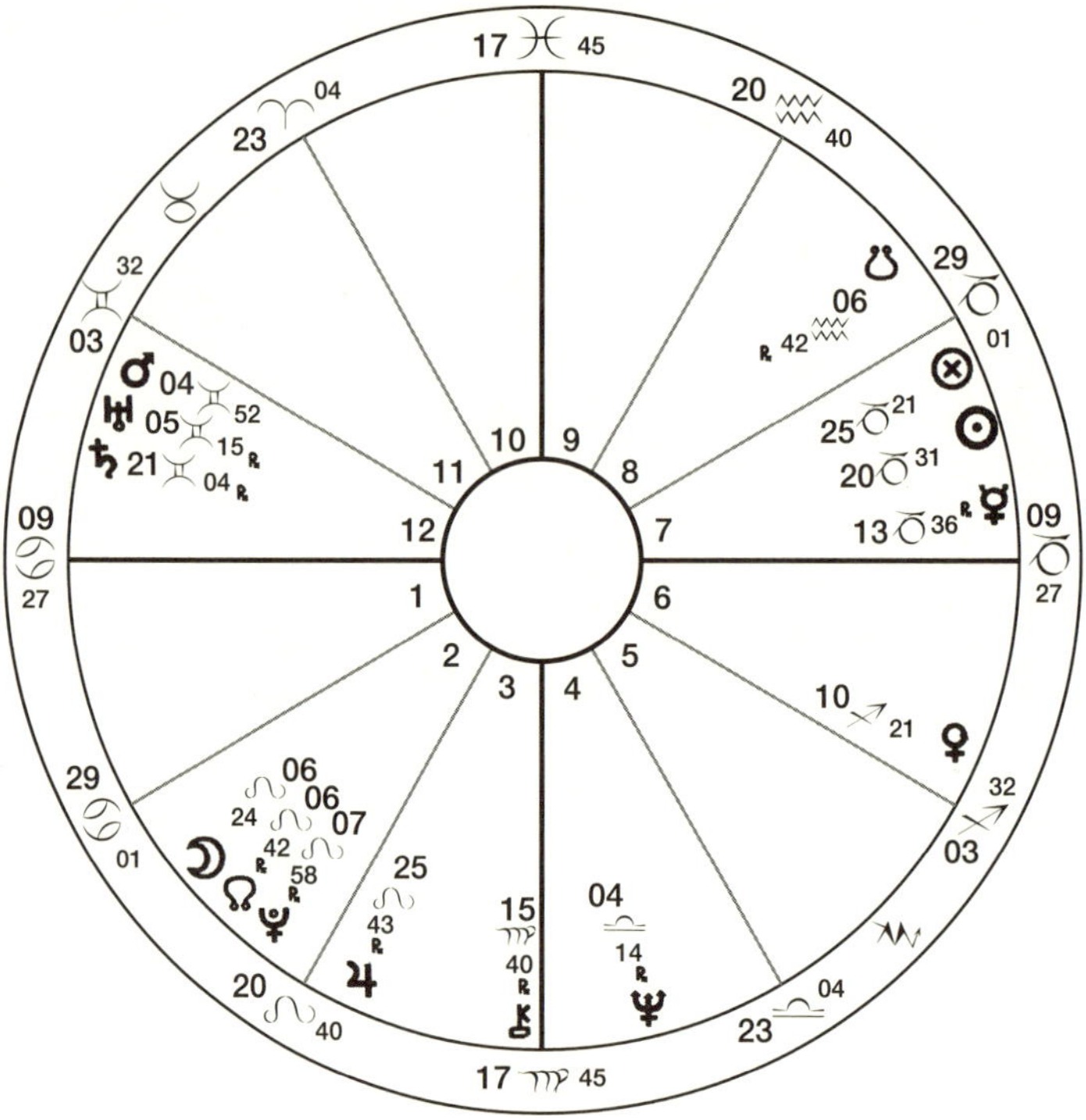

ヘレン トーマス ウィリアムス　1944年1月11日4：50PMニューヨーク生まれ

12星座識別表	
牡羊座 ♈	天秤座 ♎
牡牛座 ♉	蠍座 ♏
双子座 ♊	射手座 ♐
蟹座 ♋	山羊座 ♑
獅子座 ♌	水瓶座 ♒
乙女座 ♍	魚座 ♓

注）この誕生図では、いちばん内側の数字がハウス、ハウス同士の境界線外側に星座と角度が記されています。つまり、第10ハウスと第11ハウスの境界線外側にある星座と角度が最大パワー周期の始まりをさし、第11ハウスと第12ハウスの境界線外側にある星座と角度がその終わりを調べる際に必要な星座と角度ということです。

誕生図はすべてこれと同じスタイルで作られているとは限りません。もし、あなたの手元にある誕生図が、それぞれのハウスに星座と角度が記されている場合は、第11ハウスの星座と角度で最大パワー周期の始まりを、第12ハウスの星座と角度で終わりを調べます。

星座・日付早見表

牡羊座

♈

牡羊座0度 = 3月21日
牡羊座1度 = 3月22日
牡羊座2度 = 3月23日
牡羊座3度 = 3月24日
牡羊座4度 = 3月25日
牡羊座5度 = 3月26日
牡羊座6度 = 3月27日
牡羊座7度 = 3月28日
牡羊座8度 = 3月29日
牡羊座9度 = 3月30日
牡羊座10度 = 3月31日
牡羊座11度 = 4月1日
牡羊座12度 = 4月2日
牡羊座13度 = 4月3日
牡羊座14度 = 4月4日
牡羊座15度 = 4月5日
牡羊座16度 = 4月6日
牡羊座17度 = 4月7日
牡羊座18度 = 4月8日
牡羊座19度 = 4月9日
牡羊座20度 = 4月10日
牡羊座21度 = 4月11日
牡羊座22度 = 4月12日
牡羊座23度 = 4月13日
牡羊座24度 = 4月14日
牡羊座25度 = 4月15日
牡羊座26度 = 4月16日
牡羊座27度 = 4月17日
牡羊座28度 = 4月18日
牡羊座29度 = 4月19日

牡牛座

♉

牡牛座0度　＝ 4月20日
牡牛座1度　＝ 4月21日
牡牛座2度　＝ 4月22日
牡牛座3度　＝ 4月23日
牡牛座4度　＝ 4月24日
牡牛座5度　＝ 4月25日
牡牛座6度　＝ 4月26日
牡牛座7度　＝ 4月27日
牡牛座8度　＝ 4月28日
牡牛座9度　＝ 4月29日
牡牛座10度 ＝ 4月30日

牡牛座11度 ＝ 5月2日
牡牛座12度 ＝ 5月3日
牡牛座13度 ＝ 5月4日
牡牛座14度 ＝ 5月5日
牡牛座15度 ＝ 5月6日
牡牛座16度 ＝ 5月7日
牡牛座17度 ＝ 5月8日
牡牛座18度 ＝ 5月9日
牡牛座19度 ＝ 5月10日
牡牛座20度 ＝ 5月11日
牡牛座21度 ＝ 5月12日
牡牛座22度 ＝ 5月13日
牡牛座23度 ＝ 5月14日
牡牛座24度 ＝ 5月15日
牡牛座25度 ＝ 5月16日
牡牛座26度 ＝ 5月17日
牡牛座27度 ＝ 5月18日
牡牛座28度 ＝ 5月19日
牡牛座29度 ＝ 5月20日

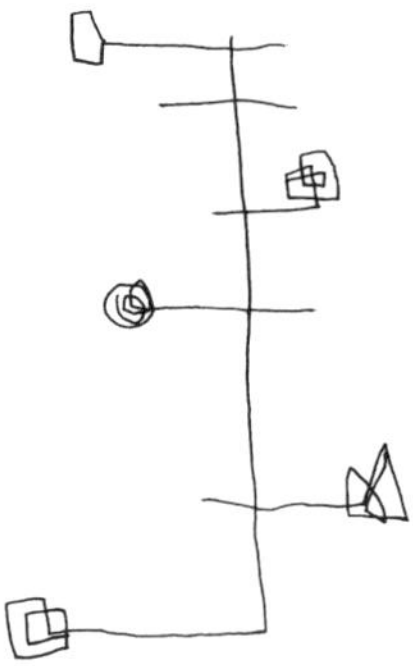

双子座

双子座0度 ＝ 5月21日
双子座1度 ＝ 5月22日
双子座2度 ＝ 5月23日
双子座3度 ＝ 5月24日
双子座4度 ＝ 5月25日
双子座5度 ＝ 5月26日
双子座6度 ＝ 5月27日
双子座7度 ＝ 5月28日
双子座8度 ＝ 5月29日
双子座9度 ＝ 5月30日
双子座10度 ＝ 5月31日
双子座11度 ＝ 6月2日
双子座12度 ＝ 6月3日
双子座13度 ＝ 6月4日
双子座14度 ＝ 6月5日
双子座15度 ＝ 6月6日
双子座16度 ＝ 6月7日
双子座17度 ＝ 6月8日
双子座18度 ＝ 6月9日
双子座19度 ＝ 6月10日
双子座20度 ＝ 6月11日
双子座21度 ＝ 6月12日
双子座22度 ＝ 6月13日
双子座23度 ＝ 6月14日
双子座24度 ＝ 6月15日
双子座25度 ＝ 6月16日
双子座26度 ＝ 6月17日
双子座27度 ＝ 6月18日
双子座28度 ＝ 6月19日
双子座29度 ＝ 6月20日

蟹　座

♋

蟹座0度　＝ 6月22日
蟹座1度　＝ 6月23日
蟹座2度　＝ 6月24日
蟹座3度　＝ 6月25日
蟹座4度　＝ 6月26日
蟹座5度　＝ 6月27日
蟹座6度　＝ 6月28日
蟹座7度　＝ 6月29日
蟹座8度　＝ 6月30日
蟹座9度　＝ 7月1日
蟹座10度　＝ 7月2日
蟹座11度　＝ 7月3日
蟹座12度　＝ 7月4日
蟹座13度　＝ 7月5日
蟹座14度　＝ 7月6日
蟹座15度　＝ 7月7日
蟹座16度　＝ 7月8日
蟹座17度　＝ 7月9日
蟹座18度　＝ 7月11日
蟹座19度　＝ 7月12日
蟹座20度　＝ 7月13日
蟹座21度　＝ 7月14日
蟹座22度　＝ 7月15日
蟹座23度　＝ 7月16日
蟹座24度　＝ 7月17日
蟹座25度　＝ 7月18日
蟹座26度　＝ 7月19日
蟹座27度　＝ 7月20日
蟹座28度　＝ 7月21日
蟹座29度　＝ 7月22日

獅子座

♌

獅子座0度 ＝ 7月23日
獅子座1度 ＝ 7月24日
獅子座2度 ＝ 7月25日
獅子座3度 ＝ 7月26日
獅子座4度 ＝ 7月27日
獅子座5度 ＝ 7月28日
獅子座6度 ＝ 7月29日
獅子座7度 ＝ 7月30日
獅子座8度 ＝ 8月1日
獅子座9度 ＝ 8月2日
獅子座10度 ＝ 8月3日
獅子座11度 ＝ 8月4日
獅子座12度 ＝ 8月5日
獅子座13度 ＝ 8月6日
獅子座14度 ＝ 8月7日
獅子座15度 ＝ 8月8日
獅子座16度 ＝ 8月9日
獅子座17度 ＝ 8月10日
獅子座18度 ＝ 8月11日
獅子座19度 ＝ 8月12日
獅子座20度 ＝ 8月13日
獅子座21度 ＝ 8月14日
獅子座22度 ＝ 8月15日
獅子座23度 ＝ 8月16日
獅子座24度 ＝ 8月17日
獅子座25度 ＝ 8月18日
獅子座26度 ＝ 8月19日
獅子座27度 ＝ 8月20日
獅子座28度 ＝ 8月21日
獅子座29度 ＝ 8月22日

乙女座

乙女座0度　= 8月23日
乙女座1度　= 8月24日
乙女座2度　= 8月25日
乙女座3度　= 8月26日
乙女座4度　= 8月27日
乙女座5度　= 8月28日
乙女座6度　= 8月29日
乙女座7度　= 8月30日
乙女座8度　= 8月31日
乙女座9度　= 9月2日
乙女座10度 = 9月3日
乙女座11度 = 9月4日
乙女座12度 = 9月5日
乙女座13度 = 9月6日
乙女座14度 = 9月7日
乙女座15度 = 9月8日
乙女座16度 = 9月9日
乙女座17度 = 9月10日
乙女座18度 = 9月11日
乙女座19度 = 9月12日
乙女座20度 = 9月13日
乙女座21度 = 9月14日
乙女座22度 = 9月15日
乙女座23度 = 9月16日
乙女座24度 = 9月17日
乙女座25度 = 9月18日
乙女座26度 = 9月19日
乙女座27度 = 9月20日
乙女座28度 = 9月21日
乙女座29度 = 9月22日

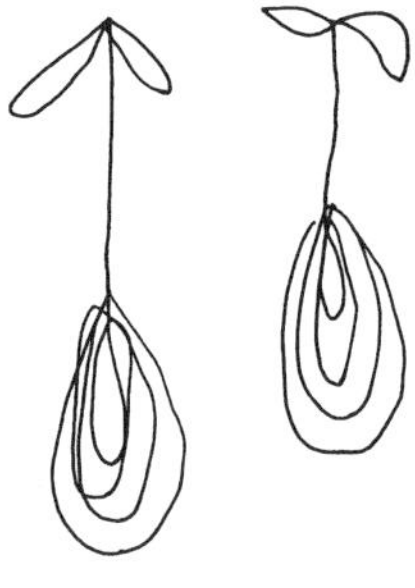

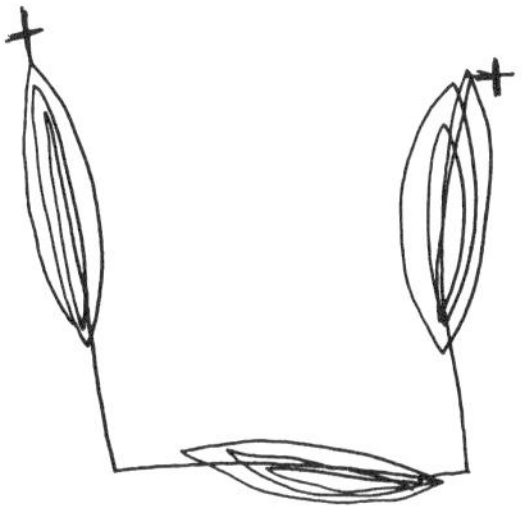

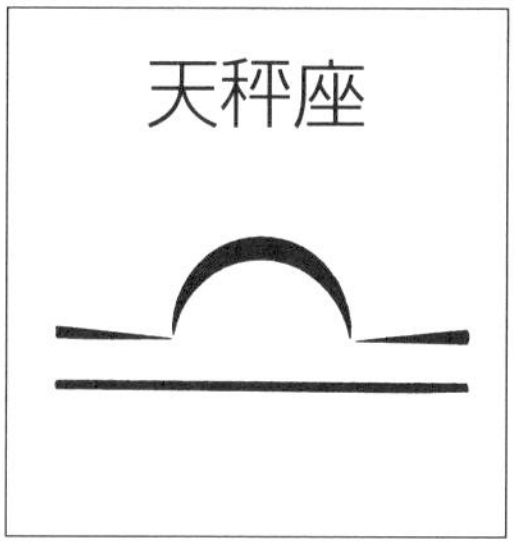

天秤座0度 = 9月23日
天秤座1度 = 9月24日
天秤座2度 = 9月25日
天秤座3度 = 9月26日
天秤座4度 = 9月27日
天秤座5度 = 9月28日
天秤座6度 = 9月29日
天秤座7度 = 9月30日
天秤座8度 = 10月2日
天秤座9度 = 10月3日
天秤座10度 = 10月4日
天秤座11度 = 10月5日
天秤座12度 = 10月6日
天秤座13度 = 10月7日
天秤座14度 = 10月8日
天秤座15度 = 10月9日
天秤座16度 = 10月10日
天秤座17度 = 10月11日
天秤座18度 = 10月12日
天秤座19度 = 10月13日
天秤座20度 = 10月14日
天秤座21度 = 10月15日
天秤座22度 = 10月16日
天秤座23度 = 10月17日
天秤座24度 = 10月18日
天秤座25度 = 10月19日
天秤座26度 = 10月20日
天秤座27度 = 10月21日
天秤座28度 = 10月22日
天秤座29度 = 10月23日

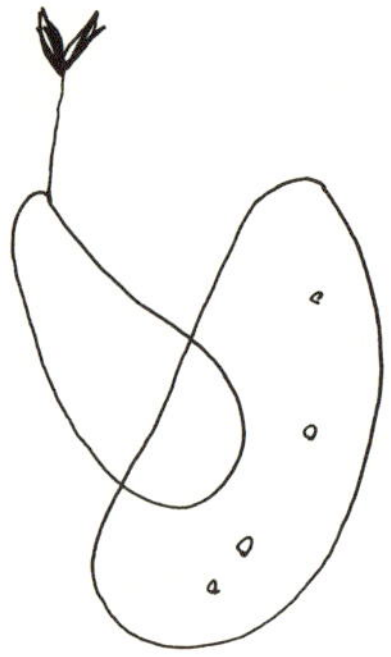

蠍　座

蠍座0度　＝10月24日
蠍座1度　＝10月25日
蠍座2度　＝10月26日
蠍座3度　＝10月27日
蠍座4度　＝10月28日
蠍座5度　＝10月29日
蠍座6度　＝10月30日
蠍座7度　＝10月31日
蠍座8度　＝11月1日
蠍座9度　＝11月2日
蠍座10度　＝11月3日
蠍座11度　＝11月4日
蠍座12度　＝11月5日
蠍座13度　＝11月6日
蠍座14度　＝11月7日
蠍座15度　＝11月8日
蠍座16度　＝11月9日
蠍座17度　＝11月10日
蠍座18度　＝11月11日
蠍座19度　＝11月12日
蠍座20度　＝11月13日
蠍座21度　＝11月14日
蠍座22度　＝11月15日
蠍座23度　＝11月16日
蠍座24度　＝11月17日
蠍座25度　＝11月18日
蠍座26度　＝11月19日
蠍座27度　＝11月20日
蠍座28度　＝11月21日
蠍座29度　＝11月22日

射手座0度　＝ 11月23日
射手座1度　＝ 11月24日
射手座2度　＝ 11月25日
射手座3度　＝ 11月26日
射手座4度　＝ 11月27日
射手座5度　＝ 11月28日
射手座6度　＝ 11月29日
射手座7度　＝ 11月30日
射手座8度　＝ 11月30日
射手座9度　＝ 12月1日
射手座10度 ＝ 12月2日
射手座11度 ＝ 12月3日
射手座12度 ＝ 12月4日
射手座13度 ＝ 12月5日
射手座14度 ＝ 12月6日
射手座15度 ＝ 12月7日
射手座16度 ＝ 12月8日
射手座17度 ＝ 12月9日
射手座18度 ＝ 12月10日
射手座19度 ＝ 12月11日
射手座20度 ＝ 12月12日
射手座21度 ＝ 12月13日
射手座22度 ＝ 12月14日
射手座23度 ＝ 12月15日
射手座24度 ＝ 12月16日
射手座25度 ＝ 12月17日
射手座26度 ＝ 12月18日
射手座27度 ＝ 12月19日
射手座28度 ＝ 12月20日
射手座29度 ＝ 12月21日

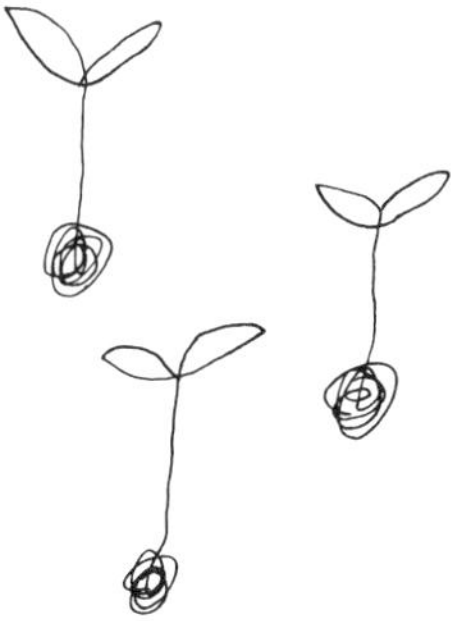

山羊座

山羊座0度　＝ 12月22日
山羊座1度　＝ 12月23日
山羊座2度　＝ 12月24日
山羊座3度　＝ 12月25日
山羊座4度　＝ 12月26日
山羊座5度　＝ 12月27日
山羊座6度　＝ 12月28日
山羊座7度　＝ 12月29日
山羊座8度　＝ 12月30日
山羊座9度　＝ 12月31日
山羊座10度 ＝ 1月1日
山羊座11度 ＝ 1月2日
山羊座12度 ＝ 1月3日
山羊座13度 ＝ 1月4日
山羊座14度 ＝ 1月5日
山羊座15度 ＝ 1月6日
山羊座16度 ＝ 1月7日
山羊座17度 ＝ 1月8日
山羊座18度 ＝ 1月9日
山羊座19度 ＝ 1月10日
山羊座20度 ＝ 1月11日
山羊座21度 ＝ 1月12日
山羊座22度 ＝ 1月13日
山羊座23度 ＝ 1月14日
山羊座24度 ＝ 1月15日
山羊座25度 ＝ 1月16日
山羊座26度 ＝ 1月17日
山羊座27度 ＝ 1月18日
山羊座28度 ＝ 1月18日
山羊座29度 ＝ 1月19日

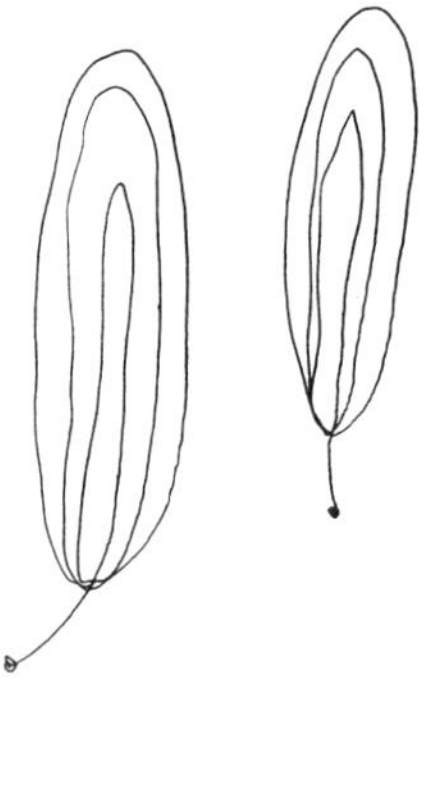

水瓶座

水瓶座0度　＝ 1月20日
水瓶座1度　＝ 1月21日
水瓶座2度　＝ 1月22日
水瓶座3度　＝ 1月23日
水瓶座4度　＝ 1月24日
水瓶座5度　＝ 1月25日
水瓶座6度　＝ 1月26日
水瓶座7度　＝ 1月27日
水瓶座8度　＝ 1月28日
水瓶座9度　＝ 1月29日
水瓶座10度 ＝ 1月30日
水瓶座11度 ＝ 1月31日
水瓶座12度 ＝ 2月1日
水瓶座13度 ＝ 2月2日
水瓶座14度 ＝ 2月3日
水瓶座15度 ＝ 2月4日
水瓶座16度 ＝ 2月5日
水瓶座17度 ＝ 2月6日
水瓶座18度 ＝ 2月7日
水瓶座19度 ＝ 2月8日
水瓶座20度 ＝ 2月9日
水瓶座21度 ＝ 2月10日
水瓶座22度 ＝ 2月11日
水瓶座23度 ＝ 2月12日
水瓶座24度 ＝ 2月13日
水瓶座25度 ＝ 2月14日
水瓶座26度 ＝ 2月15日
水瓶座27度 ＝ 2月16日
水瓶座28度 ＝ 2月17日
水瓶座29度 ＝ 2月18日

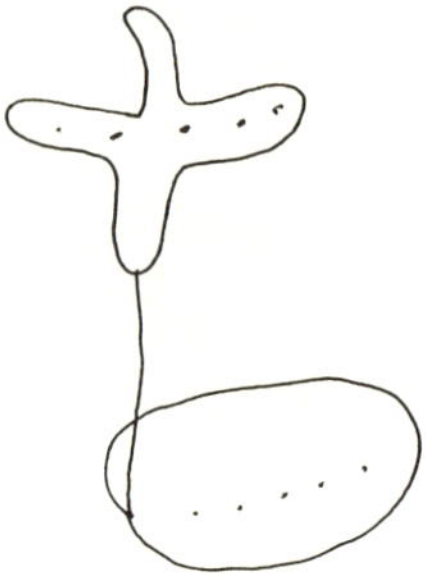

魚座

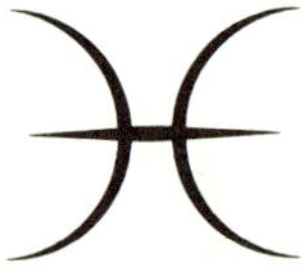

魚座0度　＝2月19日
魚座1度　＝2月20日
魚座2度　＝2月21日
魚座3度　＝2月22日
魚座4度　＝2月23日
魚座5度　＝2月24日
魚座6度　＝2月25日
魚座7度　＝2月26日
魚座8度　＝2月27日
魚座9度　＝2月28日
魚座10度　＝3月1日
魚座11度　＝3月2日
魚座12度　＝3月3日
魚座13度　＝3月4日
魚座14度　＝3月5日
魚座15度　＝3月6日
魚座16度　＝3月7日
魚座17度　＝3月8日
魚座18度　＝3月9日
魚座19度　＝3月10日
魚座20度　＝3月11日
魚座21度　＝3月12日
魚座22度　＝3月13日
魚座23度　＝3月14日
魚座24度　＝3月15日
魚座25度　＝3月16日
魚座26度　＝3月17日
魚座27度　＝3月18日
魚座28度　＝3月19日
魚座29度　＝3月20日

よりよい結果を得るために

夢の実現は自分の運命だと信じる

新月パワー周期中にするべきことは、願いごとのリストを作るだけ。続きは、天使たちと運命が織り成す共時性《シンクロニシティ》に任せて、夢が現実するのを待てばいいのです。

宇宙に伝えた願いは、すぐにかなうこともあれば、なかなか実現しないこともあります。その違いは、あなたの潜在意識に起因します。夢の実現を阻む否定的な考えや経験が、どれほどあるかによるのです。恐れることはありません。毎月訪れる新月パワーの日に欠かさず願いのリストを作り、夢の〝種〟を蒔いていれば、宇宙は必ずあなたの人生を輝かせてくれるのですから。

ただ、同じ願いを毎月書き続けているのに、何ヶ月も実現する兆しがなければ、その願いに対するあなたの考え方を見直してみましょう。なかなか実現しないということは、たいていの場合、あなたの中にその願いと矛盾するものがあることを意味します。ですから、心の中を少し整理する必要があるのです。

否定的な考え（通常は潜在意識／パート2参照）や、「こんなことをしても無理に決まっている」という自分の行為への不信感は、願いの実現を阻む最大の要因です。あなたの夢は、本来、実現されるべき運命にあります。だからこそ、あなたが「手に入れたい」と願うに至ったのです。実現しないとしたら、あなた自身が限界を乗り越え、成長する必要があるだけなのです。

たとえば、「わたしにふさわしい異性と出会い、その人をひきつけ、すてきな恋ができますように」とリストに書き続けたにもかかわらず、何ヶ月も出会いがなかったとします。そういう時には、願いを一歩手前に戻し、あなた自身に心の準備ができているかどうかに目を向けます。そして、「潜在意識にある恋愛への抵抗感を、すべて追い出したい」とか「異性の友だち全員に対して、健康で個性的な魅力を、あますことなくアピールできますように」、あるいは「未来の交際相手になりそうな異性の集まるところに、気軽に出かけられる自分になりたい」などという内容に替えてみます。あるいは、「恋愛に対して自信と大きな期待を抱けるよう、前向きな姿勢を持てますように」、「出会う男性（女性）に、純粋に興味を持てるわたしになりたい」など、異性に対する基本的な姿勢に焦点をあてることが必要かもしれません。

夢をかなえる過程であなたが成長し、精神的に強くなることは、ある意味で夢の実現以上の充足感を伴います。その上、そこでつちかった強さと自信を土台にして、さらに大きな夢の実現を目指していけるのです！

◆夢をどんどん追いかけ、かなうと信じよう。心の奥底から湧き上がる「真の幸福」を得るために、夢の実現を阻んでいる自分自身の何かに打ち勝つ、あなたの力を信じよう。

目の前の現実に責任を持つ

自分の置かれた環境や状況のすべてに責任を持つことは、自己の成長を促し、さまざまな願いをより早く実現することに直結します。

中には、「実現はしたいけれど、誰かが邪魔をしているので、どうしても手に入らない」と思える夢や目標があるかもしれません。もし、あなたが無力感にとらわれ、諦めるべきかどうか迷っていたら、そのこと自体が、実現を阻止する力となって働きます。不利な状況や不快な心境を他人《ひと》のせいにしている時、あなたはその誰かに力を与えているのです。その結果、自らが欲求不満や怒り、不快感などにさいなまれ、目指す夢の実現からどんどん遠ざかります。自らの運命を変える力を持つには、「今ある自分の状況は、すべて自分が作っている」という自覚が欠かせないのです。

例を挙げましょう。いつもの駐車スポットに、すでに赤い車が停まっていたとします。その時、「しまった！　誰かに先を越されちゃった。これでは車を入れられないわ」と思ったとしたら、誰かがその車を移動してくれるのを、イライラしながら待ち続けるしか道はありません。ところが、同じ状況でも「あら、赤い車がいつものスポットに停まっているわ。ふーむ。ひょっとしたら、これには何か理由があるのかもしれない。別のスポットに停めると、わたしが出会うべき運命の人と出会うのかも！　さて、どの辺がいいかしら?!」と考えれば、突然視界が開け、いくつもの選択肢が見えてきます。そうなれば、エネルギーは最初の例のように出口を失って、滞《とどこお》ることはありません。

つまり、ある状況を他者の責任だと考えると、わたしたちは望む結果を招き入れる能力を、自ら大幅に弱めてしまうということです。トラブルに陥った時、冷静に周りを見回すと、次に取るべきステップが自然に見えるはず。自分や誰かのせいだと思っているうちは、問題にとらわれて視界が狭くなっていますが、責めるのをやめた途端、状況を広い視野で客観的に見られるので、トラブルを楽々と乗り越え、目指す方向に歩みを進めることができるのです。

また、自己破壊的行為も、夢の実現を阻みます。「過去に自分を傷つけた人たちが幸せそうなわたしを見たら、その人は罪の意識を感じなくなってしまうだろう」と考える被害者意識や自己憐憫は、自分を不幸にした人がその罪の重さに苦しみ続けるよう、無意識のうちに自らを成功や幸福から遠ざけます。過去へのこだわりは、さっさと捨ててしまったほうがあなたのため。過去に被《こうむ》った被害への怒りをあなた自身が引きずっていると、いつまで経《た》っても傷が癒えません。

過去の憤《いきどお》りやつらい経験を忘れられない場合は、新月の日に、あなたが抱え込んでいるその否定的な感情を、すべて取り除けるよう願ってください。「つらかったころの思い出を、すべて追い出してください」「○○に対するわたしの怒りを、どうか静めてください」「○○とのよくない関係を、完全に断ち切りたい」「○○に対する否定的な感情から解き放たれますように」「○○がわたしに対する態度をいつか改めてくれるだろうという期待を、わたしの中から追い出したい」などなど。自分で完全になくなったと思えるようになるまで、何度でもリストに入れましょう。

一つの分野を多角的にアプローチ

目標に向かって、障害物を一つひとつ取り除いているうちに、心に描く夢があなたの前に現実として現れます。そのためには、自分が何を求めているのかに注意深く目を向け、求めるものをリストに書き記すことが必要です。

「そのうちやろう」と、今は何もしないというのも、一つの決断です。「その場に留まりたい」と、あなたが決断したことになります。どうするかは、あなたの自由です。何かを起こそうとあなたが決断しない限り、何も起きないし、何かを変えようと決断して新月パワー周期の日に明確な言葉で願いを込めれば、それは確実にかなうのです。

あなたの人生の監督はあなた自身。新月パワー周期を正確に知った上で、人生という〝作品〟に監督として自らが指示を出せば、どんな状況下でも、他者に翻弄されることなく、自らの幸せをプロデュースできるのです。

自分が理想とする人生を歩むために、今最も必要だと思うことをよりスピーディに実現させるためには、一つのテーマに絞り込んだ願いごとを、いくつか書き記すといいでしょう。そうすることで、活性化したパワーが、そこに集中的に働きます。

たとえば、今の最大関心事が仕事を見つけることなら、「わたしにふさわしい仕事が簡単に見つかり、応募の機会をつかみ、働き始められますように」「幸せになれるような企業に採用されるための名案を思いつきますように」「仕事に就《つ》くことへの潜在的不安や抵抗感が、すべてなくなりますように」「好きな仕事に就くチャンスが来たら、迷わずそれに向かって進んでいけるわたしでいたい」「働くことに関する否定的な態度を、わたしの中から一掃したい」など、新月パワー周期の願いを毎月仕事に関するものにして、多角的にアプローチするのです。

あなたに向いた仕事が見つかったら、次の望みにかかりましょう。たとえば、「新しい職場でいい友だちに恵まれたい」ということなら、それを当面のテーマとして、実現するまでそれに関する願いを列記するのです。

あなたがある分野で根深い問題を抱えていた場合、最優先してそれに取り組む必要があります。その問題を解決するよう、さまざまな角度から願いをリストアップ。問題を解決してから他の願いに移りましょう。

同じような願いを一つのリストの中に繰り返し書き連ねることは、大きな効果を生みます。わたしもこの方法で、自分の内面の問題をスピーディに解決したことがあります。ある時期、するべきことを先延ばしにする癖《くせ》が、わたしにとって大きな問題になっていました。そこで、その月の新月周期には４つの願いごとをすることにしました。そのうちの３

つは、その癖を克服するためのものです。「するべきことを先延ばしにする癖が完全に治りますように！」「延期する習慣が、わたしの毎日からなくなりますように」、そして「わたしの人生から〝延期する〟という言葉がなくなり、永遠に戻ってきませんように」と。その効果はてきめん。ものの数時間で治ってしまいました。

もちろん、そこまで徹底的にやりたくないなら、それもＯＫ。さまざまな分野の願いをちりばめて、それぞれがゆっくり進展していくのを気長に待つのも、一つの方法です。

◆自分を信じよう。願いごとは実現するまで辛抱強く願い続けよう。

◆難しい問題や、ぜひとも実現したいことは、いくつかの願いに分けて表現し、多面的にアプローチしよう。

新しいエネルギーとともに歩む

新月パワー周期に願いごとをすると、すぐに日常的な感覚や生きる姿勢が変化し始め、人生の見方が変わってくるはずです。中にはすぐに実現する願いもあるでしょう。一方、人生の大きな方向転換を求めるような願いは、少し時間がかかります。こうしたものは、根気よく毎月のリストに入れて、実現を待ちましょう。

実現したいという意志の力はいりません。新しい感性、新しい考え方があなたの中に芽生え始めたら、それに逆らわず、受け入れるだけでいいのです。

たとえば、ダイエットしたいという望みがある場合、リストに書いた途端、これまでほどお腹が空かなくなるはずです。人前での極度な緊張感を克服したいと願った場合、それまで感じていた恐怖感が、突然なくなるかもしれません。こうした変化をキャッチし、それに同調するのです。

こうした変化はあなたが変わりつつあることの証しで、新月パワーの成果です。あなたの感じ方が変化し、違った考え方に目覚めることが、夢を現実に変えるのです。この新しいエネルギーを認め、恐れずにともに歩むこと――それだけが、あなたがするべきことなのです。

新月パワー周期に願いを込めると、あなたの潜在意識に眠っていた雑念（目標と正反対の方向にあなたを導く悪魔の声）が目覚めます。この否定的な考えが外に出てくるのは、とてもいいことです。なぜなら、自分がこれまで持っていたネガティブな考えに光をあて、外に追い出してしまえるから。こうした心の「ゴミ」は、持っていたことをきちんと認識した上で、捨てることに大きな意味があります。ゴミを吐き出してしまえば、こうしたあなたの望みの種をいくらでも蒔ける、豊かな土壌になるのです。

恐れや自己不信、不安などの否定的な感情や考えを感じたら、「出てきてくれてありがとう」と、それらの存在を認めた上で、外に解放します。それらを抱え込もうとしたり、深く考え込んだり、重く受け止めてはいけません。あなたの心を通り過ぎるのを見守り、捨ててしまいましょう。心を向けるべきなのは、恐れではなく、あくまで夢。それができれば、夢は素晴らしい喜びとともに、あなたのほうに歩いてきます！

◆あなたの中で新しいエネルギーが生まれるのを感じたら、それに同調しよう。

◆古い感性や考えに固執して、習慣という「罠」に陥らないように注意しよう。

フィット感重視の表現を

願いをどう表現するか――大切なのは、正しい文法で文章をきれいに作ることではなく、それぞれの願いの言葉について、あなたがどう感じるかです。願いは早晩みんなかなうので、いい加減な言葉で願うと、あとで困ることにもなりかねません。

わたしは、新月パワー周期中のある日、異性に関する望みを長々と、正確に書いたことがあります。わたしの理性は「よくできた」といいましたが、感性が「どうも、しっくりこない」といったので、クエスチョンマークをつけて、保留にしておきました。その日の終わりにもう一度リストを読み返しましたが、依然として違和感があったので、この願いをキャンセルしました。もし、そうしなければ、どんな形であの願いが実現したのか、見当がつきません。でも、あの願いどおりの男性が現れても、恐らく幸せを感じなかったでしょう。そのことを、わたしは心のどこかでわかっていたのです。

あなたも心の声に極力注意を払うようにしてください。自分が書いた望みを読み返し、少しでも違和感があったら、やめたほうがいいのです。別の言葉で作り直したり、翌月まで待つことだってできるのですから。

わたしは「難《なん》なく（すんなりと）○○できるわたしになりたい」というフレーズをよく使います。それはストレスを伴うことなく、よりスムーズに変化が起きてほしいから。「難なく」「すんなりと」という言葉を入れることで、変化はスムーズに起きるはずです。例文を活用する際には、こうしたフレーズを適宜《てきぎ》補《おぎな》ってください。なお、「わたしになりたい」とは「新しいわたしに気づきたい」という意味。望む状況が魔法のように起きる時、そこに本人の意志力を介在させないためです。

また、願いの影響力が強すぎたり、変化が激しすぎて不快感を伴う可能性がある時には、「健全で」「幸せな」というフレーズを加えます。たとえば「お金持ちになりたい」という願いは、いただけません。お金が悲劇を招くこともあるからです。そんな時は「わたしは幸せなお金持ちになりたい」とすればいいのです。

最終的に、どんな言葉で願いを表現するかは、あなたの判断次第です。表現がしっくりくるかどうか、わかるのはあなただけ。「○○できるわたしにすんなりとなりたい」というフレーズにまどろっこしさを感じるなら、もっとストレートに「わたしは○○したい」など、書きたいように書けばいいのです。直感に耳を傾け、あなたの夢がパッと花開くイメージの中に心を解放できるような言葉を見つけてください。

◆願いの言葉を決める時、自分の直感を信じよう。書き終えた文を読み返した時、調和とエネルギーを感じられたらＯＫ。

心の状態を見極めよう

願いを伝える表現について、知っておくべきことがもう一つあります。それは、段階的にかなえていくべき願いごともあるということです。

たとえば、あなたが幸せな結婚を望む場合、いきなり「わたしにふさわしい異性と出会い、結婚できますように」とすると、最初に起きるのは抵抗感と恐れの感覚です。まずは、現状とあまり極端に違わない状況を望む内容からスタート。「好感度の高いパートナーと出会い、友情を育てたい」としてみます。このくらいなら心の葛藤もなく、すんなりと移行できそうな範囲です。それでも不安だったら、「自分にふさわしい異性と、楽しい恋愛をしたいと思えるわたしになりたい」くらいにしておきます。

急ぐことはありません。あなたの心がどこまで準備できているか、現状を考えながら、願いごとを作りましょう。自分が快適だと思える範囲を毎月拡げていけば、望む方向に無理なく進んでいけるのです。

◆理性が望んでいたとしても、気持ちの準備ができていないところまで望むのはやめよう。

願いを一つにまとめない

いくつかの願いが同じ目標に関するものだとしても、一つにまとめてはいけません。これまで、いくつかの願いを一つにまとめた時は、どれも実現しませんでした。理由ははっきりとはわかりませんが、それらが相殺しあうのかもしれないし、お互いにエネルギーを奪ってしまうのかもしれません。

たとえば「喫煙と飲酒の習慣を完全になくしたい」と書いても、どちらも実現しないでしょう。その代わり「喫煙の習慣を完全になくしたい」、「飲酒の習慣を完全になくしたい」という二つの願いに分ければ、それぞれの願いの力が復活して、宇宙に届くのです。

一つの願いごとに、ページを変える必要はありません。行を変え、別の項目にするだけでいいのです。

◆願いは一件につき、一つの要素だけにしておこう。いくつも詰め込むと実現しない。

ポイント

◆新月に入った瞬間から8時間以内に、願いごとのリストを作ろう。
◆毎月、手書きでリストを作ろう。
◆1回に10件以上の願いを作ってはいけない。
◆1回に2件以上の願いを作ろう。
◆リストを作ったら、日付を書いて保存しておこう。
◆新月の日に、あなたの気持ちが落ち着き、幸福感を覚えるような願いのリストが作れると信じよう。
◆自分の運命の展開を信じよう。宇宙はあなたの幸せを願っている。
◆願いがすぐにかなわない場合は、かなうまで願い続ける一方で、代わりに何か別のいいことが起きていないか、注意深く見守ろう。

◆他の人に関する願いを込めても、かなわない。
◆何とかしたいと思っている人に接する、あなた自身を変えたいという願いごとなら実現する。
◆毎年、牡羊座の新月が巡ってきたら、「春分お宝マップ」を作ろう。
◆最大パワー周期中に願いごとをしてみよう。その驚異的なパワーは、あなたの夢の実現に、絶大な効果を発揮する。
◆最大パワー周期の願いごとリストに、次の新月の時期に訪れる強い不安感を開放してほしいという願いを加えよう。
◆夢をどんどん追いかけ、かなうと信じよう。心の奥底から湧き上がる「真の幸福」を得るために、夢の実現をはばんでいる自分自身の何かに打ち勝つ、あなたの力を信じよう。
◆自分を信じよう。願いごとは実現するまで辛抱強く願い続けよう。
◆難しい問題や、ぜひとも実現したいことは、いくつかの願いに分割し、多面的にアプローチしよう。
◆あなたの中で新しいエネルギーが生まれるのを感じたら、それに同調しよう。
◆古い感性や考えに固執して、習慣化の「罠」に陥らないようにしよう。

◆願いの言葉を決める時、自分の直感を信じよう。書き終えた文を読み返した時、調和とエネルギーを感じられたらＯＫ。

◆理性が望んでいたとしても、気持ちの準備ができていないところまで望むのはやめよう。

◆願いは1件につき一つにしておこう。いろいろ詰め込むと実現しない。

パート

②

各星座の新月パワー

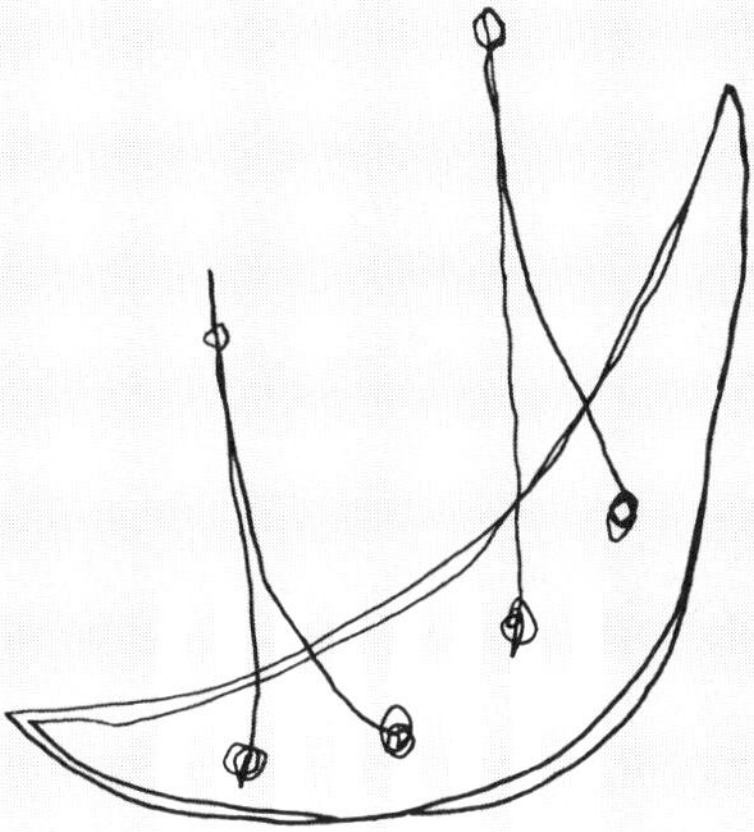

年間12回以上起こる新月は、
どれも一様のパワーがあるわけではありません。
月が位置する星座の影響を受けるため、
それぞれのパワーは性質が異なるのです。
16～29ページの新月カレンダーに、
新月が始まる日時とともに、どの星座に位置するかを
明示しているのは、そのためです。
それぞれの新月パワーの特性を活かして、
効率よく、願いをかなえましょう。

新月パワーには得意分野がある

〔基本情報〕

○新月は、軌道を進む月が約29・5日おきに太陽と一列に並ぶ時に起こります。その際太陽と月の位置は、12星座のどれか一つと重なります。毎月の新月の日時と星座は、16〜29ページの新月カレンダーをご覧ください。

○このパートには、〝支配する〟という言葉が頻繁に登場します。これは、占星術の世界でよく使われる言葉で、影響を及ぼすということです。

このパートでは、新月がそれぞれの星座にある時、どんな分野の願いが、より強く受け止められるかについて解説しています。約29・5日ごとに起こる新月は、どの星座に位置するかによって、願いをかなえるパワーに特徴があります。ですから、新月がある星座に位置する時、その星座の専門分野、つまり特にエネルギーがあふれている分野に関する願いを宇宙に届けると、実現しやすくなるわけです。たとえば牡牛座はお金を支配するため、この時期に金銭分野で特別なエネルギーを発揮します。そのため、新月が牡牛座に入った時にお金に関する願いごとをすると、最短で実現するのです。

まずは、それぞれの星座がつかさどる専門分野を知りましょう。そして、願いのリストのうち、少なくとも一つか二つをその分野に関するものにするといいでしょう。

各星座の項では、願いごとの例も挙げています。

これら文例を願いのリストに加える場合、心の声に耳を傾けることが大切です。その時のあなたの状況や心境を的確に反映したものを選び、場合によっては、あなたの気持ちにフィットするようにアレンジする必要があるからです。

たとえば新月が双子座にある時、ある年は「他人《ひと》の意見に真摯《しんし》に耳を傾け、学ぶことができますように」と願い、また別の年には、「出会うすべての人々と気さくに会話を交わし、情報やメッセージを共有できるわたしにな~れ」と書きたくなるかもしれません。どちらも、新月が双子座にある時、特に効果が上がる願いごとですが、あなたが成長すれば、願いの方向が変わるのは、当然のことなのです。

願いを書き記す時は、あなた自身のエネルギーが共鳴する言葉を探すようにしてください。心から望む状況やモノをイメージし、その時の新月のエネルギーを受け止めた時、これでいいと思えるようなイメージを言葉にするのです。夢をかなえる最大の秘訣は、直感を信じること。理性が命ずる夢ではなく、その時の直感を尊重してください。

各項の最後に、その星座がつかさどる健康面について解説しました。注意してほしいのは、ここで示された新月による健康面の問題は、太陽星座占い（注／雑誌などでおなじみの、誕生した時の太陽の位置と惑星の配置で占うシンプルな占星術）での星座とは直接関係がないということ。たとえば、天秤座は肝臓をつかさどっていますが、あなたが天秤座だからといって、肝臓が弱いとは限りません。健康面の問題は、占星術上の複雑な要素（第6ハウスの星座とルーラー、第6室にある惑星、アセンダントのルーラー、そしてルーラー同士のアスペクトなど）が絡んで現れます。占星術家はこれらすべてを考慮しながら、誕生図《ホロスコープ》を解読していくのです。ですから、このパートで扱っている健康面の問題とそれとを混同しないようにしてください。

新月が
牡羊座
にある時に実現する願い

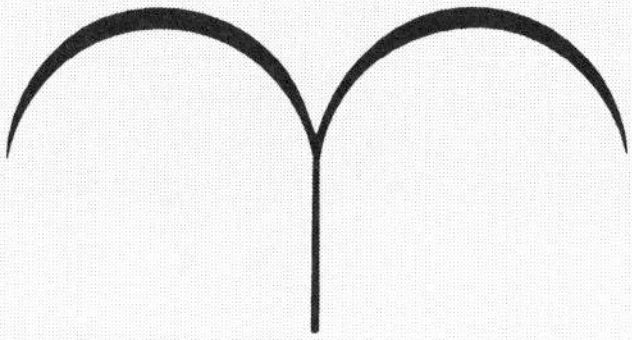

新たな始まり
自分を見つめる
純粋さ・本物
自己発見
独立
勇気
悪癖を絶つ

＊牡羊座に象徴されるさまざまな願いごとの例は
「テーマ別願いごと」、「ドラゴンヘッド牡羊座」の項もご覧ください。

牡羊座は次のような「始まり」を支配します。

先鞭をつける／入会、入社、創設など
熱意とエネルギー／行動／革新的アプローチ

●何かを始めるエネルギーを刺激する願いごとの例

「○○を始めるにあたり、すんなりと行動を起こせるわたしになれますように」
「あふれんばかりのエネルギーと熱意を授かりますように」
「エネルギーが増幅するような行動を、簡単に起こせるわたしになりますように」
「○○の分野で、華々しいスタートが切れるわたしにな〜れ」
「誰も達成していない○○にチャレンジするわたしの中に生まれている恐れや不安が、一切消えてなくなりますように」
「初めて体験することへの恐怖感がすっかりなくなりますように」
「○○（名前）との信頼の絆を強め、協力し合える関係を築く行動が、自然にできるわたしになりたい」
「○○（名前）と、楽しいおつきあいを始められますように」

牡羊座は次のような「自己」を支配します。

肉体／生き延びること／本能／積極性

●健全な自己を育む願いごとの例

「いつの間にか自分を見失ってしまう悪い習慣が、完全になくなりますように」
「自分を見捨ててしまう癖が、二度と出ませんように」
「内なる輝きと喜びが、全身にみなぎりますように」
「自分の本能を信じられるわたしにな～れ」
「自分自身を美しい女性（男性）として受け入れられるわたしでありたい」
「どんな状況にあっても、自分らしさを生かせる人になりたい」
「自分自身を生き、長所を伸ばすために、ベストな選択ができるわたしになりたい」
「いつでも自分を慈しみ、愛せるわたしにな～れ」
「常に健全な自己主張ができるわたしになりたい」

牡羊座は次のような「純粋さ」を支配します。

正直さ／自分らしくあること／衝動／直情径行さ

●自分らしくあるための願いごとの例

「心の声に従い、建設的な行動ができる自分になりたい」

「○○（名前）がわたし本来の姿を認め、尊重してくれるような行動ができますように」

「自分の考えや気持ちを正直に伝えることを恐れないわたしにな〜れ」

「本来の自分でいることに、自信を持てますように」

「内なる自分の声が的確に伝わるような言動を、抵抗なくできますように」

「どんな状況でも自分らしさを失わないわたしでありたい」

「わたしの個性を認めてもらえるような表現を、押しつけがましくなくできるようになりたい」

「○○（名前）の前で、もっと素直にわたしらしいところを出せるようになりたい」

「周囲の人と、あるがままの自分でつきあえますように」

牡羊座は次のような「自己発見」を支配します。

探検／リスクを負う／熱意／競争心

●自己発見を促す願いごとの例

「人間として成長し、新たな個性を発見するために、リスクを恐れないわたしになりたい」
「毎日を新鮮な気持ちで迎え、新しい何かと出合う喜びを感じたい」
「どんな〝不都合〟も、新しい自分と出会うためのチャンスだと捉えられますように」
「自分の新たな側面と出合う喜びを、実感できるわたしになりたい」
「新しいことを始める時の不安や抵抗を、一切消してください」
「健全なライバル意識を持って、相手に気まずい思いをさせずに勝利を収めたい」

牡羊座は次のような「自立」を支配します。

イニシャティブをとる／自分を信頼する／自立／自給自足

●自立を強める願いごとの例

「自分の人生のイニシャティブをきちんと取れる人になれますように」

「自分自身に、やさしく、寛大になろう」

「○○（名前）との関係で、もっと自立したわたしでありたい」

「健全で建設的なやり方で、自分の道を突き進んでいけるわたしになりたい」

「どんな時にも自分自身を信頼できるわたしでいたい」

「真に自分のためになることを、迷わず選択できるわたしでありたい」

「無理にではなく、自然に自分自身を信用できますように」

「決断を下す時、自分にとってよい結果をもたらす直感に従えますように」

牡羊座は次のような「戦士の気質」を支配します。

勇気／リーダーシップ／強さ／警戒心／大胆さ

●勇気を奮い立たせる願いごとの例

「我が身に勇気をください」

「どんな状況でも、元気と健全なエネルギー、そして勇気を持ち続けられますように」
「○○に関して、自信を持ってリードしていけるわたしになりたい」
「目標の実現に向けて、慎重かつ積極的に行動できますように」
「○○に取り組むわたしに、ありったけの勇気と大胆さをお与えください」
「○○（理想体重を維持すること、子どもたちから目を離さないこと、仕事を延期しないことなど）について、自分を常に律することができますように」

牡羊座は次のような「自己耽溺《たんでき》」を支配します。

他者への配慮のなさ／利己主義／うぬぼれ／怒り
他者を辟易《へきえき》させる強引な行動／せっかち

●自己耽溺に陥らないための願いごとの例

「孤立を招くわがままが、完全に治りますように」
「長い目で見れば自分のためにならない、強引な行動を控えられるようになりたい」
「うぬぼれや他者を批判する性格を、すっかり改めたい」

「建設的でない怒りやムカツキを感じない自分になりたい」
「この社会で生きるのを難しくしている、わたしの身勝手さがなくなりますように」
「せっかちな性格を改めたい」
「無自覚に他者を傷つけてしまう欠点を克服し、もっと他者のことを考えられる自分になりたい」

牡羊座は次のような「身体部分・症状」を支配します。

にきび／目／頭・顔・頭皮・脳／頭痛・めまい

●牡羊座が支配する身体部分の健康を促進する願いごとの例

「○○が、完全に癒されますように」
「○○を完璧に治せる治療者と出会い、その人の治療をすぐに受けられますように」
「○○を完治させるための情報が、わたしのもとに集まりますように」
「○○が、健康と美しさを取り戻すために不可欠な行動を、すぐに起こせますように」
※○○には、前述の身体部分や症状をあてはめてください。

新月が
牡牛座
にある時に実現する願い

お金
官能的喜び
満足
忍耐
自分の存在価値を認める
解放する
頑固さ

＊牡牛座に象徴されるさまざまな願いごとの例は
「テーマ別願いごと」、「ドラゴンヘッド牡牛座」の項もご覧ください。

牡牛座は次のような「蓄積」を支配します。

お金／物質的快適さ／所有権／所有物

●お金や所有物を適正に増やすための願いごとの例

「喜びに満ちたやり方で、経済的に独立できるわたしになりたい」

「お金をたくさんもらって、幸せになりたい！」

「自分のためにならないお金に関する悩みが、一切消えてなくなりますように」

「わたしにふさわしい○○（モノ）と出合い、リーズナブルな値段で購入できますように」

「自分の○○（家、クルマなど）を持つためのステップを、着々と踏んでいけますように」

「長期的にベストな資産管理ができるよう、財産に関する明確な方針を持ちたい」

牡牛座は次のような「身体感覚」を支配します。

官能／身体的敏感さ・快感／マッサージ／芳香／味覚

●官能的な経験と喜びをもたらす願いごとの例

「幸せで健全なやり方で、セックスライフを充実させるわたしにすんなりと変わりたい」

「少なくとも毎月○回くらいは、パートナーとマッサージを楽しみたい」

「性的喜びを増すために、ボディ・オイルの上手な使い方を知りたい」

「セクシーで着やすい服を買えるようになりたい」

「バラエティに富んだ料理を作り、食事をゆっくり楽しめるような生活をしたい」

「食事の時、料理の味や香り、食感を楽しむ余裕を持ちたい」

「相性のいいマッサージ師と出会い、すぐに施術してもらえますように」

「○○（名前）とのセックスを堪能できますように」

牡牛座は次のような「地上に生きる喜び」を支配します。

鑑賞／感謝／体を持つことの喜び

自然との調和／満足／安らぎ

●生きる喜びを感じるための願いごとの例
「今生きていることに感謝し、喜びを感じられる人になりたい」
「身近にある幸せを一つひとつ意識し、感謝する気持ちが自然に湧いてきますように」
「日々の暮らしにあふれる素朴な喜びを感じられる毎日を過ごしたい」
「一週間のうち少なくとも〇日は、ガーデニングができるようになれますように」
「母なる自然の恵み、命あることの喜びと感謝をいつでも、そしていつまでも心に留めていられるわたしになりたい」
「欲望を募らせず、すでに手の中にあるもので満足できるわたしになりたい」
「わたしの人生に起きている善なるものを感じ、満たされる喜びを味わいたい」

牡牛座は次のような「創造」を支配します。

確かな基盤／固執／着実な前進／徹底／忍耐強さ

●望ましい結果を生む願いごとの例
「〇〇（目標）を達成する日まで、休まず努力を続けられる忍耐力がほしい」

「今後の人生の基盤作りに費やす時間が、簡単に生まれますように」
「一つひとつのプロセスを、ていねいにこなしていけるわたしになりたい」
「○○を実現できるまで、一歩ずつ確実に前進し続けられますように」
「結果をすぐに求める性急さが、わたしの中から消えますように」

牡牛座は次のような「信頼性」を支配します。

根気／信頼性／信用／不動

●信頼性を高めるための願いごとの例

「自分が口に出したことを守り、他者に信頼されるようになりたい」
「どの分野でも根気よく努力し、前進のプロセス自体を楽しめるようになりたい」
「目標にたどり着くまで、粘り強く努力できるわたしになりたい」
「今のわたしにとっていちばん大切なものを実感でき、それを実現・維持しようとする気持ちが揺らぎませんように」
「わたしなら必ず成功できると、心から信じられますように」

「周りの人々がもっとわたしを信頼してくれる、的確な言動がとれますように」
「信頼を裏切らない言動が常にでき、それにより周りの人からの信頼感が増しますように」

牡牛座は次のような「自分の存在価値」を支配します。

自分の欲求を知る／限界点を作る
明確な価値観／決断力／自分自身を受け入れる

●自分の存在価値を高める願いごとの例

「○○（決意、立場など）を維持するために必要な、強さと決断力をわたしにください」
「自分にとって何が大切かを知り、それに忠実に生きていけますように」
「自分の欲求をさりげなく周りに知らせ、満たしてもらえる雰囲気が作れますように」
「結果にこだわることなく、自分がどうしたいか、相手にどうしてほしいかを、きちんと伝えられるようになりたい」
「人生を自らコントロールできるように、自分の限界を労せず意識できますように」
「どんな状況にあっても、自尊心を常に、そしていつまでも保ち続けられますように」

「自分を過小評価する傾向が、一切なくなりますように」
「周りに影響されないで自分が心地よいと感じるペースを守り、快適だと感じるゾーンに留まれる自分でいたい」

牡牛座は次のような「頑《かたく》なさ」を支配します。

頑固さ／執着／変化を拒絶する
独占欲／独善的意見への固執／停滞

●頑なさを解消する願いごとの例

「自分のためにならない頑固さをすぐに治したい」
「わたしの中にある独占欲がなくなりますように」
「自分の意見をいう際、相手を疎外・遮断しない会話術を身につけたい」
「面倒くさがって何もしないなどの停滞感をもたらす行動を、一切しないわたしになりたい」
「何でも必要以上に蓄えようとする、モノに対する執着がなくなりますように」

「警戒心のレベルを超えた不健全な恐れや抵抗感を、すべてなくしてほしい」
「よりよい方向への変化を実感し、変化を楽しめるわたしになりたい」

牡牛座は次のような「身体部分・症状」を支配します。

咳／のど・あご・首／甲状腺／声と声帯

●牡牛座が支配する身体部分の健康を促進する願いごとの例

「○○が、完全に癒されますように」
「○○を完璧に治せる治療者と出会い、その人の治療をすぐに受けられますように」
「○○を完治させるための情報が、わたしのもとに集まりますように」
「○○が、健康と美しさを取り戻すために不可欠な行動を、すぐに起こせますように」
※○○には前述の身体部分・症状をあてはめてください。

新月が
双子座
にある時に実現する願い

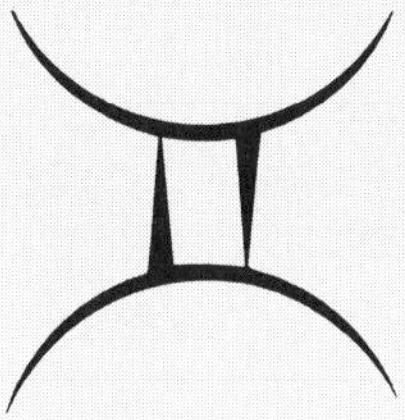

運動・活動
学び
コミュニケーション能力
論理・知性
世間慣れ
前向きな日常
不安を取り除く

＊双子座に象徴されるさまざまな願いごとの例は
「テーマ別願いごと」、「ドラゴンヘッド双子座」の項もご覧ください。

双子座は次のような「運動」を支配します。

クルマ（購入・修理）／短期旅行／輸送

落ち着きの欠如／興奮

●適正な運動を促すための願いごとの例

「手ごろな価格で買える、わたしにぴったりのクルマと出合い、購入できますように」

「納得できる価格で今の車を売るために、必要な行動が起こせるわたしになれますように」

「車を適正な代金で修理してくれる人と、すぐに出会えますように」

「ストレスを感じることなく、安全運転ができますように」

「運転に関する不安感を一掃したい」

「少なくとも毎年○回は短期旅行に出かけて、リフレッシュしたい」

「飛行機に乗る時の恐怖感がなくなりますように」

「少なくとも毎月○回は日帰り旅行をして、行ったことのないところを訪ね歩きたい」

「すべての○○（落ち着きのなさ、神経質さ、不安感、興奮しやすいことなど）が、完全になくなりますように」

双子座は次のような「学び」を支配します。

事実に基づいた情報／正規の学校教育
印刷物／インターネット／好奇心

●学びを促進させる願いごとの例

「インターネットを楽々と使いこなせるようになりたい」
「○○（目標）に近づくために、面白くてためになる△△（教科・分野）の本を見つけ、購入できますように」
「ストレスも苦労もなく、学校のすべてのカリキュラムを履修《りしゅう》できますように」
「学校に戻り、一学期に最低○時間の授業を受けられる態勢を作りたい」
「○○になるために最適な教育環境を、迷うことなく選べますように」
「○○の答えを導き出す適切な情報が、自然にわたしのもとに届きますように」
「○○問題を解決するために必要な情報が得られるよう、健全な好奇心を持っていたい」

双子座は次のような「伝達能力」を支配します。

記述力／話術／効果的な聞き方・教え方
心の調和／多様な意見を理解する

●効果的なコミュニケーションを促す願いごとの例

「相手の考え方を知るための適切な質問を、次々と思いつきますように」
「毎週最低〇日は日記をつけ、毎回〇分以上はそれに費せますように」
「計画をうまくいかせるため、〇〇（名前）に適切な手紙が書けますように」
「スピーチのクラスに抵抗なく参加し、人前でも上がらないわたしになりたい」
「〇〇（名前）との恋愛関係を復活させるための、効果的な接し方を教えてください」
「人の意見にもっと真摯に耳を傾け、そこから学ぶことのできる人になりたい」
「みんなが耳を傾けてくれるような話し方を習得できますように」
「他者の意見を理解し、多くの人々と調和することに喜びを見いだしたい」

双子座は次のような「論理性」を支配します。

選択肢を知る／聡明さ／短期的結果
便利屋的スキル／工夫を凝らす／多様性

●論理性を高める願いごとの例

「○○（名前）との関係を正しく把握して、理不尽で無軌道な言動をしなくなりますように」

「他者の意見はその人にとっては正義だということを、きちんと理解できる人になりたい」

「自分の知っている世界だけに閉じこもることなく、世の中の多様な価値観を楽しめる好奇心と寛容さを持ちたい」

「今取り組んでいることの結果を何らかの形で出し、わたしの前に提示してください」

「○○（名前）との関係を建設的な方向に変えるための選択肢を、明示してください」

「最良の人生が歩めるように、聡明な頭脳を持ちたい」

「○○（名前）とのつきあいで、足りないものではなくプラス面に目を向けられる、前向きなわたしでありたい」

「家事への抵抗感が、すっかりなくなりますように」
「機械がどのように動くのかを理解し、修理できるようになりたい」

双子座は次のような「社会的素質」を支配します。

臨機応変／受容／迅速な反応／瞬間を楽しむ／機知／社交

●社交性を高める願いごとの例

「人見知りが治りますように」
「礼儀正しく、機知に富んだ会話ができる人になりたい」
「軽い会話を、リラックスして楽しむことができますように」
「他者が理解し、受け入れてくれるような話術を身につけたい」
「他者の意見を尊重しつつも、すべてに同調する必要もないと思えますように」
「地に足が着いた考え方で、正確で知的な返答ができるわたしでありたい」
「もっと積極的で軽快な生き方ができるようになりたい」
「少なくとも毎月○回は知らない人の集まるところに出かけて新しい友人を作り、社交を楽しめるわたしになりたい」

双子座は次のような「身近な人間関係」を支配します。

兄弟・姉妹／近所の住人／学校の友人／ルームメイト

●近親者との効果的なコミュニケーションを促す願いごとの例

「○○（名前）と、フランクで前向きな会話ができるわたしになりたい」

「○○（弟、ルームメイトなど）がわたしの希望をはっきりと理解し、尊重してくれるようなコミュニケーション能力をお与えください」

「○○（姉、隣人、ルームメイトなど）とうまく折り合い、△△（忠誠心、協力など）を得るため、より深い洞察力と判断力を持ち続けるわたしでいたい」

「○○（名前）に対する劣等感がなくなり、のびのびと自分を表現できますように」

双子座は次のような「揺れ」を支配します。

質問過剰／言葉のあやにとらわれる
表面的なこと／神経質／優柔不断

●揺れを抑えるための願いごとの例

「表面的なことにとらわれる習慣が、完全になくなりますように」
「言葉のあやで他者を煙に巻いたり、自分自身まで欺《あざむ》く悪い癖が、すっかり消えてしまうといいな」
「一度決断した後でも迷い続ける癖が、治りますように」
「あれこれ考えあぐねることがなくなりますように」
「いつまでも迷う優柔不断さを、この際一掃したい」
「不眠症になるほど考え込む神経質な面が、自然になくなりますように」
「不安を覚えたら、３回深呼吸するだけでリラックスできるようになりたい」

双子座は次のような「身体部分・症状」を支配します。

手・手首・腕・肩／花粉症／肺・呼吸／神経系

●双子座が支配する身体部分の健康を促進する願いごとの例

「○○が、完全に癒されますように」

「○○を完璧に治せる治療者と出会い、その人の治療をすぐに受けられますように」

「○○を完治させる情報が、わたしのもとに集まりますように」

「○○が、健康と美しさを取り戻すために不可欠な行動を、すぐに起こせますように」

※○○には前述の身体部分・症状をあてはめてください。

新月が
蟹座
にある時に実現する願い

♋

家庭・家族

安定

成長

親密さ・慈愛

感情・気分

育成

解放

不安感

＊蟹座に象徴されるさまざまな願いごとの例は
「テーマ別願いごと」、「ドラゴンヘッド蟹座」の項もご覧ください。

蟹座は次のような「基盤」を支配します。

心のよりどころ／家／家庭・家族／本能的反応

●個人の基盤を強める願いごとの例

「幸せに暮らせる家が簡単に見つかり、購入できますように」
「親切で有能な不動産ブローカーと出会い、最適な家を予算内で買えますように」
「最も有利なローンを提示する銀行から、最良のタイミングで家の購入資金を調達したい」
「無理なく払える家賃の、素敵な○○（部屋、マンション、一軒家など）が見つかり、そこで楽しく暮らせますように」
「音楽や甘い香りなどさまざまな工夫で住環境を豊かにする、インテリアコーディネーターとしての才能をわたしにお授けください」
「家族と一緒の時間を、もっと楽しく過ごせるようになりたい」
「安らぎと喜びを感じられる精神的な余裕が持てますように」
「心の声に耳を傾け、尊重できるようになりたい」

蟹座は次のような「安定」を支配します。

安定／帰属意識／庇護《ひご》／粘り強さ／経済的安定

●心の安定を促す願いごとの例

「将来の経済的不安を消し去るような、資産形成ができるようになりたい」

「どんな時にも、安心感を持ち続けられるわたしでいたい」

「○○（名前）にいつも護《まも》られていることを実感できますように」

「自分自身を常に危険や悲しい出来事から守ってあげられる、もうひとりの自分が欲しい」

蟹座は次のような「過程」を支配します。

トレーニング・学習／子どもの躾《しつけ》／成長／新たな成長を見守る

●成長を促す願いごとの例

「自分のためにならない長年の思い込みや考えを認識し、その呪縛から解き放たれたい」

「すべての出来事から学ぶべきことをきちんと学び、成長していける前向きな姿勢をわたしにください」
「気になる人に、積極的にアプローチできる自分がほしい」
「○○になるためのセルフトレーニングを、上手にできるようになりたい」
「苦手なことを少しずつ克服し、成長していく自分自身を見守っていきたい」
「結果ばかりを気にせずに、プロセスにも目を向けられる自分になりたい」

蟹座は次のような「慈愛」を支配します。

いたわり／共感／デリケート／親密さ

●慈愛を育む願いごとの例

「周りの人たちと、お互いにいたわり合えるような心の交流を持ちたい」
「必要に応じて素直に助けを求め、それによって自分も相手も向上するような人間関係を築いていきたい」
「新しいパートナーに、慈愛に満ちたエネルギーを注げるようになれますように」

「人と親密になることへの恐れを、すべて消してください！」

「健全で親密な関係を、○○（名前）と築けるわたしになれますように」

「周りの人とともにいるほのぼのとした感覚が、わたしの中に芽生えますように」

「もっと周りの人々を理解して共感することで、お互いにいたわり、協力し合える温かい関係を築きたい」

「周囲の人に温かく受け入れられ、支えてもらえるよう、自分の傷つきやすさを素直に表現できるようになりたい」

蟹座は次のような「感情」を支配します。

心変わり／他者や自分の気持ちを理解する／やさしさ

●感情を巡る問題を改善する願いごとの例
「適切な表現で、自分の気持ちを伝えられる人になりたい」

「気分屋のわたしはもういらない！」

「何かにつけてすぐに感情的になる性格を変えたい」

「行動が気分に左右されることがなくなりますように」
「どんな状況でも、自分の感情を自覚していられるようになりたい」
「どんな状況でも、みんなの気持ちを理解できるわたしになりたい」
「周りの人を深く愛し、思いやりを持てますように」

蟹座は次のような「育成」を支配します。

助けてあげる／助けてもらう／食物／母親／家族の絆
他者の世話をする／他者の世話になる

●健全な育成を促すための願いごとの例

「体によくない食生活を変えたい」
「お互いに理解し、支え合う人間関係を築き、温かい気持ちでいられますように」
「わたしの中の健全な感情が、のびのびと育ちますように」
「旅行や買い物、スポーツなど、充実した母との時間を過ごせますように」
「母とわたしの間の理解、尊敬、協力、そして愛を促す言葉をたくさん思いつき、表現できるわたしになりたい」
「家族と一緒にいる時でも、のびのびと自分の個性を発揮できますように」
「自分の欲求や感情を無視してまで、他者を助けようとする衝動を抑えられますように」
「自分にもプラスになる方法で、○○（名前）を助けることができますように」

蟹座は次のような「過剰な自己防衛」を支配します。

依存心／不安感／独占欲
過剰な警戒心／拒絶されることへの恐怖

●心を蝕む不安感をなくす願いごとの例

「常に誰かに依存したいと思う気持ちを、この際一掃したい」
「誰かを独占したり、頼らなくても、満たされている感覚を持てますように」
「○○（名前）の面倒を見る時、過保護にしないよう常に意識していられますように」
「小さな障害にもすぐにビビってしまうわたしを、勇気ある人に変えてください」
「わたしの中からすべての不安がなくなりますように」

「○○（名前）の感情に振り回されないわたしになりたい」
「誰かに拒絶されることへの恐怖感をなくしてほしい」

蟹座は次のような「身体部分・症状」を支配します。

乳房・胸腔／膵臓《すいぞう》／胃・膨満感・胃潰瘍《いかいよう》／腫瘍

●蟹座が支配する身体部分の健康を促進する願いごとの例

「○○が、完全に癒されますように」
「○○を完璧に治せる治療者と出会い、その人の治療をすぐに受けられますように」
「○○を完治させる情報が、わたしのもとに集まりますように」
「○○が健康と美しさを取り戻すために不可欠な行動を、すぐに起こせますように」
※○○には前述の身体部分・症状をあてはめてください。

新月が
獅子座
にある時に実現する願い

♌

愛とロマンス
創造力
寛大さ
祝福・遊び
尊厳
決断力
短気
傲慢

＊獅子座に象徴されるさまざまな願いごとの例は
「テーマ別願いごと」、「ドラゴンヘッド獅子座」の項もご覧ください。

獅子座は次のような「心の絆」を支配します。

恋愛／子ども／デート／劇的な出会い／承認を得る・与える

●心の絆を強める願いごとの例

「新たな恋の相手がわたしの前に現れ、健全で幸せなつきあいが始まりますように」

「パートナーの前で、自分の個性や欲求を正直に出すことで、ありのままのわたしを愛してもらえますように」

「他者の個性を認め、言葉でそれを伝えられるわたしでありたい」

「子どものように毎日を新鮮に感じることができますように」

「○○（名前）との関係が、ごく自然に、楽しい恋愛へと発展しますように」

「子どもたちと過ごす時間がもっと多く取れますように」

「子どもたちとの間に理解や尊敬、協力、そして愛が育つことを促す言動をたくさん思いつき、実践できますように」

「以前のように、健全でわくわくするような楽しいデートができますように」

獅子座は次のような「創造力」を支配します。

熱意／創造的プロジェクト／芸術的表現
主体的な関わり／自己実現／情熱

●創造的な活動に関わるための願いごとの例

「毎朝、今日はどんなことが起きるか、期待に胸を躍らせて目覚められますように」
「○○に関して、独創的なアイデアがどんどん湧きますように」
「周囲からの評価を意識せず、自由に創造力を発揮できるわたしになりたい」
「創造力を十二分に発揮して、喜びを感じられるような仕事が舞い込みますように」
「生きる喜びを日々感じられるような日常が戻ってきますように」
「心の奥から聞こえる声に従って、わたしに運命づけられた道を歩み、真の喜びと幸福感で満たされますように」
「自己破壊的な傾向が、知らないうちに消えてほしい」
「情熱と興味をかきたてられるようなイベントやプロジェクトが、わたしのもとに引き寄せられますように」

獅子座は次のような「愛情」を支配します。

忠誠心／寛大さ／喜びをもたらす／勇気づける／親切

●寛大な愛を育むための願いごとの例

「周囲に、わたしが愛していることを理解してもらえるような言動をしたい」
「それぞれの個性を尊重できるようなわたしになりたい」
「大切な人たちに大きな愛を与え、支えてあげられる寛大なわたしになりたい」
「わたしの忠誠心や敬愛の念が、相手に自然に伝わるような言動をとれますように」
「他の人たちが疑念を抱くようなことにも、鷹揚《おうよう》に構えられるわたしでありたい」
「人々の長所が存分に発揮されるよう、勇気づけられるわたしになりたい」
「すべての人に対して、寛大でありたい」
「○○（名前）に対して寛大になれますように」
「わたしがいるとなぜか楽しく、笑いが絶えない雰囲気を作り出したい」

獅子座は次のような「遊びや祝福」を支配します。

楽しいこと／遊び／ゲーム
パーティ／長期休暇／スポーツ／冒険のためのリスク

●人生を楽しむための願いごとの例

「毎日一つ以上、楽しいことをしたい」

「日々の暮らしの中で楽しいことを、たくさん発見したい」

「○○（名前）と、もっと気軽で楽しい関係になりますように」

「人生をもっと積極的に楽しめるようになりたい」

「自分にとって最良の休暇になるような考えがひらめきますように！」

「○○（スポーツ、活動など）を、少なくとも週（月）に○回は楽しめますように」

「人生がもっとダイナミックで面白くなるために必要なリスクを、どんどん冒せるわたしにしてください」

「楽しいことをシャットアウトしがちなわたしの性格を、すっかり変えてほしい」

「参加者全員が楽しくなるような企画を思いつきますように」

「パーティに参加する時、コンプレックスを感じることなく、周りの人に素直に関心を持てますように」

獅子座は次のような「尊厳」を支配します。

承認／中心人物／自信／圧倒的存在感／輝き／博愛

●尊厳を増すための願いごとの例

「わたしの魅力を際立たせてくれる劇団に所属したい」
「他の人を表舞台に立たせることで、わたしも同じエネルギーを感じたい」
「健全な方法で舞台の中央に立ち、その喜びを味わえますように」
「威厳のある幸福のオーラを発するわたしになりたい」
「何をするにも、ゆるぎない自信を持って取り組めるわたしでありたい」
「わたしのハートや個性の輝きが表面に現れますように」
「周囲にわたしの存在感を認められるようになりたい」

獅子座は次のような「決断力」を支配します。

リーダーシップ／集中／やり遂げる／不屈の意志／スタミナ

●決意を強める願いごとの例

「自分で立てた計画を途中で諦めない強い意志をお与えください」

「定期的にすると決めた○○（運動など）を、義務としてではなく、楽しみながらできますように」

「目標を立ててもすぐに忘れたり、三日坊主でやめてしまうわたしとおさらばしたい」

「目標を達成するまで、がんばり続けられるだけの精神力とスタミナがほしい」

「ものごとを全うできるよう、わたしの中にある障害をすべてなくしたい」

「何をするにも人に頼らず、リーダーシップを発揮できるわたしに変わりたい」

「もっと集中力を高めたい」

「一つのことに集中して、結果が出るまでやめない意志の強さが身につきますように」

獅子座は次のような「傲慢さ」を支配します。

プライド／過剰な表現／自己中心／浪費／親分風を吹かせる

●傲慢さを抑える願いごとの例

「大風呂敷を広げてしまう癖を改められますように」

「あらゆる傲慢さがなくなりますように」

「すぐに相手と比べて優越感や劣等感に浸ることを、もうやめたい」

「他者が退いてしまうほどのプライドを、すんなりと捨てられますように」

「思い通りにことを運ぶために、悲劇のヒロインを演じる悪い癖を、もうやめたい」

「自分のためにならない自己中心やわがままが、知らないうちになくなってほしい」

「周りに対して強く出てしまう、親分気取りはもうやめよう」

獅子座は次のような「身体の部分・症状」を支配します。

背中・背骨／炎症／憔悴《しょうすい》／熱に弱いこと

●獅子座が支配する健康を促進する願いごとの例

「○○が、完全に癒されますように」

「○○を完璧に治せる治療者と出会い、その人の治療をすぐに受けられますように」

「○○を完治させる情報が、わたしのもとに集まりますように」

「○○が、健康と美しさを取り戻すために不可欠な行動を、すぐに起こせますように」

※○○には前述の身体部分・症状をあてはめてください。

新月が
乙女座
にある時に実現する願い

♍

体の健康
食生活・運動
仕事・ライフワーク
眼識
助けてあげること
秩序
リラックス
完璧主義

＊乙女座に象徴されるさまざまな願いごとの例は
「テーマ別願いごと」、「ドラゴンヘッド乙女座」の項もご覧ください。

乙女座は次のような「体の健康」を支配します。

食生活／運動（エクササイズ）／健全な食習慣／ダイエット
癒し／ヒーラー（看護婦、医師、鍼灸師など）

●健康を改善する願いごとの例

「脂肪とカロリーが少ない食事をおいしく感じ、体にいい食べ物だけを欲するようになりたい」
「〇〇（エアロビクス、ヨガ、ダンベルなど）を少なくとも週に〇日、一回〇時間以上はやるという決めごとを、きちんと守れますように」
「〇〇（甘いもの、タバコ、アルコール、コーヒーなど）を摂り過ぎないよう、誘惑に打ち勝てるわたしになりたい」
「理想体重を維持できるよう、自己管理がきちんとできますように」
「健康で、規則正しい生活ができるわたしになりたい」
「健康管理に関する自信のなさが、解消できますように」
「わたしの体と心を完全に理解できるヒーラーの治療を受けて、回復できますように」

「わたしの心と体を元気いっぱいにしてくれるサプリメントと出合い、それらを使い始められますように」

乙女座は次のような「仕事」を支配します。

仕事／プロジェクト／作業やお使い／同僚

●積極的な参加をもたらす願いごとの例

「能力を最大限に発揮できる仕事に就けますように」
「担当のプロジェクトを、最低限のストレスと最大限の効率で仕上げられますように」
「どんな仕事も、健全な自信を持ってやり遂げられますように」
「どんな仕事でも、喜々として取り組む姿勢を持ち続けたい」
「仕事の時間配分を上手にやり、余暇、家族との時間、そして○○をする時間も取れるようにしたい」
「厳しい仕事にも喜びを見出せるわたしになりたい」
「だらだらと時を過ごすのはやめて、もっと生産的な行動を起こせるようになりたい」

「仕事や緊急を要さないことを先送りにする悪い癖を、スッパリ断ち切れますように」
「同僚とわたしが互いに尊重し、協力し合って、さらに○○してくれることを促す言葉をかけられるようになりたい」

乙女座は次のような「創造的な組織」を支配します。

秩序正しい環境／詳細を詰める
効率性と計画性／事務／時間を守る

●効率的なシステムと秩序をもたらす願いごとの例

「家庭に秩序をもたらす自分を見つけたい」
「毎月○日に、請求書の支払いをきちんと済ませられるわたしになりたい」
「事務作業をスムーズに片付けるために、必要な行動を臆せずとれますように」
「約束の時間に遅れる悪い癖を完全に治したい」
「自宅やオフィスの環境を整然とさせ、常にその状態を保てるわたしになりたい」
「部屋を片付けられない自分はいなくなり、整理上手な自分でありたい」

「○○（自分の目標）を達成するために必要な計画を、明確に立てられますように」

乙女座は次のような「眼識」を支配します。

分析／批評家的論理性／焦点／洞察力

●眼識を向上させるための願いごとの例

「○○問題を正確に分析し、素晴らしい結果を出せますように」
「○○に関する混乱を考えすぎることなく、うまく解決できますように」
「自分の人生に何が重要で、何が不要なのかを見極められるようになりたい」
「危機に直面した時でも動揺することなく、冷静に対処できますように」
「与えられたチャンスに感謝し、それに集中して取り組めるわたしになりたい」
「今、ここにある問題に焦点を合わせて、一つひとつ解決し、それがやがて大きな目標達成へと至りますように」

乙女座は次のような「サービス」を支配します。

順応性／実用的なサポート／純粋な動機／良心

●純粋な動機に関する願いごとの例

「お客様にサービスする仕事に喜びを感じられるようになりたい」

「○○について、わたしの将来にとってよい方向に調整することができますように」

「次々に起こる変化に順応していくことが、将来的に有利な結果をもたらしますように」

「混乱した状況でも、現実的な解決法を提示していくことができますように」

「乱れた環境に秩序を取り戻すべく、持てる力を最大限に発揮して、事態を収拾できますように」

「常に良心を持って臨み、他者の問題に干渉しない自分でいたい」

「いつでも他者のために行動できるわたしでありたい」

乙女座は次のような「統合」を支配します。

統合能力／加工
混沌から秩序を生む／細部を見て大局を知る

●統合能力を呼び覚ますための願いごとの例

「ラッキーなことが起きた時にそれを見逃さず、感謝して受け入れられますように」
「自分の人生にとって何が最良なのか、いつも的確に見極められるわたしでいたい」
「○○問題について、自分がとるべきスタンスと現実的な対応を考え、それを実践できるわたしでありたい」
「○○（名前）との関係を続けることが、わたしにとっての癒しにつながりますように」
「混乱している状況に秩序を取り戻す最適な方法を思いつきますように」
「○○の状況で、ばらばらに見えるさまざまな要素がどのように収まり、どうすればバランスよく、すっきりとまとまるかが、明確に見えますように」
「○○で、理想の結果を引き出すことに焦点を絞って行動できますように」

乙女座は次のような「過度な完璧主義」を支配します。

心配／批判／非難と酷評／仕事中毒

●完璧主義に陥らないための願いごとの例

「すべてを完璧にこなさないと気がすまないところを改めたい」
「取り越し苦労をする癖をすっかり変えたい」
「自分と他者を厳しく批判することのないわたしになれますように」
「他者の欠点を治したいという衝動が起こりませんように」
「否定的な言葉を使ったり、批判的な態度を取る癖を一掃できますように」
「誰かのせいにしたり、悪口を言ったりすることをやめられますように」
「いつでも正しくありたいという強迫観念がなくなりますように」
「バランスの取れた幸せな生活を乱してまで、仕事にのめり込んでしまう習慣を改められますように」

乙女座は次のような「身体部分・症状」を支配します。

大腸・腸／便秘・下痢／消化吸収／みぞおち（太陽神経叢）

●乙女座が支配する身体部分の健康を促進する願いごとの例

「○○が、完全に癒されますように」

「○○を完璧に治せる治療者と出会い、その人の治療をすぐに受けられますように」

「○○を完治させる情報が、わたしのもとに集まりますように」

「○○が、健康と美しさを取り戻すために不可欠な行動を、すぐに起こせますように」

※○○には前述の身体部分・症状をあてはめてください。

新月が
天秤座
にある時に実現する願い

♎

結婚

交渉術

調和

チームワーク

社交性・外交手腕

洗練

ヒーリング

相互依存

＊天秤座に象徴されるさまざまな願いごとの例は
「テーマ別願いごと」、「ドラゴンヘッド天秤座」の項もご覧ください。

天秤座は次のような「結びつき」を支配します。

パートナーシップ／共有／合意・契約／共存共栄

●幸せな結婚を促すための願いごとの例

「お互いに○○（協力、尊敬、感謝、愛、情熱など）を感じられる男性（女性）と出会い、楽しいつきあいを始められますように」

「○○（名前）との関係で、理想的なつきあいに至るためのビジョンが浮かびますように」

「愛と協力を分かち合える関係が、もう一度、二人の結婚生活に戻ってきますように」

「わたしにぴったりの結婚相手が現れ、楽しく健全な交際ができますように」

「幸せな結婚に至る道を見出し、ゴールに向かって着々と前進できるわたしになりたい」

「パートナーがもっとわたしを愛してくれるように導く言葉を言えるわたしでありたい」

「わたしにとって最良の結果をもたらす結婚のチャンスを見分ける眼識を持ち、ベストな選択ができますように」

天秤座は次のような「公正さ」を支配します。

バランス／平等／反対意見を尊重する／交渉／カウンセリング

●公正さを促すための願いごとの例

「不公平感をもたらす考えは、すべて捨て去りたい」
「他者の立場をきちんと理解し、尊重できるようになりたい」
「反対意見にも素直に耳を傾けられる度量をわたしにください」
「何でもすぐに不公平だと感じてしまう、わたしのひがみ根性よ、消えてなくなれ」
「○○に関する交渉がうまくいき、双方にとってハッピーな契約になりますように」
「○○（名前）が、わたしと一緒にカウンセリングに行く気になるような言葉をかけられますように」
「落ち着かない気持ちを鎮め、心のバランスを取り戻したい」
「わたしを癒し、力を与えてくれる、相性のいいセラピストと出会い、カウンセリングを受けられますように」

天秤座は次のような「調和」を支配します。

平和／調和／芸術／装飾

●調和をもたらす願いごとの例

「家の中に平和、幸せ、静けさをもたらす内装のアイデアを授けてください」
「波乱に満ちたわたしの人生に、平和と調和が訪れてほしい」
「ひとりの女性（男性）として、美しく優雅な自分でありたい」
「自分が自分でいることに幸せを感じ、周囲に調和をもたらすことができますように」
「的確な提案をしてくれる素晴らしい風水師を見つけ、求めるものがスムーズに手に入る運気を呼び込めますように」

天秤座は次のような「チームワーク」を支配します。

助ける／助けてもらう／共同制作／協力関係／チームの個性

●チームワークを強化する願いごとの例

「このチームは〝運命共同体〟だということを常に忘れず、仲間の面倒をみられる人になりたい」

「○○（名前）を助ける行為が、自分にもプラスになるようにしていきたい」

「健全で、楽しい方法で、みんなに協力できるわたしになりたい」

「チームで行動することへの抵抗感や嫌悪感が、自然となくなりますように」

「○○（名前）と、もっと互いに協力を惜しまない関係を作りたい」

「○○（名前）と協力し合うことが、双方の大きな前進につながりますように」

天秤座は次のような「社交性」を支配します。

親しみやすさ／機転／他人と折り合う

1対1の関係／外交／親近感

●社交性を高める願いごとの例

「他の人にもっと積極的に関わり、親近感を抱きたい」

「話術が上達し、親しい関係を作ることで、自分の存在をアピールできるようになりたい」
「もっと社交性を身につけたい」
「いつでも気の利いた会話ができて、礼儀正しく、親しみやすい雰囲気を持った人になれますように」
「人がたくさん集まる場でも雰囲気に圧倒されることなく、好感度の高い人としてふるまえますように」
「人とうまくつきあえるように、的確で冷静な判断ができるわたしになりたい」

天秤座は次のような「洗練」を支配します。

贅沢《ぜいたく》／エレガンス／甘やかす／趣味のよさ

●洗練度を増すための願いごとの例

「他者に大切に扱われたら、それを素直に受け入れ、感謝できるわたしになりたい」
「ふだんから、上品で優雅にふるまえますように」
「趣味のいいリーズナブルな価格のものを選べる感性を育て、暮らしを豊かにしたい」

「今わたしの周りにある豊かさに感謝しつつ、それを満喫したい」
「他意のない、健全なプレゼントがたくさん舞い込み、それらを優雅に受け入れるわたしの姿が見たい」
「自分の置かれた環境、そして現実に目の前で展開されていることが、完璧な姿で優雅に存在しているということを、どんな時も意識していられるわたしでありますように」
「いつでも〝優雅で上品な人〟という印象が与えられる服装を心がけたい」

天秤座は次のような「自我の消失」を支配します。

相互依存／譲歩する／優柔不断／不毛な言い争い

●自己意識を強くするための願いごとの例

「無理してみんなを好きになろうとか、みんなに好かれたいという考えから解放されたい」
「とりあえずその場を収めるためだけに、うわべだけ妥協する癖が治りますように」
「すぐに他者と比べる性格を改めたい」
「行動に移せない決断恐怖症と決別できますように」

「つい、天邪鬼《あまのじゃく》な発想をしてしまう習慣を改めたい」
「いつもいい人でいなくちゃいけないという強迫観念を捨てたい」
「わたしの心の安定には、○○（名前）の存在が不可欠という考えをなくしたい」

天秤座は次のような「身体の部分・症状」を支配します。

副腎／尻／糖尿病（糖分バランス不良）／腎臓

●天秤座が支配する身体部分の健康を促進する願いごとの例
「○○が、完全に癒されますように」
「○○を完璧に治せる治療者と出会い、その人の治療をすぐに受けられますように」
「○○を完治させる情報が、わたしのもとに集まりますように」
「○○が、健康と美しさを取り戻すために不可欠な行動を、すぐに起こせますように」
※○○には前述の身体部分・症状をあてはめてください。

新月が
蠍座
にある時に実現する願い

力づける
変化
危機管理能力
自制心
セックスパートナー
ソウルメイト
財務協力
権力闘争の回避

＊蠍座に象徴されるさまざまな願いごとの例は
「テーマ別願いごと」、「ドラゴンヘッド蠍座」の項もご覧ください。

蠍座は次のような「権力」を支配します。

秘密／他者の欲求と動機を理解する
政治／心理学／カリスマ

●個人の力を強化するための願いごとの例

「秘密をきちんと守れる節操を持ちたい」
「わたしにとって大切な人が求めるものがわかる心の目が、自然に育ちますように」
「自分や組織全体をよい方向へと導く言動ができますように」
「相手も自分も力づけられるようなコミュニケーションができるわたしでありたい」
「自分の政治力、権力を決して悪用しない人になりたい」
「周りの人をいい意味でリードしていけるカリスマ性が身につきますように」
「わたしと相性のいい臨床心理士と出会い、カウンセリングを受け始められますように」

蠍座は次のような「超越」を支配します。

変容／過去からの〝荷物〟を降ろす／変化／復活／許し

●変化を促す願いごとの例

「○○の分野にプラスの変化が起きますように」

「○○（子ども時代の体験、異性関係など）から引きずっている心のお荷物を捨てて、身軽になれますように」

「○○分野での変化に、不安を感じることなく、うまく対応できますように」

「○○（名前）との関係を復活させ、互いに尊敬し、理解し、支え合える関係にしたい」

「○○（名前）を許し、過去のこととして心の整理をつけることで、自分に力を授けたい」

「うまく行かないことがあると、すぐに他者を非難する癖を改めて、自らをプラスのエネルギーで満たしたい」

「○○（名前）との関係が、プラスに変化するような言動がとれますように」

蠍座は次のような「危機」を支配します。

権力を得るためのリスク／強迫
妄想／激しい抗争／崖っぷち

●危機下のストレスを緩和する願いごとの例

「危機に陥ってもパニックにならず、冷静な判断に基いて行動できますように」
「ストレスや危機的状況を自ら作り出す癖と、きっぱり決別できますように」
「わざわざ危険な状況に飛び込んでいく、無謀な性格を変えられますように」
「自分を向上させるためなら、勇気を持ってリスクを冒せる人になりたい」
「相手を怖がらせることなく、わたしが持っている激しさを理解してもらいたい」
「他者の激しい性格の一面を見ても、さらりと受け流せる度量をわたしに授けてください」
「○○に対するわたしの△△（妄想、強迫観念）が、完全に姿を消しますように」
「周りの人々と一緒にいることが、双方を力づけているという実感を持ちたい」

蠍座は次のような「自制心」を支配します。

善対悪／強靭《きょうじん》さ／自律／コミットメント／洗練された人格

●自制心を促す願いごとの例

「善悪を見極められ、迷わず善を選択できる人になりたい」

「高潔な道がわたしにとって最良の結果を生むということを、常に忘れずにいたい」

「幸福な未来に向かうために必要な変化に対応できる強さを、わたしにお与えください」

「どんな時にも、自分を律することができますように」

「○○（喫煙、飲酒、食べ過ぎなど）の欲求を、ストレスを感じずにコントロールできる自分でいたい」

「自分自身の感情の起伏をしっかり受け止められるようになりたい」

「○○が成功するまで決して諦めないという自分に課した公約を、ストレスを感じることなく持ち続けられますように」

「何かに１００％委ねることへの抵抗感が消えますように」

蠍座は次のような「絆」を支配します。

セックス／夢中／ソウルメイト／深い絆／互いに認め合う

●絆を強める願いごとの例

「パートナーとのセックスをもっと楽しめ、二人が深い絆で結ばれますように」
「わたしの人生に不可欠な人たちを大切に思い、最大限の支援ができますように」
「他者の権力圏内に入ると無力になってしまう傾向をなくしたい」
「ソウルメイトをわたしのもとに招きよせ、幸福な関係を築けますように」
「○○（名前）と互いに助け合う関係を促す言葉をかけられるわたしでありたい」
「ソウルメイトを見極める方法を知りたい」
「○○（名前）との関係が、日を追うごとに幸せな恋愛に発展し、お互いを縛ることなく、のびのびとしたパートナーシップを育めますように」
「○○（名前）との間に、深い愛情の絆が育つ言葉をたくさんいえますように」

蠍座は次のような「財務協力」を支配します。

税金／負債／奨学金／遺書と遺産相続／契約／ビジネス

●財務協力をスムーズにする願いごとの例

「わたしにとって最も有利なローンを見つけ、早急に組むことができますように」

「○○（名前）との財務交渉に、自信を持って臨むことができますように」

「税金関連の申請や処理などを、面倒がって先送りする癖を治したい」

「いい形で借金を清算していくために、着々と行動できるわたしになりたい」

「負債をなくすために、持てるエネルギーと能力をいかんなく発揮できるわたしになりたい」

「遺産相続を受ける全員に善意で対応し、公平な判断が下されることに貢献できるわたしでありたい」

「残された全員にとって理想的な結果をもたらす遺書を書き上げられますように」

「○○（名前）が借金を返してくれる気になるような言動がとれますように」

蠍座は次のような「権力の乱用」を支配します。

復讐／嫉妬／残酷な批判／破壊的願望
権力闘争／放棄／疑惑／罪悪感

●権力の乱用を解き放つ願いごとの例

「権力闘争に巻き込まれずに済む方法を、わたしに教えてください」
「見捨てられることへの恐怖感が、なくなりますように」
「○○に対する罪悪感が簡単に、そして完璧に消えますように」
「○○に復讐したいという気持ちが頭をもたげませんように」
「嫉妬心がすべて消えますように」
「厳しい自己批判、他者に対する酷評の類はすべて捨て去りたい」
「すべてをめちゃくちゃにしたくなる衝動が、もう二度と起きませんように」
「どんな状況でも、自分の力をプラスの方向に使えますように」

蠍座は次のような「身体部分・症状」を支配します。

直腸、結腸、膀胱その他の排泄器官
月経前症候群と生理／性病／性器

●蠍座が支配する身体部分の健康を促進する願いごとの例

「○○が、完全に癒されますように」
「○○を完璧に治せる治療者と出会い、その人の治療をすぐに受けられますように」
「○○を完治させる情報が、わたしのもとに集まりますように」
「○○が、健康と美しさを取り戻すために不可欠な行動を、すぐに起こせますように」
「月経前症候群の症状がすっかりなくなりますように」
※○○には前述の身体部分・症状をあてはめてください。

新月が
射手座
にある時に実現する願い

真実の追究
心の安定
旅行・自由・冒険
法律問題
忠実さ・楽観主義
解決策を見つける
過剰を克服する

＊射手座に象徴されるさまざまな願いごとの例は
「テーマ別願いごと」、「ドラゴンヘッド射手座」の項もご覧ください。

射手座は次のような「真実の追究」を支配します。

宗教／祈りと天上の導き／礼拝所
率直さと正直さ／ストレートな会話

●真実に近づくための願いごとの例

「常に天の力の導きを求めるわたしでいたい」
「わたしの守護霊と交信ができるようになりたい」
「○○（神、宇宙、天使など）に、ダイレクトに伝わる祈り方を知りたい」
「少なくとも毎月○回は、お祈りの場所（瞑想クラス）に行く習慣をつけたい」
「抵抗なく、本音を語れるようになりたい」
「自分の信じるもののために戦い、信条に基づいて生きる勇気をわたしにお与えください」
「最低週○日、○分間は、△△（お祈り、瞑想、宗教の本を読むなど）をすることが苦にならないわたしになりたい」

射手座は次のような「自然界」を支配します。

自然との結びつき／直感／心の安定

●自然界との結びつきを促す願いごとの例

「直感に身を委ねれば、天の声に導かれて、わたしの進むべき道が見つかりますように」

「精神が満たされる喜びを体験したい」

「わたしの進むべき道が本能でわかり、よりよい方向に運命を展開できる行動を起こせますように」

「直感が冴え、より正確にものごとを見極められるようになりたい」

「自然の完璧な美しさを鑑賞できるわたしでいたい」

「どんな状況下でも、安定した心を保てますように」

射手座は次のような「自由」を支配します。

自発性／冒険／楽観的な期待／探求／海外旅行

●より自由になるための願いごとの例

「手頃な予算で、○○に旅行に行けますように」

「定期的に旅行に行けるライフスタイルを築きたい」

「自分の人生を自由に生きる喜びを味わいたい」

「わたしの好奇心を満たしてくれる様々な冒険をしたい」

「○○問題が明るい兆しを見せ、よい解決法が見つかりますように」

「○○の探求が成功し、それが幸せをもたらしますように」

射手座は次のような「法律」を支配します。

弁護士／訴訟／倫理／道徳／良心／裁判手続き

●法律とうまくつきあう願いごとの例

「自分の良心に従って行動することで、心の安定が得られますように」

「○○に関して、倫理に反しない道を一貫して選択していけますように」

「○○の訴訟で、高額報酬を要求しない、能力のある弁護士を見つけられますように」

「○○の裁判手続きを進めるにあたり、迷うことなく適切な手順を踏み、よい結果を生み出せますように」

「○○の訴訟で最良の結果を出すために、何をするべきかがはっきりとわかるわたしでいたい」

射手座は次のような「楽観主義」を支配します。

信念／親しみやすさ／幸運／寛大な心／親切さ

●楽観的発想を呼び起こす願いごとの例

「人々と気軽に、親しく接することのできるわたしになりたい」

「ものごとがきっとうまく運ぶと、いつでも信じられるわたしになりたい」

「どんなに深刻な状況にも必ずプラスの面があるのだと、信じられるわたしになりたい」
「寛大になることを阻むすべてのものが、わたしの中から消えてほしい」
「わたしの人生のすべてに、宇宙の大いなる力が介在していることを、心から信じたい」
「わたしに舞い降りる幸運を、余すことなく受け止められますように」

射手座は次のような「高次の学び」を支配します。

指導者／大学、短大／哲学／答えを求める／解決法を探る

●学びに関する願いごとの例

「わたしにぴったりの大学に入れますように」
「自分の人生をもっと深く、哲学的にとらえたい」
「精神性が高まるような本を見つけ、そこからたくさん学ぶことができますように」
「魂を浄化し、開放するために役立つ精神世界のリーダーや書物、宗教などを、しっかり見分けられるわたしでありたい」
「○○をマスターするためにわたしに最も合った指導者を見つけ、その人から的確な指導

を受けられますように」
「○○を解決するための答えを、積極的に見つけようとする自分でありたい」
「○○の解決法を、単純明快な形で見つけられますように」

射手座は次のような「不注意」を支配します。

近道／ひとりよがり／憶測する／やりすぎる
贅沢／無愛想／極端な楽天家

●身を滅ぼす不注意を軽減する願いごとの例

「無愛想なわたしよ、さようなら」
「無防備に危険に飛び込んでいく、向こうみずなところがなくなりますように」
「近そうに見えても結局は遠回りになるような道を選んでしまうことがありませんように」
「○○（金銭、遊び、配偶者など）で、失態を演じることがありませんように」
「ひとりよがりな面を治したい」
「勝手な憶測で先走り、事実確認をしないという欠点を克服できますように」

「何でも徹底的にやりすぎてしまう性格に、歯止めをかけられる自分がほしい」
「極端に楽天的な見方にかたより、現実を直視しない癖を矯正したい」

射手座は次のような「身体部分・症状」を支配します。

腰／肝臓／座骨神経痛／大腿部・足の付け根

●射手座が支配する身体部分の健康を促進する願いごとの例

「○○が、完全に癒されますように」
「○○を完璧に治せる治療者と出会い、その人の治療をすぐに受けられますように」
「○○を完治させる情報が、わたしのもとに集まりますように」
「○○が、健康と美しさを取り戻すために不可欠な行動を、すぐに起こせますように」
※○○には前述の身体部分・症状をあてはめてください。

新月が
山羊座
にある時に実現する願い

老後の安定
対処法
責任
目標達成
成功と承認
処理能力
権威者
他者を操作しない

＊山羊座に象徴されるさまざまな願いごとの例は
「テーマ別願いごと」、「ドラゴンヘッド山羊座」の項もご覧ください。

山羊座は次のような「老後のニーズ」を支配します。

時間／賢明な判断／成熟／退職／老年期

●将来に備えるための願いごとの例

「年をとることをあたり前の現象として、前向きに受け止められるようになりたい」

「年老いていくことへの恐怖感を、わたしの中から取り除いてください」

「定年後に理想の人生を送るために、今わたしがすべきことを明確に知りたい」

「○○について、自分にとって最良の結果を引き出すため、賢明な対処ができますように」

「豊かな老後を過ごすため、経済的な基盤を作れるような判断ができますように」

「○歳でリタイアできるよう、上手な資産形成ができるわたしでありたい」

「年をとってから後悔しないよう、時間を上手に活用できるようになりたい」

山羊座は次のような「責任」を支配します。

自己鍛錬／大人の言動／初志貫徹／有能さ／世間の評価

●責任ある行動で成功を呼び込む願いごとの例

「○○（名前）と、大人として向き合えるわたしでありたい」
「世間での評判が上がるような言動を、自然に取れるようになりたい」
「○○について責任ある行動を取り、自分の望みどおりに展開させる力がほしい」
「○○でわたしの有能さが発揮でき、みんなに認められるといいな」
「わたしにはできない、できないかも、という自分の能力への不安を一掃したい」
「関心があることに真剣に、腰をすえて取り組めますように」
「やると決めたらとことんやる、そういう確固たる態度が取れるわたしになりたい」
「常に自分を厳しく律することのできる人でありたい」
「目標を完全に実現できると自信を持ち、常に自分を磨き続ける人物になれますように」

山羊座は次のような「ゴール」を支配します。

野心／職業／勤勉さ
目標設定／機会の活用

●目標達成に向けた願いごとの例

「大きな抱負を実現するエネルギーに満たされますように」
「何をなし遂げれば幸せを感じられるのかを知りたい」
「わたしが進もうとしている分野で、なすべきことが、はっきりわかるようになりたい」
「○○（目標）を実現するために、すべてのチャンスを生かせますように」
「好機が訪れた時、すぐにそれとわかる敏感さと、それを生かせる柔軟性がほしい」
「仕事上の野心を最も効率よく実現させる方法が、はっきりわかるわたしになりたい」
「自分に最もふさわしい仕事に就き、そこで能力を存分に発揮したい」
「成功のためなら努力を厭《いと》わず、仕事を心から愛せるわたしになりたい」

山羊座は次のような「成功」を支配します。

達成／賞賛／社会的地位／ゴールに到達する

●成功を手にするための願いごとの例

「成功を阻むすべての不安を取り除いてください」
「○○で成功するために必要なアイデアを、次々と思いつきますように」
「独力で成功できると、心から信じられるわたしになりたい」
「目標を安々と達成し、威厳すら漂わせる人になれますように」
「わたしの能力が、職場で高く評価されますように」
「仕事での昇進につながる行動を、積極的に起こせるわたしになりたい」
「掲げた目標を着々と達成できる人になりたい」
「社会的地位がもっと上がるよう、するべきことを見つけ、着実に実践できますように」

山羊座は次のような「処理能力」を支配します。

手順を踏む／仕事を人に任せる／管理能力／尊敬

●処理能力を向上させる願いごとの例

「仕事や遊び、家族のために十分な時間が取れるよう、自分の生活を効率よくコントロールできますように」

「生活のすべての分野で、やるべきことをうまくこなせますように」

「主体的に取り組むことへの恐怖感を、わたしの中から消してください」

「○○担当としてとるべき行動を、ごく自然にとれますように」

「処理能力を向上させる情報が、わたしのもとに集まってきますように」

「わたしが主体的に取り組むことで、他の人のやる気を削がないような配慮ができますように」

「部下の能力を正しく理解し、彼らが望む仕事やできる仕事はどんどん任せられるわたしに変わりたい」

「○○の会議で、エゴを抑え、共通の目標に焦点を合わせられるわたしでありたい」

「どんな状況でも健全な自尊心を持ち、他者も尊重できるわたしでいたい」

山羊座は次のような「権威」を支配します。

父親／上司などの権威者／伝統／評判

●権威者との上手なつきあいを促す願いごとの例

「成功へとつながる正攻法が、すんなりと思い浮かびますように」
「○○について、もっときちんとした、評価の高い方法でこなせるわたしになりたい」
「わたしの心の奥深くに住んでいる、権威ある人格の声に耳を傾けられるようになりたい」
「わたしの評価が上がるような言動を、常にとりたい」
「父親との関係を改善するための明確な考えが浮かびますように」
「自分らしさを失うことなく、父親とコミュニケーションが取れるようになりたい」
「双方によい結果をもたらすよう、上司を支援していけるわたしでありたい」
「上司と向き合うことへの恐怖や抵抗感が、すべてなくなりますように」
「権威者の影響力におびえることなく、堂々と渡り合いたい」

山羊座は次のような「過剰操作」を支配します。

厳格さ／悲観主義／自己正当化／未知への恐怖／硬直

●過剰操作を抑える願いごとの例

「何でも自分の手柄にしようとする悪い癖が治りますように」
「他者を思い通りに動かそうとする癖を治したい」
「すぐに自分を正当化したくなる性癖を改めたい」
「人生は喜びをもたらすためにあると信じたい」
「自分の言動を制限する柔軟性を欠いた考え方は、すべて捨て去りたい」
「悲観主義に陥ることなく、いつでもポジティブに考えられるわたしになりたい」
「目標の達成を早める別の方法を思いつきますように」
「他者の仕事や責任を奪ってしまう癖がなくなりますように」

山羊座は次のような「身体部分・症状」を支配します。

骨と関節／膝《ひざ》／関節炎とリウマチ
胆嚢《たんのう》と胆石／皮膚・乾癬《かんせん》・かゆみ

●山羊座が支配する身体部分の健康を促進する願いごとの例

「○○が、完全に癒されますように」
「○○を完璧に治せる治療者と出会い、その人の治療をすぐに受けられますように」
「○○を完治させる情報が、わたしのもとに集まりますように」
「○○が、健康と美しさを取り戻すために不可欠な行動を、すぐに起こせますように」
※○○には前述の身体部分・症状をあてはめてください。

新月が
水瓶座
にある時に実現する願い

♒

ユニークな解決法

予知

人道的姿勢

啓示

ユーモア

友情

冷淡・無関心

＊水瓶座に象徴されるさまざまな願いごとの例は
「テーマ別願いごと」、「ドラゴンヘッド水瓶座」の項もご覧ください。

水瓶座は次のような「発明」を支配します。

革新的アイデア／ひらめき／エキセントリック／道理を知る

●革新的なエネルギーを刺激する願いごとの例

「○○について、ユニークで画期的な解決法を思いつきますように」
「従来の方法にとらわれず、新しい視点でものごとを捉えられるわたしになりたい」
「エキセントリックでユニークな個性をも受け入れられる、懐の広さを持ちたい」
「他の人と違うことへの恐怖心が、完全に消え去りますように」
「○○の実現に向けて、斬新な発想が次々と浮かびますように」
「○○の本質を理解し、新境地を拓く画期的な解決法が浮かびますように」

水瓶座は次のような「未来」を支配します。

新しい流れと自由なアプローチ／高度な技術／長期目標

●明るい未来をもたらす願いごとの例

「トレンドを敏感に察知し、それを柔軟に取り入れていけますように」

「停滞した人生に、革命を起こす勇気をください！」

「○○という夢を追いかけて、果敢に挑戦し続けられるわたしでありますように」

「気後れせずに新しいテクノロジーを取り入れられるという自信を持ちたい」

「○○という夢に向かっての第一歩を、スムーズに踏み出せますように」

「わたしの人生に大きな意義を与える長期的な目標は何か、はっきりと知りたい」

水瓶座は次のような「人道的姿勢」を支配します。

人類「共通の利」を模索する／他者をいたわる

世界的視野で行動する

●人道主義を呼び起こす願いごとの例

「自分だけでなく、関わる全員が満足するような結果を引き出せるわたしになりたい」

「コミュニティの一員として、自分を捉えたい」

「自分と他者、双方に喜びをもたらす方法を、いつでも頭に描ける自分になりたい」
「みんなと平等な立場にいることを、喜ばしいことだと思えるわたしでありたい」
「少なくとも毎週（毎月）○日、○時間は、積極的に△△の活動に参加したい」
「純粋に他者を思いやる気持ちを、わたしの中に育てたい」
「他者の呼びかけや依頼に、親身に応えてあげられるわたしでいたい」
「○○で何が起きているのか、客観的に大局を見据えて判断できるわたしになりたい」

水瓶座は次のような「啓示」を支配します。

わくわくすること／自由／予期しない結果／若返り

●胸がときめく体験を引き起こす願いごとの例

「予期しない出来事は、成長のチャンスだと捉えられるわたしになりたい」
「新しい経験は、わたしの目を覚まさせてくれるチャンスだと常に認識し、そのチャンスを閉ざしてしまう恐怖心が、二度と頭をもたげませんように」
「○○について、わたしの進むべき道が見えてきますように」

「突然変化が起きた時、そこに内在する好機の兆しを見逃さない、たくましい自分でありたい」

「○○（名前）との関係に縛られず、もっと自由になるための変化が起きますように」

「日々の暮らしで、胸がときめくような出来事を、たくさん経験できますように」

「気持ちが日ごとに若返るような、わくわくする出来事がいっぱい起きますように！」

水瓶座は次のような「大局」を支配します。

客観性／知識、知恵／ユーモア／夢の実現
占い（占星術、数秘術、タロット、易経など）

●大局を見る目を持つための願いごとの例
「タイミングの良し悪しを瞬時に判断し、絶好のタイミングで行動を起こせますように」

「○○について、より客観的に見られるようになりたい」

「○○という夢を実現させるために、大きな力になる知識が自然と身につきますように」

「わたしが求める答えを知るために、いちばんふさわしい○○（タロット、易経、占星術など）クラスを見つけ、参加できますように」
「与えられた運命に合致した、自分らしさや考え方に近づけますように」
「○○という夢を実現させるためのインスピレーションが湧きますように」
「細かいことをいちいち気にする性格を改めたい」

水瓶座は次のような「友情」を支配します。

友だち／グループ／ネットワーキング
自由で友好的な方法／率直さ／プラトニッククラブ

●友情を育てる願いごとの例

「健全な友情を育てるため、適正な決断を下していけますように」
「○○（名前）との間に再び友情が生まれ、互いに協力し合える関係になりますように」
「友人が違う意見であっても自分の意見を率直に言え、それによってお互いの信頼感が増しますように」
「他者のサポートや愛情を、感謝して受け入れられるわたしになりたい」

「新しい人間関係が、わたしに幸福感と健全な自信をもたらしますように」
「いい友人を増やし、楽しいことをたくさん経験したい」
「集団の中でも自信を失わず、友好的で協力的な人でいられますように」
「情報をつぶさに交換し合うことで、同僚とよい協力関係を築けますように」
「他者に対して警戒心を持ったりせず、協力的な態度で接することができますように」

水瓶座は次のような「他人への無関心」を支配します。

冷淡／無関心／厳格な考え方／風変わり／衝動的行動

●他人への無関心を和らげる願いごとの例

「自分のためによくない、無関心な態度を改めたい」
「誰かと深くかかわることへのうっとうしさや怖さが、消えてなくなりますように」
「冷淡な態度をとって孤立してしまうことがありませんように」
「わけもなく反発する癖を治したい」
「他者に対して衝撃的な行動を取ったり、傷つけてしまう悪癖を改めたい」

「自分の考えに固執しないわたしになれますように」
「多様な考え方を自分の選択肢に加えられる柔軟性を持ちたい」

水瓶座は次のような「身体部分・症状」を支配します。

足首・ふくらはぎ／血液循環／痙攣《けいれん》・発作／下肢静脈瘤《かしじょうみゃくりゅう》

●水瓶座が支配する身体部分の健康を促進する願いごとの例

「○○が、完全に癒されますように」
「○○を完璧に治せる治療者と出会い、その人の治療をすぐに受けられますように」
「○○を完治させる情報が、わたしのもとに集まりますように」
「○○が、健康と美しさを取り戻すために不可欠な行動を、すぐに起こせますように」
※○○には前述の身体部分・症状をあてはめてください。

新月が
魚座
にある時に実現する願い

想像力

内なる幸福感

霊的敏感さ

信心深さ・精神性

霊的癒し

慈愛の心

被害者意識の解放

＊魚座に象徴されるさまざまな願いごとの例は
「テーマ別願いごと」、「ドラゴンヘッド魚座」の項もご覧ください。

魚座は次のような「幻覚状況」を支配します。

混乱／睡眠／幻想／想像／混沌

●幻覚をプラスに活用する願いごとの例

「混乱した状況にも冷静に対処でき、それが自分の成長につながりますように」

「毎日○時間以上は睡眠をとり、心身ともに深くリラックスした状態で日々を過ごせますように」

「不眠症が早く治りますように」

「寝れば忘れられると、眠ることで現実から逃避しようとする弱さを克服したい」

「空想に逃げ込むのをやめて、現実に即した行動をとり、ほしいものを手に入れられるわたしに生まれ変わりたい」

「混沌とした状況でも、心の安定と静寂を保てる、揺るがないわたしでいたい」

「わたしの想像力よ、羽ばたけ。そしてわたしの未来の可能性を見せてほしい」

魚座は次のような「喜び」を支配します。

内なる幸福／至福／エクスタシー／博愛

●喜びを増すための願いごとの例

「心の内なる喜びを、いつも実感できるわたしでありたい」

「精神的に満たされ、幸せを感じたい」

「至福の経験を遠ざけるものを、すべて消し去りたい」

「恍惚感を、心ゆくまで堪能《たんのう》したい」

「自分の中にある愛と至福の感覚を、いつでも自覚していられますように」

「普遍の愛というものを、体験できますように」

魚座は次のような「霊的敏感さ」を支配します。

やさしさ／微妙なエネルギーに気づく
神秘的な境地／無害であること

●霊的敏感さを磨く願いごとの例

「自然を愛する本来の自分であり続けられますように」
「他者に対して、もっと細やかな配慮ができますように」
「自分の人生や状況について、霊能者のような見方ができるようになりたい」
「周りにあふれるプラスのエネルギーと調和して生きていきたい」
「どんなことにでも、本当の意味でのやさしさをもって対処できるわたしでありたい」
「他者に迷惑をかけないことを、常に意識していられるわたしでありたい」
「精神的なもろさを克服できますように」

魚座は次のような「大いなる力への信頼」を支配します。

身を委ねる／信頼／精神世界への理解／宇宙のパワー

●大いなる力と接するための願いごとの例

「すべての不安や心配ごとを、大いなる宇宙の癒しの力に委ねたい」

「すべては天が決めていて、しかもその流れに委ねたほうがうまくいくということを、常に忘れずにいるわたしでいたい」

「宇宙の摂理である、大いなる力の存在を信じることで、よい方向に導かれますように」

「起きることはすべて、自分の魂が求めていることだと信じられるわたしになりたい」

「特別なことをしなくても、宇宙のパワーや癒しのエネルギーが、わたしの体に注がれますように」

「わたしにとって最良の精神世界の師と出会い、すぐに教えを受けられますように」

「わたしと同じような霊的使命を持つ人々と早く出会って、友だちになれますように」

魚座は次のような「霊的癒し」を支配します。

瞑想とヨガ／心の平和／天使の協力／静寂の時／精神の浄化

●霊的癒しを得るための願いごとの例

「わたしの魂があるべき姿で静まり、心が安定しますように」
「少なくとも週○日、○分以上は、瞑想をする習慣が身につきますように」
「わたしに最適なヨガクラスを見つけ、最低でも週○日はヨガをするようにしたい」
「○○（美術、音楽、作文などの創作活動）をしている時、天使の協力や影響をフルに受け止められる感受性を、わたしにお授けください」
「少なくとも週○日、○分以上は、静かに自分を見つめ直す時間を取れるようにしたい」
「愛の癒しの力を体験してみたい」
「○○が完治するよう、大いなる癒しの力に身を委ねたい」

魚座は次のような「無条件の愛」を支配します。

許し／理解／肯定的態度／寛容／受容／慈愛／一体感

●無条件の愛を促す願いごとの例

「○○（名前）との間に起きたすべてのことを、許す気持ちになれますように」

「○○に愛と寛容を感じたい」

「激しい喧嘩《けんか》をしても相手を受容し、理解しようとする態度を保てますように」

「みんな自分の知識や能力の範囲内でできるだけの努力をしているということを、どんな時にも忘れませんように」

「無条件に人を愛せる知恵をお授けください」

「自分の都合で人を判断せず、あるがままを受け入れられるわたしになりたい」

「助けを必要としている人々に、やさしく救いの手を差し伸べられるわたしになりたい」

「相手の欠点を治そうとすることなく、その人のありのままを愛し、受け入れられるようになりたい」

魚座は次のような「被害者意識」を支配します。

負け犬の姿勢／落胆／延期／パニック障害／騙《だま》し／依存症

●被害者感覚を解放する願いごとの例

「他者はもちろん、自分自身すら欺《あざむ》く悪癖が治りますように」
「わたしの中にある自殺願望をすべて消し去りたい」
「○○（薬物、アルコール、喫煙、テレビを見るなど）依存症から完璧に解放されたい」
「○○に依存する自分は消えてなくなり、真の精神性に目覚め、満たされますように」
「難しい状況でも、自分は無力だと感じることがありませんように」
「できない時、あるいはしないほうが自分のためになる時は、ためらわずノーといえるようになりたい」
「すべてに受身の姿勢をとるわたしとは、きっぱりと決別したい」
「何かにつけて被害者の役どころを選んでしまう傾向をなくしたい」
「やるべきことを先延ばしにする癖を改めたい」
「わたしに取りついている霊的な障害が、いつの間にか取り除かれていますように」

「不安でパニックに陥ることが、二度とありませんように」
「大いなる宇宙の力にいつでも守られ、愛されているという安心感で満たされますように」
「落胆することなく、すべてはわたしにとって最良の方向に動いているという認識を持ち続けたい」

魚座は次のような「身体部分・症状」を支配します。

風邪／足・外反母趾《がいはんぼし》／リンパ腺／中毒

●魚座が支配する健康を促進する願いごとの例

「わたしの○○が、完全に癒されますように」
「○○を完璧に治せる治療者と出会い、その人の治療をすぐに受けられますように」
「○○を完治させる情報が、わたしのもとに集まりますように」
「○○が、健康と美しさを取り戻すために不可欠な行動を、すぐに起こせますように」
※○○には前述の身体部分・症状をあてはめてください。

パート

③

願いの念力で前世のカルマを解放する

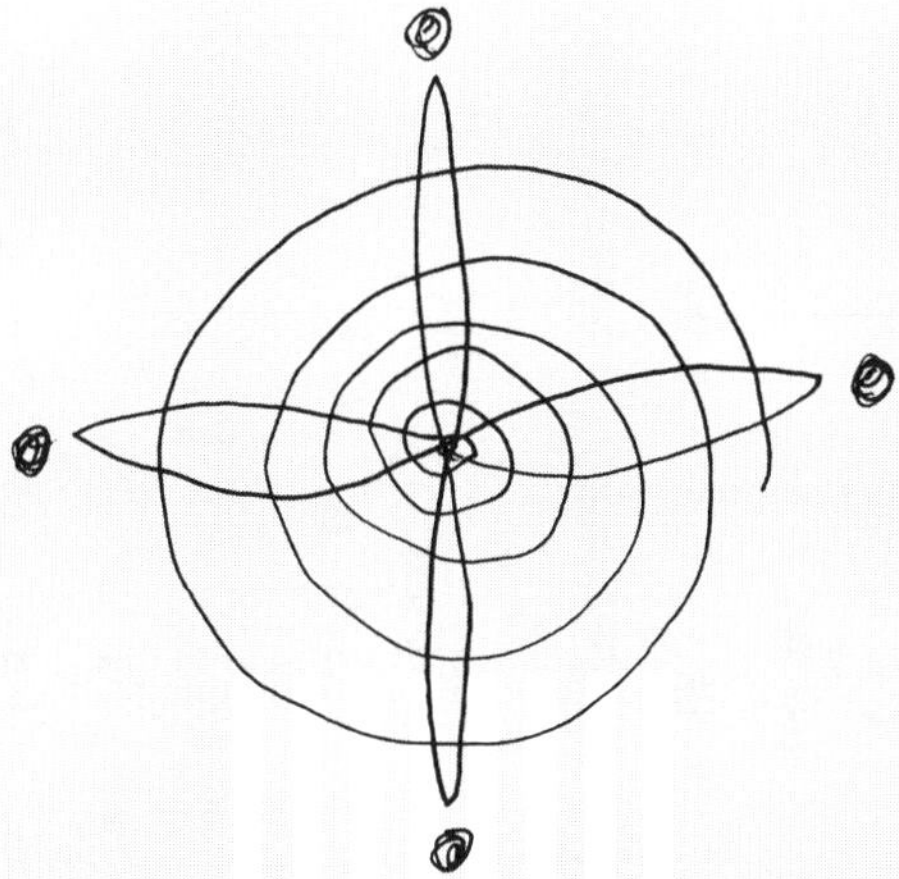

わたしたちが心から願っていることは、
本来、実現する運命にあります。
それが実現しないということは、
そのための基盤が整っていないということです。
このパートでは、
魂が何度も生まれ変わってきた過程で作られた、
あなたの今生での課題と、その解消法を示しています。
新月パワーの力を借りて、
前世から慣れ親しんでいるパターンと決別し、
望みを実現するための基盤を作りましょう。

願いの実現を阻むカルマの解消法

カルマと宇宙の関係

新月パワーには、あなたがほしいものを引き寄せるだけでなく、知らないうちに築いてしまった、あなたの足を引っ張る悪い習慣や行動パターンを解消する力もあります。根強い思考・行動パターンは前世からの〝残骸〟で、あなたが心から求める夢の前に立ちはだかり、実現を阻みます。

これらの習慣は、無数の過去生、そして時には今生での子ども時代まで、あなたにプラスに働いてきました。でも、現在のあなた、大人になったあなたにとっては、それらがマイナスに働くことが運命づけられているのです。ほしいものに手が届きそうになると、これらの習慣が顔を出し、繰り返し妨害します。あなたがそれと気づき、自らの手でそのパターンを断たない限り、何度でも現れて、夢の実現を遠ざけるのです。

あなたが知らないうちに作用する、これらの影響を明らかにするために、まずカルマという宇宙の大きな流れを理解することから始めましょう。

前世での度重なる経験によって生じたかたよった習慣を改め、バランスを取ろうとする宇宙の摂理を、わたしはカルマと呼んでいます。たとえば、過去の多くの人生で家庭人だった人は、家庭人としての人格要素が過剰に発達しています。この場合、宇宙はこの人のかたよりを正そうと、家庭の外に出て、ビジネスの世界での経験を積む人生を促すのです。

ドラゴンヘッドと新月パワー

わたしたちは誰でも、人格の未発達な分野を持っています。占星術には、この未発達な、それまでないがしろにされてきた分野に、光をあてる手段があります。

その鍵となるのは、あなたの誕生図の、月の北の接点（ドラゴンヘッド）と南の接点（ドラゴンテイル）の位置。ドラゴンヘッドとドラゴンテイルは、惑星のように形のあるものではなく、月の軌道が、太陽の周りを回る地球の軌道と接する点を指します。つまり、あなたがこの世に誕生した瞬間に、太陽、月、そして地球がどのような関係にあったかにより、さまざまなことが明らかになるのです。

このパートでは、ドラゴンヘッドの位置を調べるための表と、その位置（のサイン）にドラゴンヘッドがある人に、特に有効な願いごとを示しています。

ドラゴンヘッドについて読み進むうち（これにはドラゴンテイルが示唆するものも含まれます）、行く手にかすかな影を落としている機能不全《アンバランス》に気づき、あなたがよりバランスの取れた人格を築き、大きな夢を実現するために、ぜひとも取り入れたい考え方や行動パターンが見えてくるはずです。たとえば、あなたのドラゴンヘッドが牡牛座にある場合、潜在意識にお金を扱うことに対する反感や怒りがあり、そのためにしょっちゅう金銭トラブルを起こしているかもしれません。なお、ドラゴンヘッド占星術についてもっと詳しく知りたい方は、拙著『前世ソウルリーディング』（徳間書店）をご覧ください。

誰しも、自分が大切に思っているものを、自らが意識的に壊すことはないはずです。思い通りの成果が得られないのは、カルマがもたらす人格のアンバランスが、あなたの人生への取り組み方に、ある種のかたよりを生じさせているため。それは、長い間使わなかったために、足の筋肉が衰えて、歩けなくなっている状態に似ています。長い間目を向けなかった部分に光をあて、リハビリをするように、励ましながら少しずつ使うようにすると、その未発達な部分は成長します。こうして本来あるべきバランスを取り戻すことで、より安定した人格になっていくのです。

カルマによる人格のアンバランスは、わたしたちに不利益や不快感をもたらします。この世で自分の求めるものを手に入れ、満足の行く人生と人格の成長を確保するには、どうしてもこれを取り除く必要があるのです。ところが、前世からの惰性で無自覚にこれを繰り返そうとしているだけに、パターンを変えるには、大変なエネルギーを要します。

カルマの解消は、新月パワー周期や最大パワー周期に願いを託すのが、いちばんの早道で、しかも簡単です。このことは、わたし自身やクライアントによる長年の探求で、実証済みです。このパートでは、あなたの人格の中でいちばん発達が遅れている部分（カルマの部分）について説明し、居座ろうとする古いパターンを追い出し、バランスの取れた健全な人格を取り戻すための願いごとの例を、具体的に示しました。今生のテーマとして取り組むべき人格の未発達な部分が、新月に託す願いのパワーで刺激されると、あなたは長い間忘れていた完璧なバランスを取り戻し、現世でのあらゆる望みを楽々と実現させるために必要な基盤が完成します。夢がすぐに実現しない時、あなたが変えるべきなのは夢そのものではなく、夢を実現するための手順なのです。

あなたの
ドラゴンヘッドの位置

この表の中からあなたの誕生日を見つけてください。
あなたのドラゴンヘッドは右端に表示されたものです。

生年月日			ドラゴンヘッド
1899年5月10日	—	1901年1月21日	射手座
1901年1月22日	—	1902年7月21日	蠍　座
1902年7月22日	—	1904年1月15日	天秤座
1904年1月16日	—	1905年9月18日	乙女座
1905年9月19日	—	1907年3月30日	獅子座
1907年3月31日	—	1908年9月27日	蟹　座
1908年9月28日	—	1910年3月23日	双子座
1910年3月24日	—	1911年12月8日	牡牛座
1911年12月9日	—	1913年6月6日	牡羊座
1913年6月7日	—	1914年12月3日	魚　座
1914年12月4日	—	1916年5月31日	水瓶座
1916年6月1日	—	1918年2月13日	山羊座
1918年2月14日	—	1919年8月15日	射手座
1919年8月16日	—	1921年2月7日	蠍　座
1921年2月8日	—	1922年8月23日	天秤座
1922年8月24日	—	1924年4月23日	乙女座

生年月日			ドラゴンヘッド
1924年4月24日	—	1925年10月26日	獅子座
1925年10月27日	—	1927年4月16日	蟹　座
1927年4月17日	—	1928年12月28日	双子座
1928年12月29日	—	1930年7月7日	牡牛座
1930年7月8日	—	1931年12月28日	牡羊座
1931年12月29日	—	1933年6月24日	魚　座
1933年6月25日	—	1935年3月8日	水瓶座
1935年3月9日	—	1936年9月14日	山羊座
1936年9月15日	—	1938年3月3日	射手座
1938年3月4日	—	1939年9月12日	蠍　座
1939年9月13日	—	1941年5月24日	天秤座
1941年5月25日	—	1942年11月21日	乙女座
1942年11月22日	—	1944年5月11日	獅子座
1944年5月12日	—	1945年12月13日	蟹　座
1945年12月14日	—	1947年8月2日	双子座
1947年8月3日	—	1949年1月26日	牡牛座
1949年1月27日	—	1950年7月26日	牡羊座
1950年7月27日	—	1952年3月28日	魚　座
1952年3月29日	—	1953年10月9日	水瓶座
1953年10月10日	—	1955年4月2日	山羊座
1955年4月3日	—	1956年10月4日	射手座
1956年10月5日	—	1958年6月16日	蠍　座
1958年6月17日	—	1959年12月15日	天秤座
1959年12月16日	—	1961年6月10日	乙女座

生年月日	ドラゴンヘッド
1961年6月11日 — 1962年12月23日	獅子座
1962年12月24日 — 1964年8月25日	蟹　座
1964年8月26日 — 1966年2月19日	双子座
1966年2月20日 — 1967年8月19日	牡牛座
1967年8月20日 — 1969年4月19日	牡羊座
1969年4月20日 — 1970年11月2日	魚　座
1970年11月3日 — 1972年4月27日	水瓶座
1972年4月28日 — 1973年10月27日	山羊座
1973年10月28日 — 1975年7月10日	射手座
1975年7月11日 — 1977年1月7日	蠍　座
1977年1月8日 — 1978年7月5日	天秤座
1978年7月6日 — 1980年1月12日	乙女座
1980年1月13日 — 1981年9月24日	獅子座
1981年9月25日 — 1983年3月16日	蟹　座
1983年3月17日 — 1984年9月11日	双子座
1984年9月12日 — 1986年4月6日	牡牛座
1986年4月7日 — 1987年12月2日	牡羊座
1987年12月3日 — 1989年5月22日	魚　座
1989年5月23日 — 1990年11月18日	水瓶座
1990年11月19日 — 1992年8月1日	山羊座
1992年8月2日 — 1994年2月1日	射手座
1994年2月2日 — 1995年7月31日	蠍　座
1995年8月1日 — 1997年1月25日	天秤座
1997年1月26日 — 1998年10月20日	乙女座

生年月日			ドラゴンヘッド
1998年10月21日	—	2000年4月9日	獅子座
2000年4月10日	—	2001年10月12日	蟹　座
2001年10月13日	—	2003年4月13日	双子座
2003年4月14日	—	2004年12月25日	牡牛座
2004年12月26日	—	2006年6月21日	牡羊座
2006年6月22日	—	2007年12月18日	魚　座
2007年12月19日	—	2009年8月21日	水瓶座
2009年8月22日	—	2011年3月3日	山羊座
2011年3月4日	—	2012年8月29日	射手座
2012年8月30日	—	2014年2月18日	蠍　座
2014年2月19日	—	2015年11月11日	天秤座
2015年11月12日	—	2017年5月9日	乙女座
2017年5月10日	—	2018年11月6日	獅子座
2018年11月7日	—	2020年5月4日	蟹　座
2020年5月5日	—	2022年1月18日	双子座
2022年1月19日	—	2023年7月17日	牡牛座
2023年7月18日	—	2025年1月11日	牡羊座
2025年1月12日	—	2026年7月26日	魚　座
2026年7月27日	—	2028年3月26日	水瓶座
2028年3月27日	—	2029年9月23日	山羊座
2029年9月24日	—	2031年3月20日	射手座
2031年3月21日	—	2032年12月1日	蠍　座
2032年12月2日	—	2034年6月3日	天秤座
2034年6月4日	—	2035年11月29日	乙女座

生年月日	ドラゴンヘッド
2035年11月30日 — 2037年5月29日	獅子座
2037年5月30日 — 2039年2月9日	蟹　座
2039年2月10日 — 2040年8月10日	双子座
2040年8月11日 — 2042年2月3日	牡牛座
2042年2月4日 — 2043年8月18日	牡羊座
2043年8月19日 — 2045年4月18日	魚　座
2045年4月19日 — 2046年10月18日	水瓶座
2046年10月19日 — 2048年4月11日	山羊座
2048年4月12日 — 2049年12月14日	射手座
2049年12月15日 — 2051年6月28日	蠍　座

（出典：アメリカ占星術センター）

ドラゴンヘッドが
牡羊座
にある人

♈

与えられているテーマ

依存心を克服する

ドラゴンヘッドが牡羊座にあるあなたは、度重なる過去生では、パートナーを支えるためにエネルギーを注いできました。前世ではそれが自分の人生をうまく行かせるための鍵だったことを潜在意識が覚えているため、今生でもこれを繰り返そうとするのです。そのため、今生のあなたは、自分自身の独立した人格が希薄になっています。特に、自分の人生をうまく進めるために他者に依存しようとすると、必ずといっていいほどがっかりさせられる運命にあることを覚えておいてください。

●自立心を育てるための願いごとの例

「きちんと自分で責任を負う生き方をしたい」

「他者と不健全に依存し合う傾向がなくなりますように」

「他の人がわたしを公平に扱ってくれないと考えがちな性格を変えたい」

「自立して生きることを重視し、どんな時でもそれを忘れないようにしたい」

「自分の個性や人格を認め、そこを基準点にできるわたしになりたい」

「何かあるとすぐに人に頼りたくなる気持ちが、消えてなくなりますように」

「他者を頼る時、それが健全なレベルに留まり、助けてもらえないからといって、決してがっかりさせられませんように」
「すんなりと、経済的自立ができますように」

与えられているテーマ

個性を自覚し、リーダーシップを磨く

前世で他者に順応することを最優先させてきたあなたは、今生で、自分の人格を誰かと同化させようとするか、あるいはまったく拒絶するかという極端な反応を示します。他者の視点から自分を見るのではなく、ごく自然に自分自身でいることによって、自分の人格を再発見する——これこそ、今生でのあなたに課せられた最大のテーマ。心の声を聞き、それに従って自分らしさを表現していくことで、本来持っているリーダーシップが輝き始めるのです。

●自分発見の過程を早める願いごとの例

「すぐに自分を他者と比較する習慣を、完全になくしたい」
「大切に思うことを、他人《ひと》の意見に左右されることなく正直に伝えられるわたしになりた

い」

「他の人にどう思われているかを第一に考えてしまう性格を改めたい」

「他人の評価を気にするあまり、それに振り回されることがありませんように」

「人生はすべて自己発見の過程だと、常に意識しているわたしでありたい」

「自分の内面から見た自分らしさを常に意識したい」

「自分はこうあるべき、と自分の可能性を抑えこんでしまう考えをすっかりなくしたい」

「自分自身が真に求めるものに従えますように」

与えられているテーマ

優柔不断を克服し、心のままに行動する

双方の意見を公平に判断しようとする意識が強すぎて、二つの対立した意見に振り回され、「自分自身がどうしたいのか」をなおざりにしがちなあなたは、今生で直感を信じることを学んでいます。直感や本能は、本来の個性や人格を反映しているもの。それに従うことが、あなたにとって最善の選択になるのです。

●優柔不断を克服する願いごとの例

「心に浮かんだひらめきを、すんなりと行動に移せるようになりたい」

「自分の欲求を満たすことへの罪悪感よ、すべてなくなれ！」

「自分の本能を信じられるわたしになりたい」

「いつでも公平でなければならないという強迫観念を、すべて取り除きたい」

「直感に従って、迷わず決断できるわたしでありたい」

与えられているテーマ

主張する

あなたは交渉のエキスパート。けれども自分の権利や利益を主張することだけは例外です。公平であろうとするあまり、自らをないがしろにしがちで、後になって「どうしてみんなはわたしのことを考えてくれないんだろう」と思うのです。あなたが他の人たちと同様の権利や利益を確保するためには、「自分がどうしたいのか」、「何を求めているのか」を最初に伝え、その後で他の人の希望を聞くように心がけてください。

●嫌味にならない主張ができるようになる願いごとの例

「心にあることを愛情を込めて、率直に主張できる勇気をください」

「周りの人が耳を傾けてくれるような話し方を、自然にできるようになりたい」
「自分が求めるものを先に述べ、後で他の人の意見を求める習慣をつけたい」
「自己主張することへの恐怖感や抵抗感がすっかりなくなりますように」
「自分にプラスになる計画を、どんどん実行できる人になりたい」
「自分を素直に表現するプロセスとして、まずは自分が必要とするものやほしいものをしっかり主張し、周りの協力を得られるようになりたい」
「いつでもいい人でいなくてはならないという強迫観念を捨てたい」
「○○（名前）との関係が、自分にとってプラスになるように変化させたい」

与えられているテーマ

他人の感情の乱れに冷静に対処する

何度も繰り返されてきた過去の人生を、チームプレイヤーとして生きてきたあなたは、メンバーやパートナーを支える能力が非常に発達しています。周りの誰かが怒ったり、取り乱したりすると、あなたも平静を保っていられないのは、その能力の過剰な発達ゆえ。あなたは今生で、周りの人の気を静めなくてはならないという強迫観念を捨て、自分自身の心の安定に目を向けることを学んでいるのです。

●他者の感情の渦に巻き込まれずに、心の平静を保つ願いごとの例

「どんな状況でも、いつも愛と平和のエネルギーに満たされていたい」
「感情移入が過ぎて、その人と一体化してしまう感覚をなくしていきたい」
「どんな状況でも、自分の居場所、安住の地が自分の中にあると意識していたい」
「相手が取り乱していると、自分の心の安定を見失ってしまう傾向をなくしたい」
「誰かと決裂しても動揺せずに、自分の中にある愛と調和を保ち続けたい」
「周りの人の心の調和を保つのはわたしの役目だという考えをなくしたい」

与えられているテーマ

自分の魅力を知り、自分自身を愛する

本来、魅力的で愛すべき人なのに、自分に自信がなく、あるがままでいることに引け目を感じてしまう――これは、他者の存在を認め、愛と協力を惜しみなく与える一方で、自分をないがしろにしてきた前世の影響です。今生でのテーマは自分自身を愛し、その輝きを自ら実感することです。

●健全な自己愛を促す願いごとの例

「自分自身に対しても愛を注ぐことを常に忘れず、それをゆっくり味わえるわたしになりたい」

「自分自身を１００％受け入れ、愛することができる自分になりたい」

「わたしの自然な美しさを開花させる、〃脱皮〃のプロセスがスムーズに進みますように」

「自らが自分自身の最良のパートナーとなれますように」

「自分を心から愛し、自分のためになることをどんどん実践できますように」

「今のままで完璧なわたし――そう確信できるわたしになりたい」

ドラゴンヘッドが牡牛座にある人

♉

自分の欲求を自覚し、存在価値を確立する

度重なる過去の人生で、あなたはいつも有力者のパートナーという立場でした。有力者を支えることを優先させてきたため、今生でも自分の欲求を後回しにする習慣が身についています。自分の欲求をないがしろにする行動パターンは、「自分には価値がない」という深い自己否定につながります。あなたの今生でのテーマは自分の価値を見出し、それを存分に伸ばすことです。

●自分の存在価値を高める願いごとの例

「それぞれの状況で、自分には何が必要か、すぐにわかるわたしになりたい」
「自分の欲求を人に話すことに伴う罪悪感をすっかり取り除きたい」
「真に求めているものをなおざりにして、自分を軽んじることがありませんように」
「必要なものができたら、その都度率直に要求できるわたしになりたい」
「進むべき道を決める時、自分の欲求にあった方向を最優先して選べますように」
「自分の存在価値や自尊心を高めることを基準に、すべてを選択できるようになりたい」

与えられているテーマ

他者の評価に頼らない

前世では、行動の妥当性を判断するのはあなた自身ではなく、あなたが支えているパートナーでした。そういう人生を繰り返しているうちに、他者に認められることが、あなたが自分自身を評価する上でのバロメーターになっています。今生のあなたの弱点は周囲の目を気にしすぎること。自分を実際より小さく見せたり、要求を主張できずにいることは、あなたの自尊心を傷つけていることに気づくべきです。

●他者の評価に依存しないための願いごとの例

「他者の評価だけに頼って判断する癖をすっかりなくしたい」
「誰かに頼らなければ生きていけないという恐れをなくしたい」
「自分自身の力を信じ、それに応えられる自分でいたい」
「他者の価値観に忠実でありたいという発想を、この際一掃したい」
「他人の意見に過剰に振り回されないわたしになりたい」
「他人の意見や価値観を操作したいと思うわたしを変えたい」
「自分らしい人生を見つけ、活発に進んでいけるわたしになりたい」

お金の扱いを学び、感謝の心を持つ

前世のあなたは、権力者であるパートナーをサポートする代償として、経済面では全面的なバックアップを受けていました。あなたがお金の扱いを苦手とするのは、このためです。今生では自力でお金を稼ぎ出し、それを管理することによって、自分の人生における主権と活力を取り戻すことが課題です。同時に、欲を募らせることなく、あなたがすでに持っているものに目を向け、感謝することを学んでいます。

●経済面での責任感を育てる願いごとの例

「お金に関するすべてのよくない習慣や考えを捨て去りたい」
「お金を上手に扱えないという先入観を取り除きたい」
「金銭管理全般に、健全な自信を持って臨みたい」
「お金を稼いだり、管理するのは苦手だという思いがなくなりますように」
「お金を扱う恐怖感が消えて、そのこと自体を楽しめますように」
「お金を自分のために活かせるよう、上手に管理できるようになりたい」
「どんな時にも感謝の気持ちを持ち続けられますように」

「将来ローンが組めるように、金融面での信頼を回復したい」

与えられているテーマ

自分の境界線を知り、快適ゾーンに留まる

経済上のパートナー、あるいはセックスパートナーとあまりに強い絆を築いてきた前世の影響で、今生のあなたは、自分自身の境界線というものを再定義する必要に迫られています。自分の意識が及ぶ範囲内に留まり、他者に手を差し伸べる際にも、むやみにこの境界線から出ないことを学ばない限り、求めてやまない心の安定を得ることができません。

●健全な境界を設ける願いごとの例

「わたしと親しい人々との間に、健全な境界線を引けるようになりたい」

「嫌だなあ、困ったなあ、と少しでも思ったら、素直に言葉にして相手に伝え、相手が自分にしてほしくないことを明確にできるわたしになりたい」

「他者をサポートすることで、自分らしさを見失うことのないわたしになりたい」

「自分の気持ちにいつも気を配り、それを無視して行動しないわたしになりたい」

「他の人と何かをする時、自分の境界線を越えてしまわないよう、常に意識していられま

すように」

「ぎすぎすしないで、常に他者と自分の境界線を維持できる明確な姿勢を持っていたい」

与えられているテーマ

自らの価値観に目覚め、一歩ずつ前進する

前世のあなたは、富と権力を持つパートナーと一緒になって、思い通りにものごとを進め、ほしいものを労せず手に入れるという暮らしに親しんできました。しかし今生では、すぐに結果を得ようとすると、思うような結果が得られなかったり、長続きしなかったりという状況に見舞われます。その原因は途中の手順を省くという、前世に身についた習慣です。あなたは今生で、自分自身の力だけを頼りに、自分の価値観に即したゴールに向かって、一歩一歩着実に進むことの大切さを学んでいるのです。

●目標達成に一歩ずつ前進するための願いごとの例

「変化やトラブルがあるたびに、わたしにとって何がいちばん大切なのかを、意識して見つけるようにしたい」

「どんな自分でいたいかを常に考え、ゆるぎない価値観を持つわたしへと変わりたい」

「相手の都合を優先させて、自分の欲求をないがしろにすることがありませんように」
「すぐに結果を求める性急さがなくなりますように」
「他人の助力をあてにせず、自分の努力だけでも成功できると思えるわたしになりたい」
「目標の達成を目指して一歩一歩焦らず進んでいけるわたしでありたい」
「着実に進歩している自分を、ほめてあげられるわたしでありたい」

与えられているテーマ
おせっかいをやめ、批判的態度を改める

社会的地位が高かった前世のあなたは、道徳心が強く、当時の社会通念に反する人々を辛らつに批判していました。社会の裏やからくりを熟知しているがゆえに、ありもしない悪意の動機を憶測して、断罪することさえありました。他の人を批判する時、本人も同様の批判にさらされるのが宇宙の法則です。あなたは今生で、それを身をもって学ばなければなりません。また、人生を価値あるものにするためには、あなたがないがしろにしがちな自分の欲求に目を向ける必要があります。他者のことよりも、まず自分のこと――今生のテーマは、自分が真に求めているものに気づき、手に入れることなのです。

●他人ごとに過度に関心を持たないための願いごとの例

「他者の人生はさておき、自分の人生を生きることに集中できるようになりたい」
「ミスを犯した自分を責めるより、その経験から何かを学べる人になりたい」
「他の人の欲求や希望に、過剰に反応するわたしを変えたい」
「○○（名前）を許し、その結果大きなエネルギーが与えられるといいな」
「他人ごとには関わらないわたしでいたい」
「すでに持っているものに満足し、むやみに他人をうらやむ癖をなくしたい」
「権力を乱用する誘惑に、決然と立ち向かえる自分になりたい」

与えられているテーマ

自らを崖っぷちに追い込まない

前世のあなたは極度に緊迫した状況にいることが多かったので、常に高いテンションを維持していました。このため、今も、自分をわざわざ危機に陥れて、アドレナリンが分泌されるぞくぞくした感覚を楽しむようなところがあり、波乱含みの人や状況を無意識のうちに招き寄せがちです。今生のテーマは、前世での緊張を解きほぐすこと。安定した心地よい環境に身をおき、休息することが求められているのです。

●危機やストレスを創り出してしまう傾向を抑える願いごとの例

「静かで平和な環境に身をおくための選択を、自然にできるわたしになりたい」
「お金を浪費する癖を完全に治したい」
「お金の使い方が上手になり、経済的に安定しますように」
「どこか陰のある、問題のありそうな人に魅力を感じてしまう性格を変えたい」
「緊張感に慣れきっている自分と決別できますように」
「トラブルではなく安心を選択するよう、常に意識していられるわたしでいたい」

ドラゴンヘッドが
双子座
にある人

与えられているテーマ

身勝手な正義を振りかざさない

ある分野での〝真実〟を伝える権威者だった前世の影響で、ドラゴンヘッドが双子座にある人たちは、聞くことよりも話すことのほうが得意です。そして、自分のいうことは正しいと確信するあまり、他の人の意見をシャットアウトしがちです。今生で、あなたは双方向のコミュニケーションの仕方を学び直さなくてはなりません。独白に終始することなく、相手の意見を尊重することを、常に意識する必要があるのです。

●よりよいコミュニケーションをもたらす願いごとの例

「ひとりよがりなところをなくしたい」

「自分は正しいという思い込みを、すんなりと捨てられますように」

「すべての人に、自分の意見を受け入れてほしいと考えないようになれますように」

「他者の意見に真摯に耳を傾け、その人の価値観を理解するようになりたい」

「他の人が気軽に意見をいえるような雰囲気を作り、それらの意見に賛同も反論もする必要がないと思えるようになりたい」

「相手の意見をきちんと理解し、どんな意見でも尊重できるわたしになりたい」

「相手を威圧することなく、自分の考えを率直に伝えられるわたしでありたい」

与えられているテーマ

社交性とエチケットを学ぶ

何度も繰り返された過去の人生の多くを、修道院などの宗教施設の中で過ごしてきたあなたは、世間一般の人々との交流があまり得意ではありません。そのため、心に浮かんだことをそのまま口に出してしまう傾向がみられます。タイミングや相手をわきまえない、あまりに無骨なコミュニケーションゆえに、本来ならいい友人になれる人にも敬遠されてしまうのです。こうしたトラブルを避けるためには、社会のエチケットやルールを、常に頭の片隅に置いておく必要があります。たとえば、臨機応変に状況を判断する、相手の考えを尊重する、相手の話にきちんと耳を傾ける、そして自分の意見を話す時にあまり熱を入れ過ぎないなどです。

●社会のルールを身につける願いごとの例

「多様な人々との出会いを、思いきり楽しみたい」

「自分の意見をいう時、相手に同意を強いる表現を使わないようになりたい」

「他者がスムーズに理解できる表現で、自分の意見をいえるわたしでありたい」
「相手の言葉に謙虚に耳を傾け、その人が求める情報を与えられるわたしになりたい」
「わたしの話を聞いて、みんなが納得してくれるような話術を身につけたい」
「愛と親密さを育めるコミュニケーションの方法を身につけたい」

与えられているテーマ

他者のあるがままを尊重する

前世では、何らかの宗教の経典や教えを繰り返し頭に叩き込んできたため、あなたはどんな時も正しく、人々に〝答え〟を授けなくてはいけないという強迫観念を持っています。自分が相手の質問に答えられないかもしれないという恐怖感から、相手をよりよく理解するための質問をあえてせず、深入りしないようにしてしまうのです。今生のあなたの課題は、「必ず質問の答えを出さなくてはならない」という強迫観念を解き放つこと。そして、それぞれの個性や価値観を理解・尊重し、心の底から調和しているという一体感を経験することなのです。

●相手をスムーズに受け入れるための願いごとの例

「相手にどんな言葉をかけたらいいのかわからない、という不安感を取り除いてほしい」
「いらついたり、頭に来た時、深呼吸すれば落ち着きを取り戻せることを思い出せるわたしになりたい」
「すべてにそれらしい答えをいわなくてはならないという強迫観念をなくしたい」
「難しい話題になったら、さりげなく、話題を相手の日常的なことに向けられる機転を身につけたい」
「相手の意見を聞いて楽しみ、学び、心からわかり合える喜びや絆を実感したい」
「相手をより深く理解するために、最適な質問を思いつきますように」

与えられているテーマ

事実・論理・選択肢の価値を知る

ただ一つの真実の答えを求め、自分の直感や道徳、倫理規定に従って生きてきた前世の影響で、あなたは一つの解決法や答えにこだわりがち。そのため、その周辺にあるさまざまな事実を見落としてしまう傾向があります。こうした見落としは、深刻な判断ミスや誤解を生み、孤立へとつながりかねません。状況が理解できなくなったら、まず事実関係を確認するべく、情報を集めるように心がけましょう。

●事実認識や論理性を向上させるための願いごとの例

「決断しかねたら、どこで迷っているかを、周囲にはっきりと伝えられるわたしになりたい」

「パニックに陥ったら、事実関係を把握した上で、論理的に解決していけますように」

「自分の意見は、その時点での〝真実〟として伝え、場合によってはいつでも態度を改められる柔軟なわたしでいたい」

「わたしの人生の各分野を明解な論理で見直し、整理できますように」

「疑問を持ったら、まず事実を調べる習慣をつけたい」

「決断を下す時は十分にリサーチして、事実を固めてからにしたい」

与えられているテーマ

自分の枠を拡げる

厳格な宗教上の教えをくまなく暗記していた前世の影響で、あなたは無意識のうちに自分の考えを一定の枠に押し込もうとします。今生では、状況に応じて意見や見方を変えてもいいということ、答えが出ないことがあっても構わないということを学ばなければなりません。日記をつけることは、あなたに与えられたこの課題をクリアする最適な方法です。それによって、問題を解決する過程で、その都度自分が何を考えているかを明らかにでき、どんな選択をするのもあなたの自由であることを理解できるはずです。

●自分の枠を拡げるための願いごとの例

「人生を見つめ、言葉に残す習慣を大切にするわたしでいたい」
「出来事や心に浮かぶさまざまな思いを書き留めたくなるわたしになりたい」
「日記をつける意義に疑問を投げかける発想は、すべて取り除きたい」
「週○日以上は、日記をつけるための時間を取れるわたしになりたい」
「ある状況について自分の考えが変わったら、素直にそれを伝えられるわたしでありたい」

与えられているテーマ

多様性を楽しむ

前世で宣教師、僧侶、道徳的指導者、狂信者といった、衆生の精神を変革するリーダーだったことがあるあなたは、〝聖戦を実現する〟という前世の命題が今も心に残っているため、世俗的な欲求を後回しにする傾向があります。また、生来〝説教をすることなく、人々をそのまま受け入れること〟が苦手なので、主張するばかりでやるべきことをしない人々を見るたびに、いらいらしてストレスを溜めてしまいます。今生のあなたの目標は、一人ひとりが個性を持っていることを受け入れ、理解し、それを楽しむこと。そして、人それぞれの持ち味を認め、生かすことで、共通の目標を達成することの素晴らしさを経験することなのです。

●あるがままを受け入れ、多様性を楽しむための願いごとの例

「他者を成長させたいと、ひとりよがりをしないわたしになりたい」
「他者の意見を批判することなく受け止め、それがその人にとっては真実なのだと理解できる人になりたい」
「ある結果を引き出そうとか、導こうという義務感を持つのはもうやめよう」
「神の領域の仕事を引き受けようとする傲慢さがなくなりますように」
「他人と一緒に何かを目指す時、それぞれの個性を尊重できるわたしでありたい」

ドラゴンヘッドが
蟹座
にある人

与えられているテーマ

感情の大切さを理解する

ドラゴンヘッドが蟹座にあるあなたは、度重なる過去生において、公共の目標を達成するために、自分の感情を抑制してきました。あまりに長い間、自分の感情を無視してきたため、今生でもあなたは自分が何を感じているのか、わからなくなっています。

感情は、さまざまな出来事に直面した時、ごく自然に起こる反応です。今生は、こうした感情を持つことの大切さを再発見し、それとうまくつきあう方法を学ぶ時。自分の気持ちから目を背けずに、情動的に満たされることを重視した選択をすることが、安定した人生を歩む鍵なのです。

●自分の感情への意識を高める願いごとの例

「感情を押し殺す悪い癖をなくしたい」
「自分の気分や感情にもっと敏感になり、それをきちんと受け止められるわたしになりたい」
「幸福感にひたれる状況をたくさん作れますように」
「どんな状況でも、自分の気持ちを注意深く見守れますように」

「誰かと親密になることへの恐怖感がなくなりますように」
「誰かが親しげに近づいてきた時、とまどうことなく受け止められますように」

与えられているテーマ
状況操作欲求を抑える

前世では、感情というものと向き合った経験がほとんどなかったため、あなたはさまざまな感情が起きないよう、反射的に状況をコントロールしようとします。その過程で、自分の気持ちだけでなく、他者の感情までも押さえつけようとしているのです。今生では、自分や他者の感情をきちんと受け止めることが課題です。ある感情が起きていることを言葉にして認めると、その感情は外に解放されます。それを身をもって体験することで、心のメカニズムを理解できれば、状況を適格に判断して、それにどう対処すべきか、自然に見えてきます。

●状況操作欲求を抑える願いごとの例

「他の人の反応までもコントロールしようとする性格を変えたい」
「意味もなくよそよそしく、堅苦しい態度をとることがありませんように」

「人の親切をありがたく受け入れ、支えられることの喜びを味わいたい」
「周囲が自分の思い通りに動くよう、状況をコントロールしようとする習性を改めたい」
「他者の気持ちに応えるべきだという強迫観念なしに、自然に受け止めたい」
「他者の気持ちをありのままに受け止め、それに共感できるわたしでありたい」
「策を弄して望む結果を導こうとする癖を治せますように」

与えられているテーマ

感情を素直に表現する

前世では常に一般大衆から尊敬される存在だったあなたは、自分の弱さを表に出すことがありませんでした。今生でのテーマは、自分の感情を素直に表現すること。その過程で、あなたは自覚していない、あるいは無意識のうちに押さえ込んでいる本当の自分に気づくはずです。あるがままを認めることで、他者との親密な関係も築けるようになるのです。

●感情を正直に表すための願いごとの例

「自分の気持ちに気づき、それを冷静に他の人に伝えられるわたしになりたい」
「人に何かしてほしい時、素直に支援を求められるようになりたい」

「抵抗なく自分の本当の気持ちを相手に伝えられるようになりたい」
「誰かと親密になる機会が訪れた時、逃げ出したり、話題を変えてしまう癖を治したい」
「親しい人には、自分の気持ちを素直に表現できるわたしでありたい」
「感情的な危機に瀕した時、その感情を抑えることなく、自然に表現できますように」

与えられているテーマ

母親的優しさで手を差し伸べる

前世の多くを、権威者として過ごし、性別に関わりなく、男性的、父親的な面を前面に出して生きてきたあなたは、バランスを取るために、女性的、母親的な性格を開発する必要があります。人と接する時、まず相手やその家族に関心を寄せることを心がけましょう。それによって、その相手はそうした心遣いに感謝し、温かい気持ちになります。他の人を思いやる時、お互いの距離が縮まり、支えてあげたいという相手の善意のドアが開かれるのです。

●思いやりと支援を促す願いごとの例

「人にはそれぞれ切実な恐怖感や不安感があるのだと認められるわたしでありたい」

「他人の生き方に関心を持ち、相手への思いやりが伝わるような言動を心がけたい」
「他の人が自分の感情を素直に伝えられるわたしになれますように」
「相手が望むことを、敏感にキャッチできるようになりたい」
「相手の気持ちを受け止め、理解することで、親密になれますように」
「他人が困っている時は、思いやりを持って手を差し伸べられるわたしでありたい」

与えられているテーマ

本能に従う

あなたは、前世の多くを高邁な理想を目指して歩み、どれも成功者として生きてきました。野心を実現するために、感情にとらわれないという方針を選んだのです。一方、今生では、心が外的な変化や刺激に反応する時、それを受け入れ、従う人生を歩むことになります。自分を信じなければ、道が開かれない――あなたが直面する試練の数々は、それを身をもって学ぶため。本能に従うことが、あなたの人生をあるべき方向に導くのです。

●本能に敏感になるための願いごとの例

「本能に敏感なわたしになりたい」

「決断を迫られた時、自分の本能がどうしたいといっているのか、意識して耳を傾けられるようになりたい」
「恐れや不安などのさまざまな感情をありのままに認め、受け止められますように」
「さまざまな出会いの中で、どの人といると安心でき、愛されていることを実感できるのかを、的確に判断できるわたしになりたい」
「他者に尊敬されるために策略を練ろうとする自分を捨てられますように」
「本当に求めていることを表現せずに、表面的なつきあいに終始しがちな自分を改めたい」

与えられているテーマ

自分を満たすことを学ぶ

過去の人生で、あなたは常に高貴な目標を掲げ、その実現に向かって邁進してきました。その一方、私的な充足感を得ることには意識を向けず、先延ばしにしていたのです。今生のあなたにも、そうした性向は引き継がれています。無視され、満たされないあなたの心は次第に力を失い、小さくしぼんで冷たくなってしまいます。今生のあなたは、大きな目標の犠牲になることなく、今、目の前にある喜びを十二分に味わうべきなのです。

●〝今〟を味わうための願いごとの例

「結果よりも、周りの人と一緒にものごとを進めるプロセスを楽しめるわたしになりたい」

「先々のことばかりにとらわれず、今ここにある生活を愛し、人生に起きるさまざまなことをじっくり味わい、楽しめますように」

「自分を閉ざさず、相手がその人なりに示してくれる好意を、ありがたく受け入れられるわたしになりたい」

「相手の好意を敏感に察知して、歓迎できるわたしでありたい」

「自分の欲求をおろそかにして、他の人のためだけに奔走するわたしの性格を改めたい」

「誰かがわたしに関心を持って近づいてきたら、緊張したり警戒心を持ったりせず、ゆったりと受け止められるわたしになりたい」

ドラゴンヘッドが
獅子座
にある人

与えられているテーマ

自信をつける

あなたは前世で、大きな社会的使命に人生を捧げてきました。その一方で、個人の生活には価値を認めず、強い意志を持つことはほとんどありませんでした。目標を持ってもすぐに目移りし、肝心な時に友人に裏切られることが多いのは、その影響です。今生あなたがなすべきことは、自分の人生に責任を持つことの意味を学び、目標を一つひとつ着実に達成していくこと。成功は自信を育みます。自分に自信を持つために不可欠な成功を、自らの努力によって勝ち取る必要があるのです。

●自信を醸成する願いごとの例

「何に対しても、健全な自信を持って臨めますように」
「前向きな力を妨害する恐れが、心をよぎることがありませんように」
「○○という目標を達成できるまで、脇見をせず、着実に前進できますように」
「自分に対する不信感を払拭したい」
「ボランティアを通して、健全な自信を育みたい」
「結果として自信につながるリスクなら、積極的に負えるわたしでありたい」

与えられているテーマ

強い自己を確立する

社会や宗教、家風など、自分以外の人が作り上げた価値観に身を任せ、流れに逆らわずに生きてきた過去世の影響で、あなたは自分自身の個性を見失いがち。潜在意識の中で、自分は周りの人々よりも劣っていると決めつけているため、納得するというプロセスを経ることなく、周囲に簡単に屈してしまうのです。集団の中にいる時も、ことなかれ主義から、自分の考えを伝えようともしません。今生であなたは、どんなに大きな目標でも、実現に導くのは一人ひとりの力なのだということを学んでいます。できることとできないことをきちんと周囲の人々に示し、強い自己を確立して対等の立場でものごとを見られるようになることが、あなたの課題です。

●強い自己を促す願いごとの例

「誰かを中心に回っていることでも、関わる人それぞれに役割があり、ともに未来を作っているのだととらえられるわたしでありたい」

「意思表示をきちんとし、周囲がそれを聞いてくれるような環境を作りたい」

「状況がよくなるように、健全な自己主張ができるわたしになりたい」

「芝居がかることを恐れ、自分の考えを十分に伝えられないわたしの性格を変えたい」
「未熟さがあるのは自分だけではないと気づき、双方にとってプラスに働くよう、自分の見解や判断をきちんと伝えられますように」
「何をするにもきちんと自己主張をし、自分が楽しめるような状況を作りたい」

与えられているテーマ

自分が誰なのかを知る

常に集団の中に身をおいていた過去世の影響は、周囲の反応への過敏さや必要以上に自己批判をする性向となって現れています。自分らしさを発揮すると批判されるのではないかと、心のどこかで恐れているのです。人によっては、その恐れを隠すために、周りの流れに逆行する主張をあえてしたくなる衝動にかられることもあります。今の人生であなたがたどるべきなのは、他者の価値観ではなく、あくまで自分自身の価値観を反映した道。その道を歩みつつ、本来の個性を磨いていく必要があるのです。

●真の自己実現を促す願いごとの例

「非難されることへの不安や恐怖心をすべて捨ててしまいたい」

「同僚からのマイナスの圧力に屈しない強さを持ちたい」
「自分らしさ、自分にしかないものを認め、それを伸ばせるわたしでありたい」
「自己批判する癖を完全に捨てたい」
「自分が楽しんでいる時、それを意識し、これでいいんだと思える自分になりたい」
「幸福感を感じられることをたくさんやりたい」

与えられているテーマ
運命を自ら切り拓く

人々の生活をよりよくするという目的のもと、公共奉仕に人生を費やしてきたあなたは、無意識のうちに運命に従い、幸せに暮らしてきました。しかし、今生では、自分の人生を切り拓かなければなりません。好きなことや好きな人を発掘し、それらを愛し、育てていく必要があるのです。成り行きに身を任せていては、不安や所在のなさを感じることに。知性とエネルギーを傾けて、自らの力で結果を手に入れ、自分自身の幸せを創出していくことが、あなたの課題なのです。

●積極的に人生を切り拓くための願いごとの例

「どんな状況でも、いい結果を引き出す力を持っていると信じられるわたしでいたい」
「自分のために幸福な人生を築いていくと決心し、その決意に忠実でいられますように」
「理想を形にする力を常に意識し、創造力を発揮できる自分になりたい」
「真に自分が望んでいることを自覚し、それを実現するための強い意志を持てますように」
「わたしの選択したことがすべて、元気と喜びをもたらしてくれますように」
「幸せな運命を自ら切り拓いていけるわたしになりたい」

与えられているテーマ

無関心をやめ、自ら参加する

前世での仕事は、科学者や発明家、研究者などで、客観的にものごとを見ることがあなたの本分でした。このため、周囲の人や出来事、そして自分自身すら、距離を置いて見つめるようになり、当事者として参加するという創造的な楽しみから遠ざかっていたのです。今生のあなたは、周りの人々や状況にダイレクトに触れることを学んでいます。傍観者ではなく、自らが舞台の中央に立つのです。それに関わる全員が楽しくなるようなことに率先して参加・貢献すると、あなたが求める人生の喜びが、周りにあふれていることに気づくはずです。

●創造的な活動に主体的に関わるための願いごとの例

「ドラマチックなものから逃げ出そうとする衝動を、完全に消してしまいたい」

「〝象牙の塔〟に閉じこもるのはやめたい」

「危機的状況が起きたら、それを打開するために積極的に対応できますように」

「出会った人たちとの関係を積極的に深めていけるわたしでありたい」

「創造力や芸術的才能を刺激するために、必要なリスクを負えるようになりたい」

「創造的で楽しい人生を歩むわたしになりたい」

与えられているテーマ

リスクを恐れず、心の命じるままに進む

前世のあなたは、いわば、〝人類が進歩するための道具〟としての役割に徹し、その特権を生かし、他の人がアクセスできない知識や資源を持っていました。そうしたものが与えられなければ行動できないというあなたの性格は、こうした過去世の影響です。今生では、必要な知識体系はすべて自分の中にあるということを、学ばなければなりません。外

からの知識に頼らず、自分の直感に従うというリスクを負うと、あなた自身だけでなく関わる全員が喜ぶという形で報われることを知りましょう。内なる声に従えば、喜びに至るのです。

●リスクを恐れないための願いごとの例

「わくわくする方向に冒険を求めて進むことを躊躇しない自分になりたい」
「将来に不安を感じずに、今手の中にある喜びや楽しいことにもっと目を向けたい」
「楽しいことをためらうことなく、どんどんできますように」
「理性ではなく直感に従って行動を起こし、幸福感に浸りたい」
「直感に従って進むことへの恐れを払拭したい」
「人生に活気と喜びをもたらすために必要なリスクを、恐れずに負えるようになりたい」

ドラゴンヘッドが
乙女座
にある人

与えられているテーマ

無秩序から建設的な参加へ

あなたは度重なる過去の人生を、自己浄化に費やしてきました。生涯を修道院や、場合によっては刑務所の中で、孤独を友として過ごしたのです。困ったことが起きると内にこもり、問題が自然に解決するのをひたすら待つという姿勢は、こうした過去世で培われたもの。しかし、今生ではあなたが主体的に何とか手を打たない限り、問題は解決してはくれません。

●積極的な参加を促す願いごとの例

「トラブルが起きた時、引きこもったり逃げ出したりせずに、積極的に人々の輪に入り、問題を解決していけるわたしになりたい」

「すべてにおいて、よりよい結果が出るよう、果敢に取り組んでいけるわたしになりたい」

「積極的に参加することにより、混沌とした状況に秩序を取り戻せる人になりたい」

「参加することへの否定的な感覚、たとえば気乗りがしないとか、面倒だとか、怖いとかいった気持ちがなくなりますように」

「引きこもりがちな性格を変えていきたい」

「誰かが問題に直面したら、進んで手を差し伸べ、状況を冷静に見極められるよう促せるわたしになりたい」

与えられているテーマ

目標を決めて実現を目指す

世俗的な人生を諦めてきた前世の影響で、あなたはあまりにも簡単に自分の目標を諦めがちです。その一方で、常に虚無感と理由がはっきりしない不安感に悩まされています。こうした傾向を克服する最も手っ取り早い方法は、具体的な目標を作り、実現するための計画を作ること。それによって、あなたの中に前向きのエネルギーが湧き上がり、自信を取り戻すことができるのです。

●目標を持って生活するための願いごとの例

「すぐに諦める性格が変わり、成功と幸せを生み出すために集中できるわたしになりたい」

「混乱して現実を直視できなくなることがなくなりますように」

「不安や心配といったマイナス感情に飲み込まれそうになったら、自分が取り組むべきことを見つけ、それを懸命にこなすことで生活に秩序を取り戻せるわたしになりたい」

「自分のゴールや目標を、明確に打ち出せる人になりたい」
「何かをすぐ諦めてしまう性格を改められますように」
「目に見える成果を出せるまで、忍耐強くがんばれるわたしでありたい」

与えられているテーマ

今ここにあるものに集中する

長いこと現実を直視せず、地に足がついていない夢にふけっていると、あなたは不安感に苛まれ、自信をなくします。今生で安定感を持って生きていくためには、あなたの空想癖が現実を覆い隠さないように注意する必要があります。ふわふわと心が泳ぎ、不安感に襲われたら、目の前にある具体的なものや実感、たとえば誰かの服の柄とか、風が身体をなでていく感覚などに心の焦点を移すと、恐れは消えていきます。

●今ここにあるものに集中するための願いごとの例

「パニック障害とさよならしたい」
「今ここにあるものに意識を集中させられるわたしでいたい」
「目の前のことに意識を集中させ、するべきことをてきぱきできる人になりたい」

「不安に襲われたら、過去や未来ではなく、今という現実を直視して、全力投球できるわたしでいたい」
「空想が膨らみ過ぎて、現実が見えなくなることがありませんように」

的確な状況判断をする

与えられているテーマ

幾多の苦難の人生を歩んできた過去世で、あなたはさまざまな状況や試練に対する並外れた受容力と理解力を身につけてきました。このため、自分が痛い目に合うかもしれないという警告的事象に気づかないことが多いのです。今生のあなたには、細部にも注意を払い、状況を適切に判断することが求められています。度重なるトラブルは、あなたにこのことを気づかせるために起きているということを知るべきです。

●分別を促す願いごとの例

「誰かれ構わず手を差し伸べてしまう無分別なところを治したい」
「いい結果を引き出すためにエネルギーを注げるよう、正しい識別ができますように」
「他人の欠点に寛大になりすぎる傾向を改めたい」

「不安を感じたら、細部まで事実関係を把握したり数値を分析することで、冷静さを取り戻せますように」
「些細に見えても重要なことを見逃さない人になりたい」
「細部を見落とす不注意をなくしたい」

与えられているテーマ

被害者にならない

非常に内省的な前世を過ごしてきたため、あなたの自我は清められ、利己主義的な面が消失しています。あなたはこの世に、神々しい慈愛の心をもって生まれているのです。自分の心の中を誰かに土足で踏み込まれても、やさしい顔で許容するあなたの性格は、実は無意識のうちに他人の理不尽な行為を助長することに。今生でのレッスンは、こうした性向が、自分も含めて被害者を作り出してしまうことを自覚すること。そして、無意識に容認してしまうのは、被害者はもちろん、加害者にとってもマイナスになるということを知ることです。

●被害者にならないための願いごとの例

「今生でわたしは決して被害者にはならないということを、肝に銘じていたい」
「人を見る明晰な判断力を持ち、その判断に基づいた接し方ができますように」
「誰からも傷つけられないように、プライバシーの境界線をきちんと引けますように」
「いつの間にか損な役回りを引き受けている〝無自覚さ〟がなくなりますように」
「自分を大切にして、拒絶するべき時はノーといい、その言葉どおりに行動したい」
「周りの人がわたしの意思を尊重してくれますように」

与えられているテーマ

健全な日課をこなす

修道院など、決められた日課に従うことに慣れ過ぎているため、あなたは自分でスケジュールを組んで行動することが苦手です。また、過去世の影響で、与えられた日課がないと不安感に襲われがち。今生のあなたの課題は、健全で規則正しい日々を送ること。決まった時間にきちんと食事を取り、適度に運動をし、仕事と遊びのバランスの取れた日課を自分で立て、それを実践することです。

●健全な日課をこなすための願いごとの例

「約束の時間に遅れる悪い癖を完全に治したい」
「強さと自信を育てる日課を立て、実践できますように」
「心と体、感情の調和をもたらす日課を立てられるわたしでありたい」
「自分の人生に責任を持ち、自ら決めた日課をこなすことを楽しめるわたしになりたい」
「活気に満ちた生活ができるように、食生活を立て直したい」
「請求書の支払いなど日常の煩雑な仕事を滞らせることなくスムーズにこなし、責任ある社会生活を送りたい」

ドラゴンヘッドが

天秤座

にある人

与えられているテーマ

利己主義を克服する

ドラゴンヘッドが天秤座にあるあなたの前世は戦士。常に敵に注意を払い、自分が戦場で生き延びることだけを考えるように訓練されてきました。その影響から、あなたは今生でも疑い深く、他者に過剰な警戒心を抱きがち。ともすると子どもっぽい自己中心主義に陥り、それが周囲の顰蹙《ひんしゅく》を買う場合もあります。あなたが今生で学んでいるのは、思いやりの精神。愛の枠を少し広げ、自分と同じように周りの人を愛し、必要に応じて手を差しのべることです。それができると、あなたの愛情はもっと豊かになり、心の安定も手に入れることができます。

●利己主義を克服するための願いごとの例

「誰よりも先に自分が助かろうとする利己主義が頭をもたげませんように」
「わがままは自分のためにならないと心から理解し、利己主義に走らない人になりたい」
「他人と分かち合うことを拒むわがままな自分の性格を治したい」
「気前よく分け与えてくれる他の人のやさしさに気づけるわたしでいたい」
「自分が損をすると考えることなく、他者を支える喜びを感じることができますように」

与えられているテーマ

自分の基準を他者に押しつけない

前世の多くを過ごした軍隊では、全員が同じ規則やガイドラインを厳格に守っていました。今生で、人々が自分と同じルールに従って生きていないことにあなたは驚き、落胆しています。けれども今生のあなたは、もはや軍人ではないのです。自分の基準や価値観を他者に強要しないこと、そして親密になる前に相手をよく観察し、それぞれの個性を尊重した上で、自分との共通点を見出すことを学ばなければなりません。

●他者の個性を客観的に認めるための願いごとの例

「自分の基準を他者に押しつける癖を完全になくしたい」

「他の人が自分の期待通りに動いてほしいと願う心を抑制したい」

「他の人と何かをする前に、その人のありのままの姿を見極めた上で、一緒に行動できるか判断できるわたしになりたい」

「相手の立場に立って、その人を理解することができますように」

「どの人にもそれぞれの基準があるという前提のもとに人とつきあい、相手の価値観を尊重できるわたしになりたい」

「その人固有の性格や考え方に寛大な態度で接し、それを尊重できる人になりたい」

与えられているテーマ

社交・外交の仕方を学ぶ

あなたの話し方は非常に直接的で、強引な印象を与えがちです。それは、前世で培った過剰な自己防衛意識に起因しています。無意識のうちに相手を威嚇し、逃げ出すようにし向けているのです。他者を追い払うのは、今生のあなたにとっていいことではありません。孤立を避け、周囲の協力を得るためには、自分の希望を口にする前に、相手が何を考えているのかを探り、上手にコミュニケーションをとる方法を体得する必要があります。まずは、相手ときちんと向き合うことを心がけましょう。それによってその人の考えがわかり、それに合わせて自分の希望を微調整していくことができます。

●社交や外交上手になるための願いごとの例

「いつのまにか命令口調になってしまう癖を一切消し去りたい」

「初めからすべてを明かしてしまうより、徐々に進めるほうが、よりよい結果を生むと考えるわたしになりたい」

「相手の言動を非難し、撤回・反省を求める前に、その背景にあるものを理解しようとする人になりたい」
「強引に事を進めず、相手と協力し、話し合う時間を取れるわたしになりたい」
「相手の心の調和を促すような言葉をかけてあげられるわたしでありたい」

与えられているテーマ

過度な自意識を抑制する

あなたは、どんな目標でも実現できるという絶大な自信をもっていますが、社交だけは例外です。過去の多くの人生を一匹狼として生き延びてきたので、社会の中で、他者と協調しながら自分を生かすという方法を知りません。誰かと関わる時、あるいは集団の中で、理由のわからない居心地の悪さを感じてしまうのは、こうした生き方で培った過剰な自意識ゆえなのです。

他者と信頼や親しみの絆を深めるためには、相手の世界に自ら入っていくことが必要だということを、今生のあなたは身をもって学んでいます。自分自身に向けている関心を、少しだけ相手に向けましょう。たとえば、この人の役に立つにはどうすればいいのかと考えてみるのです。それによって、相手の心のドアが開かれるだけでなく、強すぎる自意識からあなた自身が解放され、豊かな人間関係を築けます。

●社交に自信がつく願いごとの例

「自分のためにならない過剰な自意識はすべてなくなってほしい」
「自分に対するのと同じように、相手にも関心を向けられるわたしになりたい」
「社交の場でもぎこちなくならず、堂々としていられるわたしになりたい」
「相手の人格や個性を知るために、時間とエネルギーを費せる自分を常に意識していたい」
「自分の世界に留まったままで他者と接するのをやめ、他者と話す時はその人の世界に踏み込んでいけるようになりたい」
「人と接する時、関心を自分ではなく相手に向け、どうすればその人の役に立てるのかを考えられる人でありたい」

与えられているテーマ

他人の感情に敏感になる

自分だけを見つめてきた前世の影響で、あなたは自分の感情に、ことのほか敏感です。

このことは、対人関係を自分本位のかたよったものにしています。相手に自分が望むことをしてもらうだけの一方的な関係を無意識のうちに求め、その中で、自分の心の調和を保とうとしているのです。こうした方法で調和を感じるのはあなただけ。互いに支え合うことで生まれる一体感も味わうことができません。今生のテーマは、感情に対する敏感さを他の人にも向け、相手の欲求をしっかり受け止めること。相手が心の調和を取り戻すサポートができると、あなた自身も静かで平和な状態になれるのです。

●他者への敏感さを促す願いごとの例

「相手の感情を敏感にキャッチできるわたしになりたい」

「他者に対して忍耐強く愛情深い人に、ごく自然に変身できますように」

「短気なところを治したい」

「他の人が前進するために必要なものを得られるように協力できる人になりたい」

「周りの人が心の調和を保てるよう、温かく手を差し伸べられるわたしでいたい」

「前向きでバランスの取れた人間関係を作るため、適切な言葉で会話ができますように」

「真のパートナーシップを築けるよう、他者がくれたフィードバックをすべて肯定的に受け止め、参考にできるわたしになりたい」

与えられているテーマ

チームワークの素晴らしさを知る

前世のあなたはいつでも独立独歩、自分だけ信じ、どんな場面でも自信をもって行動するのが信条の一匹狼でした。厳しい訓練に耐え、必要とあらばどんなことも自らに課す厳しさも持ち合わせている今のあなたの人生は、パートナーシップの重要性を学ぶためにあります。独力で頑張るよりも、他の人とともに共通のゴールを目指すほうが、実りが大きいのです。たとえば単独で事業を起こすことができても、よいパートナーと協力して行う事業に比べたら、ずっと見劣りする成果しか生むことができません。公私を問わず、野心に満ちた夢を実現するには、チームワークが鍵なのです。

●チームワークを生み出す願いごとの例

「よいチームプレイヤーになれますように」

「他者に関心を持てないわたしを捨てられますように」

「相性のよい○○（恋愛、ビジネス、運動など）のパートナーを見つけ、支え合いながら活動できるわたしになりたい」

「いつでも相手の欲求を自分のそれより優先する習慣を身につけられますように」

「押しつけがましくなく、相手に喜ばれるサポートができる人になりたい」
「いつでも誰とでも健全な共存共栄のパターンを築け、楽しく関われますように」

ドラゴンヘッドが蠍座にある人

与えられているテーマ

頑固さを改める

頼れるのは自分だけ――前世では、これを信条に生きてきたあなた。ある過去世では、自分の努力だけが成功をもたらすという信念に基づいて仕事に打ち込むことで、実際に社会的な成功を得ています。あなたに、自分の考えと異なる意見や提案を一蹴する傾向があるのは、こうした過去世の影響です。今生では、こうした信念は頑固さや傲慢さとなり、決してよい結果を生みません。自分の考えややり方に固執せずに、他人の意見やプランを入念に検討する姿勢を心がけましょう。

●頑固さを抑える願いごとの例

「頑なになりがちな性格を改めたい」
「反射的に反抗してしまう性格を改めたい」
「頑固さが顔を出したら、とりあえず相手の言い分を冷静に聞けるわたしになりたい」
「他の人との対立を招く要因が、わたしの中からなくなりますように」
「ノーという前に、相手がなぜそういうのかを考えられる人になりたい」
「迷ったらすぐに答えを出そうとせず、〝ちょっと考えさせて〟といえるわたしになりたい」

与えられているテーマ

安心よりも活気や元気を重視する

幾多の過去世を豊かに過ごしてきた結果、あなたはある種の停滞に陥っています。前世では安心をすべての判断基準にしていましたが、今生でのテーマは、現状維持ではなく、果敢なチャレンジ。より大きく成長するための路線を意識的に選ぶことで、人生に喜びや活気を取り戻す必要があるのです。

●現状の心地よさと決別する願いごとの例

「いつでも安心や快適さを優先させてしまうわたしと決別できますように」

「変化することへのアレルギーがなくなりますように」

「わたしが本当の意味で豊かになることを阻む、金銭意識が変わりますように」

「財産を独り占めしたいという欲求をなくしたい」

「漠然とした未知への恐怖感を捨て去りたい」

「いい方向に変化することを、思い切り楽しみたい！」

与えられているテーマ

抑圧から解放される

たくさんの所有物に囲まれ、恵まれた人生を歩んできた影響から、あなたは今生でも、お金をとても大切にします。個人の価値を経済的な豊かさで計ろうとし、所有欲も人一倍旺盛です。今生では、その欲望をコントロールできないと、それがあなたの人生を抑圧することに。あなたにぶら下がり、動きを鈍くさせるすべてのものを切り離すのが今生のテーマ。ため込んだモノ、考え方、習慣、そして過去に属する人々などを、思い切って捨て去ることです。あなたを抑圧している余分なものを落とすと、人生に新たな活気がみなぎるようになります。

●所有欲を抑える願いごとの例

「もっと集めなくては安心できないという恐怖感が消えてほしい」
「不要になった持ち物を、未練なく手放せる人になりたい」
「失ったものを思い出しては懐かしむ癖をなくしたい」
「我が家の○○（衣装ダンス、物置、クローゼット、キッチンなど）をチェックして、過去3年間使っていないものはすべて処分・寄付できる行動力をお与えください」

「今は不用でも、そのうち使うかもしれないと、モノをため込む習慣を完全になくしたい」
「わたしを抑圧するすべてのものを解放できますように」

与えられているテーマ

パートナーシップの大切さを知る

前世において、欲求をすべて自らの努力だけで満たしてきたあなたは、それがどんなに不便でも、「自分流」にこだわります。けれども、今生では独力でやり通そうとすると、次々と困難に直面することに。今生、あなたはソウルメイトに出会う運命にあります。自分以外の誰かと理解し合い、持てる知性とエネルギーをその人に注ぎこむことによって、経済的にも精神的にも、より豊かになれるのです。

●パートナーシップを促す願いごとの例

「すべて自力でやり遂げるという思考パターンから抜け出したい」
「他者のエネルギーを受け入れる心地よさを感じたい」
「他者の善意や好意を、幸せな気持ちで受け止められるわたしになりたい」
「素晴らしい人々に囲まれている幸運を、心から感謝できるようになれますように」

「双方にとってプラスになるように、周りの人々を支援できるわたしになりたい」
「他の人から求められたら、積極的に協力し、そこに喜びを見出せるわたしになりたい」

与えられているテーマ

他者の欲求を理解する

厳格な人生訓を持って前世を生きてきたあなたは、身近な人にまで自分の価値観を踏襲することを求めます。このため、親しい人に裏切られた時に受けるダメージは人一倍。裏切られたという事実に加え、価値観まで否定されたことが、傷をさらに深いものにしてしまうのです。今生のあなたに必要なのは、親密な関係を築く前に、その人が求めていることや価値観をよく知ること。相手の欲求や価値観を理解することで、それぞれと、どんなつきあい方をすべきかがわかり、パートナーとして心から信頼できる相手に巡り合うこともできるのです。

●他者の価値観や欲求を理解するための願いごとの例

「他の人も自分と同じ価値観を持っていると考えてしまう性格を改めたい」
「相手が何を求めているのか、動機や希望を積極的に探り、理解できる人になりたい」

「人は心のうちを明かしたくないものだという思い込みを消し去りたい」
「周囲の人たちに純粋に興味を持ち、個々の行動の背景や価値観をより深く知るために、適切な質問ができるようになれますように」
「言葉の表面的な意味に留まらず、その真意まで汲み取れる洞察力をお与えください」
「わたしの周りのすべての人々の価値観、動機、欲求を理解できるようになれますように」

与えられているテーマ

共同経営で経済的安定を得る

前世のあなたは、財産すべてを独力で築いてきました。その影響で、そうした姿勢がなければ人は協力してくれないと考えがちで、相談することも嫌います。けれども、今生は、単独では望む結果が得られない運命にあります。目標にたどり着くために必要なエネルギーを引き出すためには、積極的に誰かと組む必要があるのです。それができれば、大きな成果が上がります。

●共同経営で経済の安定を確保する願いごとの例

「他の人の考えやエネルギーを歓迎できるわたしになりたい」

「他の人の善良なエネルギーを、感謝して受け入れられますように」

「他者が築こうとしているものを支えるべく、知性と謙虚さを持って協力できますように」

「わたしの協力が本当に相手のためになっていれば、金銭的な報酬は自然に得られることを忘れずにいられるわたしでありたい」

「わたしと価値観が似通っていて、一緒に経済的に大成功できる相手と出会い、共同事業を始められますように！」

ドラゴンヘッドが射手座にある人

与えられているテーマ

言葉の裏にある真意を探る

ドラゴンヘッドが射手座にあるあなたは、前世では一貫して自分以外の人の立場を理解することが最大の関心事でした。どんな人ともすぐに親しくなれるのは、こうした過去生ゆえ。一方、簡単に意気投合してしまうために、相手の心の奥底を流れる真意を知ろうという意識が希薄です。また相手の口から出る言葉の一つひとつにとらわれ、総意を聞き逃しがち。こうしたことの積み重ねが、真剣に聞いていないという印象を相手に与え、わかり合う機会を逸してしまうのです。

長続きする、豊かな人間関係を築くには、直感を働かせて、言葉の裏にある真意を汲み取らなくてはなりません。そして相手が伝えようとしているメッセージは、あなたが背負うべき〝真実〟だということを忘れないでください。

●他者との深い調和を促す願いごとの例

「人の話を聞く時、言葉にとらわれず、言葉の奥にある真意を聞き取れる人になりたい」
「話の深い意味を理解することへの恐れや抵抗感がなくなりますように」
「人の話を聞くことに集中できず、すぐに退屈してしまう癖をなくしたい」

「人格や人生観に関わる話題を意図的に避け、あたりさわりのない会話に終始させがちなところを改めたい」
「相手の言葉の真意を汲み取り、その人の個性や人格を尊重できるようになりたい」
「自分の都合のいいように解釈せず、相手の考えを深く理解して受け入れられるようになりたい」

与えられているテーマ

迷う心を静める

すべての人の考えを理解しようと専心するあまり、あなたは自分の心の声をなおざりにしがち。そして、選択することも苦手です。心の声に耳を傾けることの大切さに気づかない限り、あなたの人生は迷いの連続に終始します。これを防ぐには、頭で考えることをやめ、迷った時に心に必ずよぎっている〝答えを知っている感覚〟を大切にすればいいのです。なぜなら、あなたの直感はほとんどいつでも正しいからです。今生は、論理をこね回したりせず、あなたの心に最初に浮かんだ直感を信じ、それに導かれて行動する喜びを体験する時なのです。

●迷いを静めるための願いごとの例

「考えが堂々巡りすることがありませんように」

「一度決断した後で、翻したり迷ったりする癖を治したい」

「優柔不断でいつまでも決定できないわたしを変えたい」

「決断できずに、選択肢を増やすばかりの思考パターンをなくしたい」

「すべてに論理性が必要だという思い込みがなくなりますように」

「心のままに行動することへの抵抗感が、なくなりますように」

「直感に素直に従えますように」

与えられているテーマ

気持ちを率直に伝える

多様な人々に囲まれて過ごした前世の影響で、あなたは礼儀正しく、社交術に長じています。けれども、巧みな話術が仇となり、誤解を招くこともしばしばです。今生は、心に浮かんだことを素直に表現することを学ぶ時。それによって、共にいるべき運命の人とは親密さが増し、そうでない人は自然に去るため、本来歩むべき運命に自然と導かれるようになります。

●率直な言葉を促す願いごとの例

「社会に受け入れられるためだけの、おざなりの会話は必要ないと感じたい」
「社交辞令は自分の個性を希薄にするだけだと、常に自覚していられますように」
「自己正当化のために、詭弁《きべん》を弄する癖がなくなりますように」
「嘘をついてでも取り繕わなくてはならないという思い込みがなくなりますように」
「真実を口にすることが自分のためになるということを、どんな時にも忘れませんように」
「いい結果を信じて、真意を率直に伝える習慣を身につけたい」

与えられているテーマ

精神性を高める

今生、あなたの真の幸せや充足感は物質面ではなく、精神性を高めることでのみ得られます。詭弁を弄して自己顕示したり、他者を支配しようとせず、道徳や倫理、高邁な理想を抱き、高い志のもとに生きましょう。宇宙には、個人をはるかに超える大きなうねりがあります。そこに身を置くと、宇宙の懐に守られ、心の安定も与えられるということが実感できるはずです。また、精神性をさらに高めるためには、瞑想や祈りのための時間を規則的にとることが有効です。

●心の安定を得る願いごとの例

「わたしの倫理観を育てる行動が、自然に取れますように」
「真実との結びつきを、自然に強化できるわたしになりたい」
「心の安定はわたしの良心とともにあることを、いつでも意識していたい」
「いつも、心の安定を感じていられるわたしでいたい」
「常に心の奥底にある良心の声を聞き、それに従って行動できる人になりたい」
「わたしの心が天使と結ばれていると信じ、至福と安らぎが得られますように」

与えられているテーマ

直感を信じる

直感が発達しているあなたは、その声に従っている限り、道を誤ることはありません。何か重要なことが起きている時、その結果がどうなるか、あなたにはすでにわかっているのです。ところが、直感をおろそかにしがちなのが今生のあなた。起きたことを心の中で再生し、論理的に結論を導き出そうとするために、ひらめきを疑ってしまうのです。そして不安が増大し、それがさらに判断の眼を曇らせるという悪循環を生むことに。人生のさまざまな局面で、自分の直感が最終判断として採用できるということを、肝に銘じておきましょう。

●直感を信じるための願いごとの例

「わたしの直感は、いつでも正しい方向を示していると確信できますように」
「最初に浮かんだ感覚を常に信用して行動に移し、後悔することがありませんように」
「ものごとがよい方向に展開すると信じられる喜びを、いつも味わっていたい」
「大丈夫、という心の声をいつでも信頼していられるわたしでいたい」
「どんな状況でも直感を尊重し、それが理想的な方向に導いてくれると信じたい」
「心の声をいつでも聞き入れ、それに従って行動したい」

与えられているテーマ

自由に生きる楽しさを味わう

幾多の過去世を、常に多くの人に囲まれてきたあなたは、軋轢《あつれき》のない無難な生き方を選びがち。心の底では大胆で自由な人生を歩みたいと思っているのに、理性は最悪のシナリオをチラつかせて、それに歯止めをかけます。日頃抱いている原因不明の不満感は、そこにあるのです。今生は、そんな理性の呪縛を解き放ち、生きる楽しさを味わうべき時。直感を大切にして日々を送れば、宇宙のエネルギーがあなたを守ってくれます。

●自由に生きるための願いごとの例

「感覚や直感を信じて毎日を過ごし、行動にブレーキをかける理性の横槍に耳を貸さないわたしになりたい」

「思い切った発想を行動に移せる人になりたい」

「人生は冒険の連続だ、と思えるようになりたい」

「リスクを恐れず、直感に沿った選択を行動に移せるわたしでいたい」

「〝大丈夫〟という心の声を信じて、より自由な人生を歩んでいきたい」

「冒険心を押し留めるものは、すべて捨て去りたい」

ドラゴンヘッドが 山羊座 にある人

自分の人生に責任を持つ

過去世の大半を家庭人として過ごしてきたあなたは、自力で人生を切り拓くことへの恐れが、潜在意識に植え付けられています。そんなあなたにとって、誰かの面倒を見たり、育てたりするのは、もっとも苦手とするところです。今生での課題は、自分自身への信頼を回復すること。そして、自分の人生に責任を持って生きることが求められているのです。

●自分への信頼を回復する願いごとの例

「自分の人生に責任を持つことへの恐れが、すべてなくなりますように」
「自分の言動すべてに、主体性を持てますように」
「社会人としての責任を、しっかり自覚できる人になりたい」
「何をするにも、自信を持って取り組めるわたしになりたい」
「○○の分野で、リーダーシップを取るつもりで前向きに仕事に取り組みたい」
「自分を信頼できるようになり、それが成功をもたらしますように」

与えられているテーマ

家族のしがらみを克服する

あなたは家族の誰かと、前世からの強いカルマで結ばれています。家族の何人かは、前世でも近親関係にあり、立場を変えつつ、今生と同じように暮らしてきたことが、〝困難なカルマ〟を作り出しているのです。厳しい状況に直面した時、そこは格好の非難場所に。家族や家庭に逃げ込むことで、直視すべき現実や自分自身から目をそむけてしまうのです。今生は、このカルマを断ち切る時。そのためには、家庭以外に自分自身の目標を設定し、それに向かって歩んでいくことが必要です。

●家族のカルマを乗り越える願いごとの例

「家族の誰かが動揺しても、それに巻き込まれず、見守れるようになりたい」
「子どもたちがわたしに頼らず、自立していくのを見守りたい」
「良好な家族関係を保ちつつ、それに縛られないわたしになりたい」
「家庭での役割以前に、一人の人間として生きることを、常に意識していたい」
「子ども時代から引きずっている否定的な考えを、すべて消し去りたい」
「家族の問題ばかりにとらわれず、もっと大きな視点を持てるようになりたい」

与えられているテーマ

感情的にならない

家庭という限られた世界で生きてきた影響で、あなたは広い視野でものごとをとらえることが苦手です。関心は私的領域に集中し、必要以上に感情や気分を重視する傾向があります。あなたの感情の起伏が激しいのは、それゆえ。それを克服するのに有効なのは、前世も含めた過去をすべて水に流し、明確な目標を持つことです。

●過度な感情を抑える願いごとの例

「すぐに感情的になる癖をすっかり治したい」
「否定的な感情からすぐに立ち直れますように」
「自己不信からくる恐れをすべて払拭したい」
「子どもたちの自立を阻む可愛がり方や叱り方をしなくなりますように」
「相手に感情をぶつけることで、相手をコントロールしようとする癖をなくしたい」

与えられているテーマ

自尊心を高める

社会参画から遠ざかっていた前世では、自分の能力を見つけ、伸ばし、周囲に認めてもらう機会に恵まれませんでした。あなたに向上心が希薄で、自分を過小評価する傾向があるのはこの影響です。今生のテーマは、真の自尊心を育てること。そのためには、自分で決めつけている能力の限界を乗り越え、さまざまな目標を自らの努力によって達成する必要があります。

●自尊心を高める願いごとの例

「自尊心を育てる経験につながる決断ができるわたしになりたい」
「達成の喜びと自尊心を感じられる毎日を過ごしたい」
「自分を尊重し、独力で何でもできるようになり、できないことにははっきりノーといえるわたしになりたい」
「強い意志を持ち、やると決めたことは最後までやり通せますように」
「○○問題でゴールを見出し、前向きにがんばることで、自尊心を育てたい」
「甘えん坊を卒業し、大人の社会人としての責任を果たせる人になりたい」

与えられているテーマ

目標を達成する

周囲や自分自身の感情に対する過敏さを克服するためには、個人というレベルではなく、もっと大きな対象を意識する必要があります。目標を持ち、実現に向けて歩き出すことは、自己不信から脱し、自由に羽ばたくために、大変有意義です。

●目標を達成する願いごとの例

「自分の成長を促す目標を明確に立てるために、的確な決断を下せるわたしになりたい」

「問題が起きたら次の目標を設定できる、前向きな自分になりたい」

「大きな日標達成へのプロセスとして、毎日小さなゴールを設定し、着実に達成していけますように」

「何をするにも努力目標を作り、それを目指してがんばれますように」

「プロジェクトが完了するまで、粘り強く取り組んでいきたい」

「場当たり的な今の生き方から、明確な目標を持ち、それに向かってパワフルに進む人生に変えるためには、どうしたらいいのかを知りたい」

与えられているテーマ

安定した人生を受け入れる

あなたは生まれながらに親切で、他者を支えたいという気持ちを持っています。この資質は、あなたを豊かな人生へと導く、類いまれな好機を与えてくれるでしょう。ところが、自信のなさから責任が生じることを嫌い、せっかくのチャンスを無意識のうちに拒絶してしまいます。これは、安定した人生の拒否に他なりません。この事実に気づき、チャンスを受け入れることが、今生の人生を大きく変えるのです。

●レベルアップの機会を受け入れる願いごとの例

「経済的な安定に結びつく機会をつかむため、積極的にリスクを負えるわたしでいたい」

「わたしを最大限にレベルアップさせるジャンプ台に立つ勇気をお与え下さい」

「自己不信からくる不安がなくなりますように」

「〝どうしたらいいの〟と、二度といわないわたしになりたい」

「成功することへの恐れよ、溶けてなくなれ」

「人生をよりよいものにする機会が訪れたら、それを見逃さずにつかめる人になりたい」

ドラゴンヘッドが
水瓶座
にある人

与えられているテーマ

他者の欲求に気づく

思い通りの人生を歩む各界のＶＩＰとして、何度となく生きてきた前世の影響で、あなたは気まぐれやわがままを通しがち。誰もがそれぞれの望みを持っているという事実に、目がいかないのです。今生で、あなたは玉座から降り、自分の主張が通らなかった時にどんな気持ちになるか、身をもって体験することに。他の人の意見にしっかり耳を傾けて、きちんと検討した上で、他者の意見や要望を的確に取り入れれば、みんなが納得するということを学ぶ必要があるのです。

●他者の欲求に目を向ける願いごとの例

「他の人の希望や願望に、注意深く耳を傾けられますように」
「自分のためにならないプライドを、すんなりと手放せますように」
「周りの人に、自分を特別扱いしてもらいたいと考えることがなくなりますように」
「相手にもっと関心を持って、協力するというスタンスで、会話を進められますように」
「他者の状況や欲求をきちんと理解して、双方が満足できる結果を導き出せますように」
「相手の気持ちや境遇を理解して、大らかに接してあげられるわたしになりたい」

与えられているテーマ

意志を強引に貫かず、流れに逆らわない

あなたは前世で、強力なリーダーシップとゆるぎない自信を持ち、強い意志と集中力を発揮して、さまざまなことを実現させてきました。ところが、今生では、過剰なほどの強い意志がマイナスに作用。ものごとの自然な流れや潮時というものを無視して強行する傾向にあります。そこに無理が生じて、真に求めているものを取り逃がしてしまうのです。

強い意志を持つこと自体は、悪いことではありません。でも、今生ではそれを横におきましょう。宇宙は行きつ戻りつしながら、全体としていい方向に向かっています。それを信じ、全体の流れに自らを委ねることが求められているのです。

●過剰な意志力を和らげる願いごとの例

「自分のためにならない強過ぎる意志を、わたしの中から消してください」

「他人にばかり要求し、自分で満たそうとしない高慢な姿勢を改めたい」

「相手に支持を強いる強引さがなくなりますように」

「豊かな宇宙の恵みを受け入れるため、全体の流れに逆らわないわたしになりたい」

「ドラマチックにものごとを運びたいと思う傾向を消したい」

「派手なアクションで動き回り、すぐに結果を求める方法から、一歩ずつゆっくり進み、次のステップが自然に見えてくるような進め方に変えたい」

与えられているテーマ

自我（エゴ）を抑えて客観的になる

ＶＩＰを演じる自分と、個人としての自分が一体化していた前世の影響で、成功すると自我が膨張して、すべては自分の偉大さの結果だと思いがちです。このことが事態の悪化を招きます。今生では、ものごとを客観的にとらえることを学ばなければなりません。成功や失敗を個人の力の現れとしてではなく、誰にでもいい時と悪い時があると見るべきなのです。ものごとが自分に有利に運んだ時は、自分の力だと考えずに、感謝の気持ちを持って、謙虚に受け止める姿勢を忘れないでください。

●客観性を呼び覚ます願いごとの例

「わたしの中の、根拠のない優越感が消えますように」
「他者の承認を得たいという欲求から自由になりたい」
「どんな時にも、自分の考えを客観的に表現できるわたしになりたい」

「客観的に自分を見つめることで、他者との友情を育むことができますように」
「人から否定されることへの恐怖感から自由になりたい」
「役割を素《す》の自分と混同しませんように」
「自分自身を、常に客観的に見つめていられますように」

与えられているテーマ

人道的な活動に参加する

前世で満ち足りた人生を過ごしてきたあなたの今生は、その創造力や意志力をより大きな目的のために使う時です。たとえば人類の進化に貢献したいと願う時、あなたは初めて、豊かな創造力を発揮するにふさわしいステージを得ることになるのです！　エネルギーをより大きな目標のために使おうとすれば、宇宙は金銭的豊かさや望みの環境、幸福感で満たしてくれる人々との出会いを、あなたのために用意してくれます。

●人道的な活動に参加するための願いごとの例

「自分にふさわしいボランティア活動が見つかり、参加できますように！」
「人類の進化に、自分がどう関われるのか、明快な考えが浮かびますように」

「創造的なひらめきを言葉にして、周りの人と共有するわたしでありたい」
「真に必要なところに、自分の得た富を分配できるわたしになれますように」
「今の自分が、望むレベルに達していないという恐れから自由になりたい」
「自分ひとりの満足を求めるよりも、多くの人が喜ぶことを志向できる人になりたい」

与えられているテーマ

恋愛は友人関係から始める

前世から創造力と情熱に恵まれているあなたは、今生でも恋愛にドラマ性を求め、一目惚れ的恋愛に走りがちです。「あなたのすべてを今すぐにほしい」と、愛が深まるまで待てずに、すぐに行動を起こすのは、初めから失恋を求めているようなもの。恋愛をうまく行かせたいなら、性的関係になる前に、相手を知るための時間を十分に取り、厚い友情を築くよう心がけてください。

●恋愛の前に友情を築く願いごとの例

「正直に自分を出すことで、失恋することが二度とありませんように」
「恋愛相手とも、友人と同じように互いの感情を素直に語り合えるようになりたい」

「恋愛に、ドラマ性を過剰に求める癖を治したい」
「恋の相手には、自分の弱点やもろさも素直に表現できますように」
「お互いの個性を尊重し合うことで、恋愛相手とより親密になれますように」
「○○（名前）と本音で話すことで、それぞれが相手に求めるものを見つけ、尊重できるわたしでいたい」
「恋愛感情を持ってもすぐに性的関係を結ばず、ゆっくり友情を育てようと思うわたしになりたい」

与えられているテーマ

愛を受け入れる

前世のあなたは、多くの人々に分け与える立場でした。他者の好意を受け入れることが苦手なのは、その影響です。今生では、さまざまな人がそれぞれの形で贈る好意や愛情を、開かれた心で受け入れることを学ばなければなりません。あなたはものごとの段取りをつけることに慣れていますが、今生では自分のシナリオを忘れましょう。贈られた愛情の内容やタイミングを変えようとせず、相手の意志に任せ、そのままの形で受け入れるのです。

謙虚に受け入れた愛は、あなたをきっと幸福にしてくれるはずです。

●開かれた心で愛を受け入れる願いごとの例

「他者の好意や協力を、快く受け入れられるようになりたい」
「他の人がわたしに与えてくれる喜びを、ありがたく受け入れられますように」
「いつでも心をオープンにして、周りの人の愛情をありがたく受け入れよう」
「愛を受け入れるのを妨《さまた》げるものが、わたしの中から消えますように」
「異性からの贈り物は、意図を邪推せず、素直に受け取れるわたしでありたい」
「○○（名前）がわたしの人生に登場したことを、純粋に喜べるわたしになりたい」

与えられているテーマ

大局を見る

自分自身に全幅の信頼をおいて生きてきた前世の影響で、あなたはすべて自力でやり遂げようとします。大局を見ようとせずに、ひたすら目標を目指すため、不意に足をすくわれても何が起きたのか理解できないのです。

今のあなたは、欲しいものを手に入れるために、一か八かの賭けに出る、まるでギャンブルのような人生を歩んでいます。その生き方は、「自分はいつでも宇宙に守られている」と思えるようになるまで続くのです。周りを見て、大局を把握することを覚えたら、努力は必ず報われます。必要な情報は周りの友人や、神秘学（占星術、タロット、数秘術など）からふんだんに得られ、天上の天使も、あなたに直感という形でメッセージをくれるでしょう。

●行動に移す前に必要な情報を入手する願いごとの例

「わたしの周りにいる天使たちからメッセージを受け取り、失敗のない人生を歩みたい」
「少なくとも週〇回、30分以上は、朝起きてすぐ、わたしの近くにいる天使と交信し、自分のおかれた状況を広い視野で見渡せますように」
「わたしを導いてくれる占星術、タロット、数秘術などの本と出合い、新たなエネルギーに満たされたい」
「壁に突きあたったら、どうするのが賢明か、友人のアドバイスを素直に求められるようになりたい」
「自分だけのメリットではなく、みんなが幸せになる方向を目指せるようになりたい」
「大局から目をそらさず、宇宙の大きな流れに従えるわたしでありたい」
「ひとりで頑張ろうとしないで、周囲の協力を喜んで受け入れられるわたしになりたい」

ドラゴンヘッドが
魚座
にある人

謙虚さを養う

あなたの前世の職業は宣教師、看護士、修道尼など、厳格な規律を持つものでした。高邁な理想の代弁者として、非の打ち所のない言動を要求され、規律にがんじがらめにされていたのです。そんな前世の記憶を携えて今生に生まれたあなたは、潜在意識の中で「完璧でなくてはならない」と、常に自らを律しています。けれども間違いを犯すのは人間の常。完璧な人生など存在しないのです。今生のテーマは、自分は完璧にはなれないと、身をもって実感すること。それによって、あらゆる現象は誰がコントロールしなくても、あるべき姿で変化しているという宇宙の摂理を理解できるのです。

●完璧主義を和らげる願いごとの例

「完璧でなくてはいけないという発想をしなくなりますように」
「正しくなくてはいけないという強迫観念がなくなりますように」
「自分の欠点に目くじらを立てず、自らをやさしく見守れるようになりたい」
「○○（自分自身、他者など）のあら捜しをする癖を治したい」

与えられているテーマ

取り越し苦労をやめ、天に委ねる

過去生での経験は、潜在意識に不安という形で刻み込まれています。状況をすべて把握していないと気がすまず、それができないと、最悪のシナリオを思い浮かべて感情のコントロールを失って、それが事態の悪化を招いてしまうのです。宇宙の大いなる流れを信じれば、すべてはよい方向に展開。紆余曲折《うよきょくせつ》があろうとも、宇宙はあなたをしっかりと見守り、幸福な未来へと導いてくれるということを、忘れないでください。

●取り越し苦労をやめ、大いなる力を信じる願いごとの例

「うまく行っていないことだけに焦点をあてて、クヨクヨする癖がなくなりますように」
「大いなる力に身を委ねることに、恐れを感じませんように」
「わたしの心にあるすべての心配ごとを、大いなる力に委ねられますように」
「計画が失敗したら、パニックに陥らずに、発想を転換して冷静に次の計画を考えられるわたしになりたい」
「すべては神の仕事だと、達観できるわたしになりたい」
「不安を、〝すべてはうまく行っている〟という静かで平和な考えと入れ替えてほしい」

与えられているテーマ

過剰分析をやめる

過剰なほどの分析能力を持って今生に生まれてきたあなたは、あらゆるものを事前に分析し、計画を立てておかないと気が済みません。そうしないと空が落ちてくるほど大変なことになると恐れていて、少しでも予想に反することに出くわすと、あらゆる角度から分析を始め、コントロールできる状態に戻そうと躍起《やっき》になります。このストレスが、胃などの内臓に障害をもたらす場合も。これを解消するには、あなた自身の姿勢や見方を変える必要があります。現実は、あなたも含めて誰にも変えられないという事実を受け入れると、無意味なストレスから解放されて、もっと楽に生きられます。

●過剰分析の習慣を和らげる願いごとの例

「過剰分析の癖を完全になくしたい」
「詳細まできっちり計画するのはもうやめよう」
「変化を達観して受け止め、そこには大いなる力が働いていることを確信したい」
「すべてを分解して分析する習性をなくしたい」
「心配の種はすべて大いなる宇宙に委ね、解決してもらおう」

「予想外の出来事も心安らかに受け入れ、〝すべてはうまく行っている〟と実感したい」

与えられているテーマ

無条件の愛を学ぶ

あなたは前世でさまざまなモノや人、状況を修復してきました。何を見ても悪いところに目が行くのはこのためですが、今生では自分や他人を修復しようとするのをやめ、あるがままの自分や他者を無条件で愛することを学ばなければなりません。精神世界の見方でいえば、世の中を照らす光となるべく魂を研鑽するという、どの人も同様に経験する長い学びのコースがあって、人はそれぞれのレベルで、学びの経験を積んでいます。どの学習段階にいるにせよ、誰もがすでに完璧な魂を宿しているということを、覚えておいてください。

●断罪をやめ、無条件の愛を育てる願いごとの例

「他者の行動を正そうとする傲慢さをなくしたい」
「現状を肯定的に見られる人になりたい」
「他者を断罪する癖を完全に治したい」

「自分がしてほしいと思う態度で、他の人に接したい」
「人にはそれぞれ限界があり、みんなベストを尽くしていると理解できるようになりたい」
「みんなが一つになって協力し合うことが、大きな力を生んでいると実感したい」

与えられているテーマ

職場で完璧主義を振りかざさない

部下や同僚がミスなく仕事をこなさないと大変なことになると恐れ、常に周囲を見回し、細かい点までチェックを怠らないあなた。仕事に対するこうした姿勢を転換しないと、早晩燃え尽きてしまいます。細部から目を離し、おおらかな気持ちで全体を把握するようにしましょう。それでうまくいかなければ、全員で共通の目標を確認しあえばいいのです。みんなでアイディアを出し合えば、事態は改善するのですから。

●職場で完璧主義に陥らない願いごとの例

「オフィスで他者のあら捜しをする癖をなくしたい」
「間違いが発覚したら、共通の目標や考え方を伝えることで、プロジェクトを軌道修正できると、鷹揚に構えていられる自分になりたい」

「同僚がわたしと違う方法で仕事をすることを、快く受け止められますように」
「効率のよい方法を広く求め、臨機応変に対応できるようになりたい」
「人はそれぞれ、持てる能力をフルに使ってベストを尽くしているのだと、理解できるわたしになりたい」

与えられているテーマ

大いなる力との結びつきを意識する

前世では、人々が身体面での健康を回復するのを手伝ってきましたが、今生では健康に関するアドバイスを他者に与えても、聞き入れてもらえない運命にあります。なぜなら、あなたの今生のテーマが、物質的存在としてではなく、精神的存在としての人間というものに意識を向けることだからです。宇宙の大いなる力を感じ、生きとし生けるものの喜びや癒しの元である、宇宙のエネルギーと一体化する——それがあなたに求められていることと。宇宙のエネルギーと静かに対話するうちに、あなたも周りの人々も癒されていくのです。

●大いなる力との結びつきを促す願いごとの例

「少なくとも週〇日、〇分以上は、瞑想（お祈り）を習慣化できますように」
「宇宙の大いなる存在が、いつでも守ってくれていると信じたい」
「あるがままの自分でいることの喜びと満足感を、いつでも感じていられますように」
「日常のあらゆる面で、大いなる力が働いていることに、いつも意識できる人になりたい」
「いつでも大いなる力とともにいて、愛と信頼のエネルギーがわたしの中にあふれているといいな」
「日常のすべての出来事に大いなる力が働いていて、わたしのために最善の明日を作ってくれていることを、いつも意識していたい」

パート

④

テーマ別願いごと

（50音順）

願いをかなえるためには、
どんな言葉で表現するかが、とても大切です。
パート1で、願いのリストを作る
基本ルールを述べましたが、
願いごとをルールに従って自分の言葉で記すのは、
慣れるまではなかなか大変な作業です。
しかも、心の奥底の声に耳を傾ければ、
その時々のあなたの状況に即して、
願いは微妙に変化するはず。このパートでは、
テーマ別にたくさんの文例を用意しています。
これらを活用して、あなたの心にフィットする
表現をしてください。

現在の自分が「真に求めていること」を願う

段階を踏んで、プラスのエネルギーを与え続ける

限りなく成長し、前進したいと願うのが、人の自然な姿です。わたしたちは皆、今の自分よりも強く大きく、やさしくなり、人生の階段を一段ずつ上っていく喜びを経験したいと願っています。

人生の高みを目指す一方で、長い間心に抱え込み、解決されないまま捨て置かれている悩みの種を、誰でも一つや二つは持っているのではないでしょうか。もしもあなたの潜在

意識が、その問題の解決を邪魔しているのだとしたら、長い間、願いごとを書き続ける必要があるかもしれません。それは、解決を阻んでいる抵抗の層を一枚ずつ剝がしながら、プラスのエネルギーを与え続けて、解決へと向かわせる作業です。

例として、わたし自身のことをお話ししましょう。わたしは1980年から新月パワーの魔法を人生に取り入れていますが、当時、わたしにとって最大の課題は、食べるものや食習慣を変えることでした。実際、精神的な機能不全のすべてはそこから発し、蓄積されていたのです。わたしの人生の中で、この部分だけが望みどおりにならず、大きなフラストレーションと自信喪失の種となっていました。当時の体重は、わたしの身長でのいわゆる標準体重よりも30ポンド（約13・5kg）も多く、太っていることが恥ずかしくてなりませんでした。それで新月のたびに、体重を減らす願いごとを書き続けたのです。

最初の年は、水分しか摂らないダイエット法と出合い、20ポンド（約9kg）やせたことが3度ありました！　最初の年の終わりには、リバウンドのため、始めた当初の体重よりわずか2ポンド減っただけでしたが、理想体重になるまでやめないという強い意志のもと、願いごとのリストには、必ず「体重を減らしたい」と書き続けました。

2年目に入って4ヶ月経ったころ、わたしはウエイトコントロールのグループを見つけて参加するようになり、理想体重よりも10ポンド（約4・5kg）多いところで落ち着くようになりました。この体重を維持するには大変な努力が必要で、わたしは体重を維持することに全エネルギーを注ぎました。

そのうちに、わたしの願いごとの内容に、変化が訪れました。それまではただ「体重を減らしたい」だったのが、「カロリーや脂肪が少なく、健康によい食べ物に、自然に食欲を感じるようになりたい」へと変わっていったのです。わたしにとって次のステップは、それまでのように常時〝ミニダイエット〟を続けるのではなく、新たな食生活の中で、無理せず自然に体重を維持していくことだったのです。

わたしは人生で初めて、体重維持に関する達成感を味わいましたが、リバウンドしないように、まだ監視が必要な状況でした。そこで、新月の日には、そのころの自分の状況に合わせて、次に何が起きてほしいかを書き続けたのです。たとえば食習慣を変えることへの抵抗感をもたらしているカルマや心理的な障害が明らかになるたび、次の新月の日にはそのブロックを取り除いてくれるよう願いました。ある時点では「どんな食べ物にも一切食欲を感じませんように」と願ったことすらありました。そして、この願いは聞き届けられました。ちょっと過激なやり方ではありますが、わたしの場合、それまでの過食経験とのバランスをとるために、振り子の反対側を経験する必要があったのです。

4年後、わたしはついに理想体重を達成し、現在もその体重を維持しています。そしてさらに意味があったのは、自分が口にするものや食習慣を、以前ほど気にかけなくてもよくなったことです。今では食べたいものを我慢したり、好きでないものを努力して食べる必要もありません。食べたいと思うのは現在の体重を自然に維持する食品で、今ほど健康的な食生活を送ったことはありません。

生まれた時にわたしが授かったのは、スリムな体型でも、新陳代謝が盛んな体質でもありませんでした。けれども自分の意志に加え、新月パワー周期のたびに適切な願いを宇宙に送り続け、宇宙の魔法が働いたおかげで、理想の体型や体質を作ることができたのです。

わたしの経験を通して、時の経過とともに願いごとがどのように変化するかがおわかりいただけたと思います。当初の目標達成に始まり、〝抵抗勢力〟をどう克服するか、リバウンドに打ち克ち、とりあえず実現した目標にどう留まるか、そして晴れてゆるぎない目標達成を実現して、それを感謝して受け止めるまで——夢の実現までにはいくつかの段階があるため、その時々の状況にふさわしい内容の願いごとを作る必要があるのです。

現在の状況から判断して、何が次のステップとしてふさわしいのか、またあなたの夢が実現するにあたり、どんな要素が求められているのか。それがわかるのはあなただけだということを、忘れないでください。

文例を活用する上での注意

　このパートでは、多くの人が抱えるテーマ別に願いごとの例を挙げています。これらは長年にわたる研究に基づき、わたしのクライアントと検証を重ねた結果生まれたものです。

　読者の中には、この中に挙げられていないテーマの願いを持つ人もいるでしょう。その場合は、あなたの切実な願いをどんな言葉で表現すれば効果が上がるか、パート2～3の願いごとの例も参考にしてください。テーマ別の願い、その月の星空が得意な分野に関する願い、そしてドラゴンヘッド別のカルマに関する願い……。リストがどんどん膨らんでいきそうですが、宇宙が聞き入れやすいのは、毎月10件までということをお忘れなく。

　願いによって、書いた途端に実現するものもあれば、長い時間をかけて実現されるものもあります。なかなか実現しなくても、根気よく毎月願いごとのリストに入れ続ければ、それは必ず実現するのです。

　願いをかなえるには、どんな言葉で表現するかがとても大事です。このため本書では、文例をふんだんに用意しています。けれども最終的に判断するのはあなた。本書に書かれた願いの言葉どおりではなく、新月の日、直感を働かせ、あなたの気持ちにフィットする表現で、願いごとのリストを作ってください。

愛

（「恋愛」も参考にしてください）

愛を捧げ、また受け入れるという経験は、人として生まれた喜びの中で、最も美しいものといえるでしょう。愛はさまざまな形で常に存在し、あなたが受け取るのを待っていますが、なかなかそれと気づけないことも。願いをリストに記しているうちに、日々の暮らしにあふれている愛の存在に気づくはずです。

●愛の経験を増やす願いごとの例

「人生に起こることのすべてを受け入れ、無条件の愛を感じられるわたしになりたい」
「人間関係のすべてにおいて、常に愛情を意識し、それを実感できる人になりたい」
「わたしという存在への深い愛を、いつでも感じていられるようになりたい」
「わたしの中から孤独感をすべて追い出してください」
「日々の暮らしの中で、感謝の気持ちを持ち続けられますように」
「愛を与え、受け入れる能力を最大限発揮できるよう、心の覚醒が起こりますように」

「すべての悲しみは、温かい愛の感覚に差し替えられますように」

◆他者の愛を受け入れる

そばにいる誰かがあなたに愛情を注いでいるのに、受け止めずに放っていませんか？誰かの好意や愛情を正面から受け止めることは、喜びや命の輝きをより深いところで実感するための、大きな一歩です。社交辞令として表面的に受け止めただけでは、愛の効能は得られません。

●愛情を確実に受け止める願いごとの例

「誰かに親密な気持ちを示された時、はっきりとそれに気づき、応えられますように」
「健全で幸せな愛情をたくさん感じられるよう、積極的な行動を取れるようになりたい」
「誰かに愛されることへの抵抗がすべて消えますように」
「他の人がわたしにくれる愛の贈り物に気づき、感謝して受け止められる人になりたい」
「わたしに注がれるすべての愛情に浸り、幸福な経験ができますように」
「人から愛される感覚をいつでも意識していられますように」
「周囲の愛情を常に自覚し、それによって成長していけるわたしになりたい」

◆誰かを愛する

やさしい言葉をかける、心配りの電話をかける、心を込めた贈り物をする、協力を申し出るなど、日常的に愛を意識することは、あなたの中の愛を育み、強化することにつながります。願いを書きとめると、他者への愛情が常に行動に反映されるようになります。

●愛を活性化する願いごとの例

「愛情を持って相手を受け入れられるようになりたい」
「周りにいる人たちをしっかりと愛情で包み、協力できるようになりたい」
「周りの人たちが、わたしに愛されていると感じられる言葉をかけられますように」
「抵抗なく、他人に愛情を注げるようになりたい」
「健全な愛情の交換をすることへの抵抗感を取り除いてください」
「健全な愛情を感じることへの恐れが、わたしの中から消えますように」
「○○が健全な自尊心を育めるよう、励ましてあげられるわたしになりたい」

家・不動産

◆家庭環境を改善する

家はわたしたちにとって、多くの時間を過ごすところ。明日への英気を養う場として、リラックスできるように家庭環境を整えることは、とても大切です。

●家庭環境を改善する願いごとの例

「わが家を美しく快適な住まいに作り上げる、センスと才能をください」
「毎日、家の中の整理や掃除を楽しくこなし、快適な環境を維持できますように」
「わたしが無理なく払える料金で、センスのいい仕事をしてくれる○○（庭師、インテリアコーディネーター、ペンキ屋など）と出会い、仕事を依頼できますように」
「長期的資産計画に破綻をきたすことなく、家のリフォーム資金を捻出する最善の方法がひらめきますように」

「幸せと落ち着きを感じられるように、家の中をリフォームできるわたしにな〜れ」
「不要になったものは速やかに処分できる決断力と行動力を、わたしにお与えください」

◆引越し

面倒で大変な引越し作業は、大きなストレスを生みます。次に挙げた願いごとを活用して、引越しのストレスを軽減しましょう。

●引越しのストレスを軽減する願いごとの例

「引越しの、プラスに活用できないストレスがすべて消えますように」
「引越しに関する情報がスムーズに集まり、普段と変わらない穏やかな気持ちで、その日を迎えられますように」
「楽しく、ストレスのない引越しになるように、わたしを導いてほしい」
「手頃な料金で効率よく作業をしてくれる、わたしと相性のいい引越し業者を見つけたい」
「今度の引越しで、将来のプラスにならないものはすべて処分して、新たな環境でのスタートを希望に満ちたものにできますように」

◆家を購入・売却する

　これは、どちらも一筋縄ではいきません。購入する場合、どんな家なら幸せな生活を送れるのか、はっきりとしたイメージが描けなかったり、明確なイメージはあっても、それに見合った予算がなかったり……。最終的に希望の家を一つに絞るには、長い時間といくつものステップが必要です。売却の場合、それまで慣れ親しんだ環境への愛着を断ち切るのは、なかなか大変です。願いを書き記すことは、こうした複雑な心理を整理し、すっきりとした気持ちで、次のステージに移行するのを手助けします。

●家の購入を支援する願いごとの例

「家の購入にあたり、わたしにとって最善の方法や手順がわかる情報が届きますように」
「自分の自信につながる家が手に入りますように」
「理想の家が買えるよう、常に蓄財を心がけるわたしになりたい」
「わたしに幸福をもたらす家と巡り合い、予算内で購入できますように」
「どんな地域や環境に住めば、わたしたちにプラスになるのか、神様、どうか教えてください」

●家の売却を支援する願いごとの例

「わが家を納得のいく価格ですぐに売却するためには、どんな手順を踏んだらいいのか、最良の方法を知りたい」

「新居に気持ちよく引越すため、現在の家への愛着や執着がすっきりと消えますように」

「我が家を査定や相場より高く買う人が現れて、スムーズに売却できますように」

「有能で相性のいい不動産業者と出会い、今の家が納得のいく価格で売れますように」

「○○の家の売却に関し、不動産業者が誠意を持って真剣に仕事をしてくれるように促す言葉をかけられるわたしになりたい」

「今住んでいる家が与えてくれたさまざまな恩恵に感謝しつつも、執着せず、次の人生に向かえるわたしになりたい」

「わが家が簡単に売れるよう、最善の時期を選んで市場に出せますように」

「家の売却を、一つのステージの達成・完了ととらえ、満ち足りた気分で住み替えができますように」

依存症

◆抑えがたい欲求を鎮める

依存症は、やむにやまれぬ欲求を満たすことで、緊張を解放したいという強迫観念から起こります。対象物に惹かれる心を新月パワーで和らげることで、満たされない心を大幅に癒すことができます。

●抑えがたい欲求から解放される願いごとの例

「○○に対する抑えがたい欲求が、完全に消えますように」
「○○に対する欲望が、簡単になくなりますように」
「○○への渇望が、完全になくなりますように」
「○○がなくても、喜びや快感を味わえますように」

◆薬物依存を癒す

アルコールを例として願いごとを作りましたが、タバコ、ドラッグ、コーヒー、ジャンクフード、糖分など、括弧内をあなたの人生にトラブルを招いている物質や状況に置き換えて活用してください。

●依存体質を撃退する願いごとの例

「（アルコール）への欲求がなくなりますように」
「わたしの内にある高次の自我の支援により（しらふ）でいる時間をどんどん増やし、手始めに丸1日以上は（しらふ）でいられますように」
「（アルコール）が入っていない時の落ち着かない感覚が完全になくなりますように」
「他の人が（飲酒）をしている中にいても、心地よく（飲まずに）いられますように」
「（アルコール）が出される場に行くことを、無理せずに避けられるわたしでありたい」
「（アルコール）のことばかり考えてしまうわたしを完全に消し去りたい」
「つきあいの場で、（アルコール）に頼ることなく、楽しい時間を過ごせるようになりたい」
「（AA／アルコール依存症患者の自助グループ）に参加して（断酒）の努力を続け、そのための資金が簡単に調達できますように」

◆薬物以外の依存症を克服する

薬物依存と同様、ストレスから一時的に解放されるための逃避行動も、依存体質を作ります。買い物、浪費、ギャンブル、睡眠、テレビ、ビデオゲーム、ネットサーフィンなどへの抑えがたい欲求は、バランスの取れた幸福な人生からあなたを遠ざける、深刻な問題へと発展する危険性をはらんでいます。

●病的に惹かれる気持ちを抑える願いごとの例

「○○の問題と正面から取り組み、克服したいと思えるわたしに変わりたい」
「○○（買い物など）でウサを晴らす癖が治りますように」
「毎日、自分の中にみなぎる健全な自信を感じていられますように」
「○○しなくても不安を感じることがありませんように」
「（テレビをすぐにつけるなど）の習慣をなくしたい」
「現実逃避のために（間食をするなど）の習慣を、すっぱり断ち切れますように」

うつ状態

うつ状態は多くの場合、否定的な感情に繰り返し苛まれた結果、起こるものです。この否定的な考えや感情を自覚している場合もありますが、潜在意識にあるそれがわたしたちの行動や状況に影響していることも少なくありません。願いを込め、それを書き記す作業は、潜在意識に埋もれた否定的な考えや感情を掘り起こして、解放することでもあります。それによって、憂うつ感を撃退することができるのです。

●うつ状態に起こりがちな症状を和らげる願いごとの例

「憂うつな気分を、きれいさっぱり吹き飛ばしたい」
「自殺願望が頭をもたげることがありませんように」
「否定的な考えを、前向きで積極的な考えに替えたい」
「被害者意識や打ちのめされた感覚が、すべてなくなりますように」
「どうすることもできないという無力感が、頭をもたげませんように」

「発作的によくないことをしたくなる自分を変えたい」
「自己嫌悪に二度と陥りませんように」
「わたしの中にある絶望感が自然に消えていきますように」

●憂うつな気分に陥る傾向を変える願いごとの例

「飽きっぽさや根気のなさがわたしの中から魔法のように消え、成功と喜びのエネルギーで満たされますように」
「子どものころの悪い思い出が、わたしの中から消えますように」
「未来に目を向けないで、過去ばかり振り返る癖が治りますように」
「わたしに降りかかる不幸を、他の人のせいにする癖がなくなりますように」
「罠にかかって身動きできないという感覚が、魔法のように消えてほしい」
「わたしの体と意識の中から、恐ろしい絶望感が追い払われますように」
「心の痛みや悲しみがすぐに消えてほしい」
「わたしの意識に新しい考えが吹き込まれ、人生を明るく希望に満ちたものにするための、次のステップが見えてきますように」

運動

◆運動に対する前向きの姿勢を培う

定期的に運動をしたいと思っていても、習慣や潜在意識に妨害されて、なかなか実行に移せないことがあります。この場合、健康のために必要だと頭でわかっていても、自分の意志だけで続けるのはなかなか難しいものです。新月パワーはあなたの運動に対する姿勢に変化をもたらし、あなたに合った運動プラン作りや実践の手助けをしてくれます。

●運動に対する前向きな姿勢を促す願いごとの例

「楽しく元気の出る運動プログラムを、喜々として続けられるわたしになりたい」
「わたしに最適な運動器具と出合い、飽きずに続けられますように」
「定期的な運動を、義務感からではなく、心から楽しんでできるわたしになりたい」
「エアロビクスのレッスンを心待ちにし、熱中できるわたしになれますように」

「新陳代謝をよくし、美しい体型を作るための正しい運動プログラムに関する情報が自然に集まり、実行に移せますように」

●運動プランを実行するための願いごとの例

「少なくとも週○日、○分以上は、ジムに行って運動するわたしになりたい」

「週に○回以上は、自宅でヨガをする習慣をつけたい」

「激高したり不安を感じたら、早足で散歩をして、心のバランスを取り戻せるわたしになりたい」

「少なくとも週○日、○分以上は、エアロビクスをする習慣がつきますように」

「毎日○回以上は、オフィスでストレッチと呼吸運動をする習慣をつけ、いつも爽快な気分でいられますように」

「わたしと相性のいいスポーツジムを見つけ、定期的に通えますように」

「少なくとも週○日、毎回○分以上は、ウォーキング・ランニングマシンで運動することで、若さと健康を保ちたい」

「均整のとれたスタミナのある体を作るために、必要な行動を起こせますように」

お金

お金を手に入れる方法を知ること、賢明な使い方を知ること、そして経済的に安定した将来を確保する投資の仕方を知ること。お金に熟達するには、この3方向からのアプローチが必要です。「なぜかお金に縁がない」と感じている人は、もしかしたら、お金を招き寄せ、豊かになることを潜在意識が拒否しているのかもしれません。新月に願いを込めてこうした障害を取り除き、お金との賢いつきあい方を身につけましょう。

◆お金を引きつける磁石になる

「基本的にお金は入ってくるもの」という達観した姿勢は、お金を引き寄せるパワーを生み出します。新月の力を借りると、お金の流れに敏感になり、意識がそこに集中します。

●お金が入ってくる願いごとの例

「○○（精神世界のワーク、大学、絵画クラス、新車購入など）のために必要なお金が、スムーズに入ってきますように」
「お金がたくさん手に入り、幸せになれますように」
「精神的にも満ち足りたお金持ちになるための効果的な方法が、次から次へと浮かんでくるわたしになりたい」
「人生のあらゆる面で、豊かさと繁栄を経験できますように」
「経済的に豊かで幸せになれる選択が、迷わずできるようになりたい」
「精神的にも物質的にも、わたしを豊かにしてくれるお金が手に入るよう、いちばんの近道を見極める目を養いたい」
「生涯にわたって年収が○○万円以上入るよう、楽しみながら積極的に行動していけるわたしになりたい」
「たくさんのお金が入ってくることを阻むすべての要素を取り除いてほしい」

◆お金の使い方

お金の賢い使い方を知らなければ、お金はいくらあっても足りません。また、お金が入っても、まだ十分ではないという気持ちがあると、不安は一向に払拭できません。そう思うのは、あなたの潜在意識が「貧しいと感じ続けていたい」という信号を送っているためかもしれないのです。

●お金の浪費を防ぐ願いごとの例

「迅速に借金を減らせる最善の方法を教えてください」
「本当に豊かになるために、賢いお金の使い方が身につきますように」
「借金がなくなって、晴ればれとした気持ちで暮らしたい」
「クレジットカードの支払いを滞らせることがありませんように」
「○○（ブランドの衣服、小物など）を衝動買いする癖が治りますように」
「毎月のお給料の○%を、必ず貯金に回せるわたしになりたい」
「自分のお金の使い方を常に意識して、適確に管理する能力を培いたい」

◆お金に関する否定的思考を取り除く

「もっとお金が欲しい」と常々いっている人でも、潜在意識の中でお金に否定的だったり、不安を抱えていると、無意識にお金を遠ざける行動を取ってしまうものです。これらの否定的な考えを取り除き、お金がスムーズに流れてくるようにしましょう。

●お金に関する否定的思考をなくす願いごとの例

「財政面の不安がなくなり、お金に対してプラスの意識が持てますように」

「貧乏への恐怖感が消えていきますように」

「誰かが豊かになると、その分自分が貧しくなるという思いがなくなりますように」

「欲張りなところを改めたい」

「お金は楽しさのもと、喜びのもとだと思えるようになりたい」

「お金に関する否定的な考えは、すべて捨て去りたい」

「お金を稼ぐ能力がないというコンプレックスをなくしたい」

「お金をもらってもどうしていいかわからない、という考えを追い出したい」

「お金は災いを招く、という考えが頭をよぎることがありませんように」

◆賢明な投資

巧みな投資は、将来の経済的安定と快適な暮らしを約束します。新月パワーを利用して、あなたに合った投資のチャンスを作り出し、お金を最大限に生かせる投資先を見極める目を育てましょう。

●賢い投資を引きつける願いごとの例

「リスクが少なくてリターンが大きい投資先を見つけ、成果を得たい」
「わたしに幸せをもたらす不動産投資ができますように」
「経済的に安定して幸福になれる資産形成ができますように」
「わたしのお金を最大限生かすにはどうするべきか、教えてください」
「ずっと幸せでいられるよう、賢いお金の使い方や投資法を知りたい」
「自分に合った投資機会を引き寄せ、チャンスを躊躇なく生かせるわたしになりたい」
「相性のいい投資専門家と出会い、賢明な資産形成を始められますように」
「今の資産をどう活用すれば経済的成功を得られるのか、神のご指示を仰げますように」

◆豊かさの意識

お金の使い方や再配分の仕方で、お金の集まり方は大きく変わります。お金は常に流動するもので、停滞を好みません。あなたのもとに入ったお金をしまい込まず、賢く投資をしていくと、お金は必ずプラスアルファを伴って戻ってくるものなのです。

●豊かさの意識を高める願いごとの例

「賢く、バランスの取れたお金の使い方ができる明確なポリシーを持ちたい」

「お金に関するストレスや強迫観念がなくなりますように」

「お金を増やすことへの抵抗感が消えてほしい」

「他の人からの健全なお金や贈り物を、感謝して優雅に受け入れられますように」

「財政面の不安を一掃し、楽しい人生を約束する財産形成を主体的にしていきたい」

「いつでも自分が持っている豊かさを意識し、感謝の心を忘れずにいたい」

「少なくとも収入の○%を、定期的に△△に寄付し続けられるわたしになりたい」

「わたしに準備ができた時、人生に変化を起こすために必要な資金を貯める、上手なお金の管理方法が身につきますように」

恐れ

恐れに取りつかれた経験は誰にでもあるはず。恐れを引き起こす原因は一様ではなく、それに対する反応も人によって違います。

◆怒り

恐れは一瞬にして、怒りに姿を変えることがあります。多くの場合、怒りは恐れが形を変えて表面化しているものなのです。こうした反応は習慣として根づいていきますが、願いを込めることで、恐れを感じさせるような状況に出合っても、これまでとは違った反応を示すよう、潜在意識に働きかけて、それを防ぐことができます。

●恐怖からくる怒りを鎮める願いごとの例

「わたしの中にあるすべての怒りを静め、幸福感で満たされますように」

「感情暴発が、今後一切起こりませんように」
「フラストレーションがなくなりますように」
「すぐにかっとなる性格を改めたい」

◆抑圧

恐れに直面した時、その感情を抑圧するのも、わたしたちの自然な反応の一つです。たとえば腹を立てた時や傷ついた時に、相手の反応を恐れて黙りこんでしまうことがあります。感情を飲み込んでしまうと、放出されれば消えるはずのエネルギーが、あなたの中に閉じ込められ、本能が抑圧されてしまうのです。新月パワーを使えば、こうした心の反応を和らげることができます。

●抑圧を和らげる願いごとの例

「生命《いのち》の自然な営みを、無意識のうちに抑圧することがありませんように」
「生真面目すぎる性格を変え、もっと柔軟になりたい」
「わたしの中にある罪悪感を、すべて掘り起こして捨ててしまいたい」
「恐れを感じたら、引きこもったり、話題を変えたりする癖を改めたい」

「他の人の考えに振り回されたり、周囲の目がやたらと気になるわたしを変えたい」
「自分を押さえ込む癖をなくし、自由になりたい」

◆恐怖症

ある特定の状況への反応として、恐れからパニックや麻痺を引き起こすのが恐怖症で、高いところや狭いところを極度に恐れたり、飛行機が怖い、家から出るのが怖いというものまであります。恐怖症はあなたの行動を規制し、人生の可能性を狭めることに。次に挙げる願いごとは、特定の状況やモノへの恐れを意識から追い出すのに役立ちます。

●恐怖症から解放されるための願いごとの例

「○○（人混み、高いところなど）への恐怖感が、すっかり消えますように」
「何かに追われているような感覚がなくなりますように」
「○○恐怖症が完全に治りますように」

◆パニック障害を克服する

漠然とした不安感が火種となって、機能不全を起こし、普段ならできる行動ができなくなる人たちが、昨今増えています。新月パワーは、ある状況からパニックへと続く心の回路を断つのを手伝います。何ヶ月か繰り返して願ううちに、安定した心を取り戻すことができるはずです。

●パニック症状を鎮める願いごとの例

「何かがおかしいという得体の知れない不安が、わたしの中から消えますように」
「パニックに襲われない心を持つわたしになりたい」
「パニックに襲われ、無力になることがありませんように」
「わたしの中にある不安という不安を一掃してください」
「どうしたらいいかわからない、という無力感がわたしの中から消えますように」
「すべての恐怖感が溶けてなくなってほしい」
「死ぬことへの恐怖感を、どうか鎮めてください」
「宇宙（神様、大いなる力など）がわたしたちを守ってくれるから、悪い結果にはならないと信じられるわたしになりたい」

◆前向きに取り組む勇気を培う

恐れという感情を、わたしたちはプラスのパワーに変えることができます。恐れを抱く時、それまでの自分の能力の限界を超えた次元で状況判断し、問題を解決する機会を得たともいえるのです。恐れはあなたの感性を鋭く研ぎ澄まし、今目の前で起きていることに心を集中させます。気持ちを落ち着けてそこから逃げずにいることで、恐れを〝成長への刺激〟へと変質させることができるのです。

●恐れに前向きに立ち向かうための願いごとの例

「どんな状況でも現実から目をそむけず、耐えたことが最終的にいい結果をもたらすと、確信できますように」

「取り乱す心をきちんと自覚し、外に解放していけるわたしに変わりたい」

「周りの人のエネルギーを受け止め、ともに前向きに対処していけるようになりたい」

「恐れを感じたら、それを力にできる自分になりたい」

「恐れから解放されてのびのびと生きるために、どんなリスクも負えるわたしになりたい」

学校

●いい学校を見つけて通うための願いごとの例

「わたしの能力を伸ばすプログラムを持つ学校（大学）を選べる洞察力をお与えください」

「○○学校の△△学部に合格するために、するべきことをどんどんこなしていけるわたしになりたい」

「将来わたしのためになる学校を見つけ、そこに通えますように」

「わたしの資質や能力を認めてくれる奨学金の情報を得て、応募できますように」

「ライフワークを見つけるために、必要なことを教えてくれる教授（教師）と出会い、さまざまなことを学べますように」

●充実した学校生活を送るための願いごとの例

「宿題をためてしまう癖をすっかり治したい」

「○○のクラスで、授業の内容をきちんと理解し、知識として身につけられますように」

「学校への苦手意識や抵抗感がなくなり、ちゃんと卒業できると確信できますように」
「○○（課目）でいい成績が取れるよう、効率のよい勉強ができるわたしになりたい」
「ストレスを感じることなくテストを受け、いい成績が取れますように」
「学校の友だちとの時間を楽しめるわたしになりたい」
「一緒にいて楽しく、協力し合えるような学友に恵まれますように」
「学校生活を楽しみながら多くを学ぶために、必要なことができるわたしでありたい」
「今度のテストで最低○点は取れる効果的な勉強ができますように」

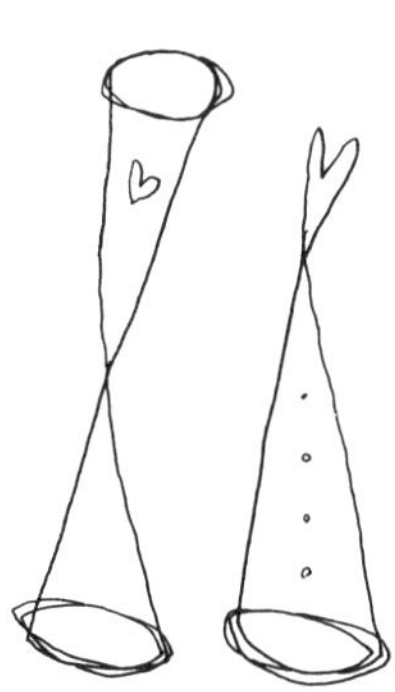

虐待

◆他者を虐待する心を癒す

極度のプレッシャーやストレスが高じると、フラストレーションのはけ口を、他者に求めることがあります。その後で自分のしたことを目のあたりにして、良心の呵責に悩み、自己嫌悪に陥るのです。新月パワー周期に繰り返し願い続ければ、虐待に走る意識のパターンを変えることができます。

●虐待傾向をなくす願いごとの例

「感情のコントロールが簡単にできて、言葉の暴力や身体的暴力で他者を傷つけたくなる衝動がなくなりますように」

「他者に対する暴行、言葉による虐待の一切をわたしの人生から消してください」

「子ども時代に受けた虐待で負った心の痛手を、すべて消し去りたい」

「感情の暴力が、わたしの中から完全になくなりますように」
「自分自身を辛らつに批判する癖が、完全に治りますように」
「人間関係を新たなやり方で立て直そうとしている自分自身を、慈愛を持って見つめられるようになりたい」
「いらいらしがちな性格を完全になくしたい」
「わたしを悩ます問題を解決する、まったく新しい方法が思い浮かびますように」
「自虐的な行動が、いつの間にか消えていますように」
「どうしようもない怒りの爆発が、二度と起きませんように」

◆虐待されている人を癒す

何らかの罪悪感から、あるいは解決法が見つからないという理由から、他者からの虐待を受け続ける人々がいます。虐待を容認することは、相手の虐待を助長していることに他なりません。自分の立場を守り、他者からの虐待にはっきりノーといわなければ、双方が悪循環を断つことができないのです。

●虐待の悪循環を断つ願いごとの例

「二人の対話が愛情に満ちたものになるように、怒りをかき立てずに相手の心に届く、適切な言葉をかけられるわたしになりたい」

「わたしひとりが我慢すればいいという考えを消し去りたい」

「わたしをひどく傷つける人や状況を呼び込んでしまう要因すべてを、わたしの中から追放できますように」

「○○（名前）との虐待関係から、うまく抜け出す方法を知りたい」

「子ども時代の虐待経験を癒す、わたしと相性のいい優秀なカウンセラーと出会い、セッションを始められますように」

「すべての自己破壊的なパターンを、わたしの日常からなくしたい」

「わたしを傷つけるものが一切中に入って来ないよう、プライバシーゾーンを守る力をお与えください」

「○○（名前）とわたしとの間で、二人を分ける健全な境界線を作れますように」

「自己批判の習慣をすっかり改めたい」

「自分にやさしくできるわたしになりたい」

兄弟／姉妹

●兄弟／姉妹間の関係をよくする願いごとの例

「兄（弟）とわたしとの関係を修復するための言動を、自然にとれますように」

「お互いがもっと理解を深められるよう、○○と一緒に過ごす時間が作れますように」

「互いに信頼し、支え合いたいという気持ちが育つような接し方が、○○に対してできますように」

「○○との忘れたい過去の記憶がわたしの中から自然に消え、新たな関係を築くことができますように」

「絶縁状態になっている○○と以前の関係に戻るために、適切な言動をとれるわたしになりたい」

「姉（妹）がわたしに愛と協力の気持ちを持つような手紙を書けますように」

車

●車に関する願いごとの例

「わたしにぴったりの車と出合って予算内で購入でき、それによって幸せになれますように」

「わたしの車を査定価格より高く買ってくれる人に売却できますように」

「適正な値段でわたしの車の整備をしてくれる、腕のよい整備士と出会えますように」

「運転が上達し、過度に緊張することなくハンドルを握れるわたしになりたい」

「車の調子に常に気を配り、トラブルを未然に防げるわたしになりたい」

訓練・修行

◆延期の癖を治す

今できることを先延ばしにすることは、目標を達成するにあたり、重大な弊害になりかねません。願いごとは、わたしたちの意識に働きかけ、この悪い癖を少しずつ治していく効果があります。やるべきことにすぐにとりかかれないことで悩んでいる人は、この問題についていくつかのバリエーションを作り、同じリストに載せてもよいでしょう。

●延期する癖を治す願いごとの例

「先延ばしにする癖のすべてが消え去りますように」
「やるべきだとわかっていても、すぐに実行に移さないわたしの怠慢をすっかり改めたい」
「自分を誇らしく思い、将来的にプラスになる賢い時間の使い方ができる人になりたい」
「目標達成に向けて意識的に取り組めるわたしになれますように」

◆自分に厳しくなる

人生の成功者としてより高いところへ至るために、自らを律する――願いごとはこの部分に光をあてることで活性化し、それをあなたの人生の重要な部分で活用できるように促します。

●自分に厳しくなる願いごとの例

「常に次のステップを考え、それを実行に移せる人になりたい」
「プロジェクトが完成するまで、粘り強くがんばれるわたしになりたい」
「人生の進路をはっきりさせ、着々と進んでいくためにてきぱきと行動を起こせるわたしに、すんなりと変身したい」
「自分を鍛えることに対して、気後れすることがありませんように」
「自分の行動とそのタイミングに関して、いつでも賢明な決断を下せるようになりたい」
「何をするにもプラスのイメージを持って歩んでいけますように」

計画と環境づくり

自分の人生に一定のスケジュールや計画を持っていると、人生の縮図が手の中にあるという安心感が得られます。どんな能力を開発したいか、どんな経験をしてみたいか……生涯にわたって、わたしたちは心の奥にさまざまな希望や目標を抱きます。時間の使い方を考え、きちんと計画すると、目標の達成に最短の道をたどれます。

◆環境を整備する

今いる環境は、あなたの成長を助けていますか？　それとも邪魔をしていますか？　どんな場合でも、秩序のあるクリーンな環境は、人を成功や成長に導くものです。無意識のうちに計画を台無しにしてしまう思考パターンを追い出し、計画を成功へと導く環境を、新月の力を借りて作りましょう。

●整然とした環境を作る願いごとの例

「わたしの家（マンション）に神の意志が入り、わたしを支え、力を与えてくれるような環境を作れますように」

「我が家に秩序と清潔さを取り戻せるわたしになりたい」

「家の環境をきちんと整え、清潔に保つことを阻むものが、すべてなくなりますように」

「わたしや家族が使わなくなったものを的確に選別し、速やかに処分できますように」

「物を散らかす癖がなくなりますように」

◆人生の計画と日課

雑事や古くからの習慣、周りの人のさまざまな要求……わたしたちの日常はいつでも何かに追われ、ともすれば無為に時だけが過ぎてしまいがち。新月の力を借りれば、時間の使い方をもっと意識できるようになり、大切なものやことのために、きちんと時間を作れるようになれます。

●時間を上手に割り振って、必要な変化を起こす願いごとの例

「有意義な人生を送るための日課を立て、きちんとこなせますように」

「大事な事柄に費やす時間を十分取れるわたしになりたい」
「時間を有効に使うよう、毎日の過ごし方を意識できるわたしになりたい」
「ひとりの時間、そして○○（夫、妻、子どもなど）と過ごす時間を満喫できるわたしになれますように」
「余分なことを削ぎ落として、シンプルながらも有意義な毎日を過ごしたい」
「家庭で過ごす時間、そして社会と関わる時間のバランスを上手に取れる人になりたい」

◆計画や整理を阻む考えを撃退する

計画を実行できないのは、潜在意識が妨害しているからかもしれません。明るい未来を自ら壊さないよう、潜在意識を制御しましょう。

●計画性を阻む要素を解消する願いごとの例

「人生の細部を建設的に管理するにあたり、協力をしてくれる人と出会い、一緒に考えていきたい」
「日課をこなすことは、自由と幸福を得ることだと考えられるわたしになりたい」
「きちんとした生活を送ることへの不安要因がなくなりますように」

「何をするにも計画を立て、無駄のない行動を心がけられるわたしになりたい」
「人生を前向きに整理するために必要な情報が網羅されている本と出会い（タイムマネジメントクラスを見つけ）、だらだらとした日々を送らないようにしたい」

◆ペーパーワーク

申請書、税金関連の帳簿類、整理・保存しなければならない新聞や雑誌……。こうしたものが山積みされていると、あなたは知らないうちに追い立てられるような緊張感を覚え、自由で楽しい人生を謳歌することに水を差します。新月パワーのアシストで、煩雑なペーパーワークを避けようとする考え方を葬り、習慣化することができます。

●ペーパーワークを効率よく片づける願いごとの例

「○○に提出する書類を楽々とそろえ、整理しておけるわたしになりたい」
「たまった新聞や雑誌をすべて捨てられるわたしになりたい」
「税金の申告書類を期日までに整理し、きちんと提出できるわたしになりたい」
「○○を日常的にできる、几帳面できれい好きなわたしになりたい」

結婚・パートナー

（「人間関係」「コミュニケーション」も参考にしてください）

結婚は、人生最大の挑戦の一つといえるでしょう。自分と同じような人生の目標や価値観を持った異性を選び出すことはもちろん、その人との関係をいつまでも新鮮な気持ちで続けていくことなど、幸せな結婚をし、それを維持していくためには、相当なエネルギーが要求されます。結婚生活での最大の課題は、相手が求めていることに常に敏感でいること、そして二人の関係がいつまでも生き生きと愛情にあふれ、協力し合うために、愛情の種を蒔き続けることです。

◆未来の結婚相手を引き寄せる

幸せで長続きする結婚への第一歩は、パートナー選びです。愛と情熱を感じるのはもちろん、それ以上に大切なのは、一人の人間として愛し、尊敬できること。そしてあなたが全幅の信頼をおいて、すべてをさらけ出せることです。

●あなたにふさわしい結婚相手を引き寄せる願いごとの例

「わたしと同じように○○（家と子どもたち）がほしいと思っている、他に好きな人のいない異性と出会い、幸福で安定した家庭が築けますように」

「幸せな人生を送るために、わたしにふさわしい結婚相手のイメージを、鮮明に描けますように」

「わたしが求める結婚条件をすべて備えた人と出会って、ロマンチックな関係を楽しみ、最終的に結婚できますように」

「幸せな結婚をすることを阻むあらゆる考えが消えてなくなりますように」

「○○との結婚について、最終的にわたしのためになる賢い決断を下し、もっと深い愛情で結ばれますように」

「わたしにふさわしい異性を見極める知恵を得て、その相手とすみやかに相思相愛になれますように」

「未来の伴侶となる人と出会える場所と時間に、わたしがいられるよう、お導きください」

◆現在の結婚生活をリフレッシュする

長い結婚生活を送るうちに、出会ったころの輝きは薄れやすいものです。そばにいてあたり前になってしまった二人が、再び生き生きとした愛情を感じる関係になるためには、絆を確認するきっかけが必要かもしれません。新月パワーを借りれば、二人の結びつきに再び火をつけるための新しい風を入れることができます。

●マンネリ化した関係をリフレッシュする願いごとの例

「パートナーと一緒に楽しめることを見つけて始められますように」
「お互いが元気になり、楽しい雰囲気が作れる夫婦の会話ができるわたしになりたい」
「わたしたち夫婦と相性のいいカップルと知り合い、楽しい関係を築きたい」
「一緒に過ごす時間をもっと増やしたい（減らしたい）というパートナーの希望に添うことが、わたしに幸福感をもたらしますように」
「家族が以前のように楽しく過ごせるようにするにはどんな行動をすればいいか、明解な答えが出せるわたしになりたい」
「お互いがより強い気持ちのつながりを感じられるように、わたしの個性や求めていることをパートナーにきちんと伝えられるようになりたい」

●より親密になるための願いごとの例

「健全で楽しい関係になるように、パートナーを心から愛し、信頼できるようになりたい」
「パートナーと気持ちが通じ合う喜びを、お互いに実感できる対応ができますように」
「パートナーの性格を変えようとする気持ちが、わたしの中からなくなりますように」
「パートナーを、あるがままの姿で愛し、受け入れてあげられるわたしになりたい」
「パートナーが積極的に二人のことに参加してくれるよう、適切な言葉をかけられるわたしになり、幸福で満ち足りた関係を築きたい」
「夫がうまく○○してくれるよう、彼の話を聞き、支えてあげられるわたしになりたい」
「パートナーが結婚カウンセラーのところに一緒に行ってくれるように促す、適切な言葉をかけられるわたしになりたい」
「以前のように前向きにお互いのことが見られるように、わたしたちにふさわしい結婚カウンセラーと出会い、成果を得られますように」

●関係に変化をもたらす願いごとの例

「パートナーがわたしを喜んでサポートしたくなるような会話ができるようになりたい」
「自分を犠牲にすることなく、パートナーに協力できますように」
「パートナーの存在や協力をあたり前だと考えることがなくなりますように」

「パートナーがわたしの存在や協力を当然だと思うのをやめ、感謝と愛情で受け止めてくれるように促す言動をとれますように」
「配偶者に対するすべての怒りや憤りの感情がなくなりますように」
「パートナーとの関係で、わたしの人生にプラスになる言動がいつでもできる、思慮深さと知恵をお与えください」
「パートナーと一緒にいる時、わたしの中にある高次の自我の声を聞き、それに従えるわたしになりたい」
「双方のプラスになるような夫婦関係が築けるように、意識して行動できるわたしでありたい」

◆夫婦の性生活

結婚生活が長くなると、仕事や金銭上の心配ごと、子どもたちなど、さまざまな理由で夫婦はセックスレスになりがちです。セックスによるスキンシップを楽しみ、新婚当時の親密さを思い出すことは、二人の絆を強化するためにも、必要なことです。

●性的親密さを取り戻す願いごとの例

「官能的な喜びを味わえる方法を考えつき、行動に移せるわたしになりたい」
「○○とのセックスライフが楽しく、ずっと続くものにする方法を知りたい」
「パートナーがエロチックな気分になるよう、上手に誘えるようになりたい」
「パートナーがわたしをベッドに誘いたくなるようにするには、どんな態度で、どんな言葉をかけたらいいのか、知りたい」
「巧みにリードしていけるわたしになり、二人が心身ともに満たされるセックスができますように」
「二人のセックスライフがもっと刺激的で充実するよう、いつでも相手のことを考えているわたしになりたい」

◆絆

相手に対して心を開き、すべてをさらけ出した時、二人の間には絆が生まれます。それを実感することは、豊かな人生を送る上で欠かせない、大切な経験の一つです。この絆を維持するためには、双方の愛と信頼が欠かせません。

●愛と信頼を深める願いごとの例

「わたしたちが深い信頼、愛と協力の絆で結ばれる未来を、○○が強く確信してくれるように導く言葉をかけられるわたしになりたい」
「○○とわたしの間に深い愛情が育まれていることを、常に確信していられますように」
「○○がわたしに支えられ、愛されていると確信できる言動がとれるようになりたい」
「わたしが○○とともにいること、○○のために存在していることを、いつも意識していられますように」
「○○の前ではいつでも正直で、短所もさらけ出せるわたしでいたい」
「○○とわたしの間にある絆に常に意識を向けて、それがさらに深まることを確信していられるわたしでいたい」

権威者

（上司、目上の人）

◆目上の人とつきあう

教授や教師、両親、上司など、目上の人との関係がうまく行かないのは困りもの。新月パワーはこうしたストレスも和らげます。

●目上の人とのストレスを解消する願いごとの例

「目上の人に対する不健全な反抗心が、完全になくなりますように」
「最終的に自分にとってプラスになるように、目上の人と接することができますように」
「○○（上司）との関係で発生するストレスが、瞬時に解消できますように」
「ストレスを感じることなく、○○（名前）と共存共栄の関係を築けますように」

◆人の上に立つ

人の上に立つあなたが他者と関わる際には、自分の立場が負うべき責任を自覚することや、壁を作らずに接することなどが課題となります。

●権威者としての正しい振る舞いを促す願いごとの例

「周りの人を疎外しないで、自分の立場が負うべき責任を自覚できるわたしになりたい」
「人の上に立つストレスをなくしたい」
「○○（名前）にプレッシャーを感じさせない接し方をしたい」
「必要な時には、率先して行動を起こせる人になりたい」
「面倒から逃げようとせず、積極的に責任を負うことで、すべてがうまくいきますように」

元気

●元気になる願いごとの例

「命があることを喜び、元気に毎日を楽しむ自分を早く取り戻したい」
「何に対しても精力的に取り組む、元気なわたしになりたい」
「エネルギーと幸福感に満ちた、刺激的な人生になるような選択ができるようになりたい」
「創造力を、喜びにあふれる生き生きとした毎日を作ることに向けていきたい」
「情熱と希望の火をいつでも赤々と燃やし、毎日をエネルギッシュに過ごしたい」

健康

◆健康を回復する

体の不調や、治したい症状にも、願いごとは大きな力を発揮します。症状を軽減したり、完治させるためのサポートを、新月パワーに求めましょう。

●健康を回復するための願いごとの例

「わたしの○○が完全に癒されるまで、神のお導きに全面的に従うわたしでありたい」

「健康を回復するまで、順調に回復していくイメージを持ち続けられますように」

「○○（生理、背中など）の痛みを和らげ、なくしていくための治療法やドクターと出会い、すぐに治療を始められますように」

「更年期症状の不快感がすべて取り除かれますように」

「わたしの○○を全快に導いてくれる治療の専門家と出会い、治療を始められますように」

「○○が簡単に回復しますように」
「○○の手術を、強い忍耐力と優雅さを持って受け止め、乗り超えていけますように」
「潜在意識にある癒されることに対するすべての抵抗感を溶かしてほしい」

◆健康増進の願いごと

●健康になるための願いごとの例

「エネルギーがみなぎり、いつも元気でいられますように」
「ベストな体調に保つためのサプリメントを見つけ、摂り始められますように」
「いざという時に持久力を発揮できるように、スタミナを蓄えておきたい」
「より健康になるような選択ができるわたしになりたい」
「白くまばゆい癒しのエネルギーがわたしの体を包み、健康を回復させてくれますように」
「癒しのエネルギーがわたしに注がれるのを阻むものを、すべて取り除いてほしい」

◆健康を維持する

病気を予防し、健康を維持することは、日常生活の質を高めます。健康を促進する生活を送るには、最初のうちは強い意志が必要ですが、願いごとはがんばるあなたの背中を押してくれます。

●健康維持のための願いごとの例

「軽い運動、ひとりで静かに過ごす時間、仕事、家族と過ごす時間、余暇、そして○○の時間を含む、バランスのよい日課を送るわたしになりたい」

「すべてのことに愛と癒し、そして感謝の気持ちを持って取り組んでいけますように」

「自分の体をあるがままの姿で受け入れ、いたわれるわたしになりたい」

「健康を増進する呼吸法を、日常生活に取り入れたい」

「いつでも健康で、意欲とエネルギーにあふれているわたしでいたい」

「サプリメントと運動で、どんどん若返っていきますように！」

「健康を維持できるよう、自分の体の面倒を上手に見られるわたしになりたい」

◆自分以外の人を癒す

新月の不思議なパワーは、他者に関する願いには発揮されませんが、その人を思うあなたには協力を惜しみません。その人が癒されるように、あなた自身が宇宙とその人の間に入り、癒しのエネルギーを仲介する願いの言葉を作りましょう。

●他者を癒す仲介者になる願いごとの例

「○○が健康を回復するのに役立つ情報を届ける仲介者になれますように」

「息子が健康を取り戻すために必要なエネルギーを注ぎこめる人になりたい」

「娘が元気になるために必要な情報がわたしのもとに集まり、最善の治療を受けさせてあげられますように」

「○○が健全な△△（食生活、運動の日課、検診など）を始めるように導く言葉をかけられるわたしになりたい」

「○○が健康になるために、役に立つ情報がわたしのもとに集まり、一緒に実践していけますように」

幸福

幸福は、わたしたちみんなが最終的に求めているものです。幸福には二つの面があり、一つは外的要因からもたらされます。たとえば欲しかったものを手に入れた時、富と名誉を得た時、理想の人間関係を得た時などです。そして内的要因がもたらす幸福とは、祈りや瞑想、自分よりも相手のことを考えた奉仕活動などを通じて、心の至上の喜びを経験することです。

◆幸福を実感する

幸福はある種の流れを持っていて、あなたが気づかなくても、いつでもあなたの心の中で脈打っています。この流れを意識できるようになると、意識と幸福を結ぶエネルギーが強くなり、日常の些細なことにも幸せを感じられるようになります。

●幸福をもっと意識するための願いごとの例

「心の中に存在する幸福感を、いつでも意識して味わいたい」
「この世に今生きていることの喜びを、毎日実感できるようになりたい」
「混乱の中にいる時でも、心は平穏で喜びにあふれている人になりたい」
「神（宇宙、大いなる存在など）がいつでもわたしを愛していることを理解し、感じ、体験できますように」
「いつでも喜びに満ちた開かれた心を持っていたい」
「いつでも笑いと安らぎを生み出すよう、常に意識して暮らしていきたい」

◆感謝

感謝する心は、わたしたちが先を急ぐ心にブレーキをかけ、身の周りにあふれるさまざまな豊かさに気づかせてくれます。ほしいものを手に入れた時でも、それを与えてくれた宇宙の愛と恵みを喜ぶのもつかの間、わたしたちはすぐに次の目標に向かって走り出してしまいがち。もしかしたら、それは潜在意識があなたに「心から喜んでしまうと、すぐあとから痛みがやってくるよ」と語りかけているせいかもしれません。あるいは、心が幸せを〝受け取れないモード〟になっているのかもしれません。身の周りにあふれる幸運に感謝することを覚えると、幸福感と愛情に浸ることができます。

●感謝の気持ちを促す願いごとの例

「わたしの人生にある豊かさの一つひとつに、いつでも感謝の気持ちを持てるようになりたい」
「地球や、母なる自然の恵みの美しさを、いつでも感じていられる人になりたい」
「人生にすでにあふれているさまざまな幸運に、感謝の気持ちを捧げたい」
「どんな時にも感謝を忘れず、それを言動に表せる人でありたい」
「周りにいる人々に、いつでも感謝の気持ちを忘れませんように」
「わたしに起きるすべてのことを、感謝の気持ちを持って受け止められますように」

◆幸福の創造

人にはそれぞれ違った価値観があり、何に幸福を感じるかもさまざまです。あなたが幸福を感じるのは何をしている時？　どんな環境にいる時？　幸せな気分に浸れることをする時間をたくさん作り、もっともっと幸福になりましょう！　新月の力を借りると、どんなことにでも幸福を感じられるようになります。

●楽しい活動をする時間を作る願いごとの例

「最大級の幸福を手に入れるため、リスクに臆せず挑戦できるわたしに変わりたい」

「創造力を発揮する時、喜びと高揚感を感じたい」

「少なくとも週（月）〇日は、趣味の△△をして過ごす時間を確保したい」

「どんな時にも、楽しいことをする時間を作れるよう、意識していられますように」

「わたしの〇〇（知識、ダンス、自己啓発、友だちなど）への情熱を満たせる環境を、積極的に作れますように」

「幸せな人生を歩むために必要なことを、一つずつ着実に実行できる人になりたい」

心の安定

新しいテクノロジーが次々と登場するなど、暮らしの変化が加速している昨今、わたしたちが抱えるストレスの種は増え続けています。それを発芽させるか、消し去るかは、意識の向け方次第。新たな情報や行動にばかり気をとられていると、スーパーマーケットに行くだけでひどく疲れることにもなりかねません。どんな状況下でも心の奥の静寂に焦点を合わせれば、あなたは外界に影響されず、静かな楽園に留まることができるのです。

◆天に身を委ねることで、心の安定を確保する

わたしたちの人生は、最終的には宇宙の大いなる存在に委ねられています。これを理解すると、自分の思い通りの結果を導こうとする緊張感が消えていきます。平和な心を得る道は、常に大いなる存在を信頼すること。困ったことや不快な問題の解決を天に任せ、今

目の前に起きている出来事に意識を集中して生きていくことにあるのです。

●ストレスを宇宙に吸収してもらう願いごとの例

「一度決めたことを、後であれこれ悩む性格を変えたい」
「他者のことをあれこれ詮索する癖を、すっかりなくしたい」
「人生を理解と許しと愛情という、一歩高い視点で捉えられるようになりたい」
「いつも心のどこかでささやかれている否定的な言葉が、二度と聞こえませんように」
「○○に対する怒りが宇宙に吸収され、二度と怒りにとらわれることがありませんように」
「他の人の悪いところが見えてもいらつかず、平常心を保てますように」
「問題が起きても、大いなる存在に身を委ね、泰然としていられるわたしになりたい」

◆「前向きな自分」をしっかり受け止める

2種類のエネルギーを融合させて、新たなエネルギーを生成するという意識の錬金術も、心の安定を得る手段の一つです。願いごとをすると、習慣化している否定的な考え方がそのベクトルを変え、前向きな発想へと変化していきます。

●肯定的な思考パターンを作る願いごとの例

「○○に関する不安が、強い癒しのエネルギーに包まれ、溶けてなくなりますように」
「人生はわたしを愛し、すべてはいい方向に向かっていると、いつも意識できるわたしになりたい」
「世界をわたしの理想に近づけていくよう、行動し続けたい」
「大いなる力が、わたしの人生のすべてに働いていることを、常に意識できますように」
「今持っているものを奪われることへの恐怖心が完全になくなりますように」

子ども

◆子どもをよい方向に導く

新しいコンピュータは、一定の環境が許容できるソフトウエアを記憶していきます。子どもの心は、まさに新しいコンピュータ。両親が示す考え方や価値観、励ましや条件づけなどは、子どもの中にどんどん記憶され、彼らの生き方に重大な影響を及ぼします。願いごとは、変わってほしいと願うあなたの言動に影響を与え、それが子どもの行動の変化を促すことになるのです。

●子どもの健全な生活を促す願いごとの例

「○○が宿題をきちんとするように導く言葉をかけられるわたしになりたい」
「○○の成績アップに役立つ最も効果的なサポートの仕方を知りたい」
「○○が夢を実現できるよう、的確な言動で精一杯応援できるわたしになりたい」

「○○が自分の人生を真剣に捉え、経済面で自立できるように促す言葉をかけられるわたしになりたい」
「○○の悪い癖をすぐに治すための的確な行動が取れる人になりたい」
「○○と心が通じ合い、力づけてあげられるような会話ができるわたしになりたい」
「○○の成績が上がり、充実した学校生活が送れるよう、○○の勉強を上手に見守れる母親（父親）になりたい」
「○○が△△の大切さに気づくように導く言葉をかけられる人になりたい」

◆衝動的・否定的行動を癒す

大人の怒り、嫉妬や批判、荒っぽさ、虐待などにさらされた子どもは、大人になった時に自分の子どもにも同じことをして、不健全な家庭のパターンを子孫に伝えていきます。加速している世の中の変化がもたらすストレスを、無意識に子どもたちにぶつけていると いうこともあるかもしれません。願いごとは、無自覚のうちに習慣化している望ましくない行動を押さえ、理想的な親になることを促します。

●子どもに対する否定的行動を減らす願いごとの例

「子どもに対する否定的で感情的な反応が、一切なくなりますように」
「○○に向かって怒鳴る癖を治したい」
「○○が正しく成長するように導く、最良の方法が浮かびますように」
「子どもに対して、いつでも養育者としての立場で接することができますように」
「息子が自分の意志で積極的に歩き始めるために、元気づける言葉をたくさん思いつきますように」
「担任の先生が子どもをやさしく導いてくれるように仕向ける言葉を、反発を招かずにいえるわたしになりたい」
「子どもが自分の力や強さをプラスの方向に活用できるよう、上手に導ける母親（父親）になりたい」

◆幸せな親子関係を作る

「ここが悪い」と弱点を指摘するより、お互いの長所に目を向けるほうが、ずっとよい結果を引き出します。それまでの関係を改め、愛と協力の深い絆を親子間に結ぶことは、何にも替えがたい財産となります。新月の力を借りて、幸福な親子関係を築きましょう。

●愛と信頼、協力のある親子関係を築く願いごとの例

「娘と互いに協力し合い、友情を感じられる親子になることを促す言動ができるわたしになりたい」

「娘が自分の生活上のことを喜んで知らせてくれて、オープンで幸福な親子関係を作る言葉をいえるわたしになりたい」

「○○ともっとスムーズな会話をするためにはどうすればいいか、教えてください」

「双方がハッピーになるような関係を、子どもとの間に築きたい」

「子どもを客観的に見つめ、親として正しい接し方ができるようになりたい」

「子どもたちが今よりもっと幸せになれるような言葉を、たくさんかけてあげたい」

「○○が幸福な人生を自ら選択していけるよう、適切な言葉で導いてあげられるわたしになりたい」

「○○の人生をコントロールしようとする欲求が、わたしの中から完全に消えますように」

コミュニケーション

◆真実のコミュニケーション

わたしたちの心にあることを他の人に理解してもらうのは、簡単なようで意外に難しいことかもしれません。相手から拒絶されたり、馬鹿にされたりするのが怖くて、本当のことをいえないということもあるでしょう。けれども本心を隠すことは、相手と本当に理解し合う機会を逃していることでもあるのです。願いごとは、あなたが自分の正直な気持ちを上手に伝え、相手と真の絆を築くことを促します。

●本音の会話を促す願いごとの例

「自分の意見に自信を持ち、双方のためになると信じて伝えられるわたしになりたい」
「わたしの表現力を、毒舌ではなくストレートで前向きに使えるようになりたい」
「自分の経験を言葉にして伝え、他者と分かち合えるようになれますように」

「周りの人々が本当のわたしを理解してくれるよう、的確な言葉を選んで使える人になりたい」
「気の利いたことをいえないかもしれないという恐れを完全になくし、適切なやり方で自分らしさを表現していきたい」
「自分の個性や本来の姿を、言葉で表現できるわたしになりたい」

◆コミュニケーション能力を向上させる

あなたの話すことが相手に正しく伝わらずに誤解されてしまうと、さまざまなトラブルを招きます。願いごとは自分の考えを伝える方法を変えたり、他者の考えを聞く姿勢に作用して、より楽しく機能的なコミュニケーションへと導きます。

●コミュニケーション能力を向上させる願いごとの例

「人の話から学べるよい聞き手になり、互いに理解し合えることを実感したい」
「友人に的確な質問をたくさんして、彼らのことをより深く理解できるわたしになりたい」
「相手がわたしを理解して、受け入れてくれるような会話ができますように」
「相手をコントロールしようとせず、自然に自分の気持ちを伝えられるようになりたい」

「気まずくなったらいつでも状況を変えられるよう、巧みな話術を身につけたい」
「相手がすんなりと受け入れてくれるよう、軽妙な語り口で意見をいえる人になりたい」
「他の人が喜んで協力したいと思えるような表現で、自分の希望や欲求を伝えられますように」

◆大切な人とのコミュニケーション

意見の衝突があったり、関係がこじれたり……時には、最も身近で大切な人との間で、特別なコミュニケーションが必要になることがあります。また、絆を深めたいのに、その方法がわからないという場合も。願いごとは、絶妙なタイミングで相手の心に響く言葉を伝え、あなたが望む絆や心の調和を得る近道を示してくれます。

●二人の調和を促す願いごとの例

「考えや気持ちを分かち合えるような会話を、○○と交わせるわたしになりたい」
「現状を打破するために、建設的で楽しい話し合いの場を作れるわたしになりたい」
「○○とわたしの双方が幸せを感じるためにはどうすればいいのか、知りたい」
「○○にいい過ぎたことを謝り、わたしの気持ちがきちんと伝わるような会話ができますように」

「○○と楽しく軽快な会話ができますように」

「二人がもっと親密になるために、どういうタイミングで話しかけたらいいのか知りたい」

「○○との関係で、自己破壊的な言動を一切しなくなりますように」

思考

考えていることは、現実の世界に形となって現れます。プラス思考はうまく行くためのルートをごく自然に見つけ、その過程を突き進んでいきます。マイナス思考をすると、目の前に展開する出来事の悪い面ばかりをピックアップしていくので、本来うまく行くはずのことでも、不慮の事故やがっかりする状況に遭遇し、悲しい思いをさせられるのです。

新月パワーは心のベクトルをプラスに変える、最も便利な〝道具〟です。あなたの人生にとって好ましいモノや現象をたくさん引き寄せるために、次のような願いごとで思考の転換を図りましょう。

●マイナス思考をやめる願いごとの例

「罠にはまって身動きが取れないという感覚を、二度と味わいませんように」
「自分自身と、自分以外のものに向けられた怒りを、すべて溶かしてほしい」
「自分や他人を過小評価する癖を治したい」

「失敗したら、そこから学んだことに意識を向けるように習慣づけたい」
「マイナス思考の習慣を、すっかり変えていきたい」
「優柔不断な性格が変わり、潔い自分になれますように」
「強迫観念に駆られて、誤った決断を下すことがなくなりますように」

●プラス思考を強化する願いごとの例

「何をするにも、明るく前向きな発想が浮かびますように」
「未来は明るいという展望を持ち、明日を楽しみにできる自分になりますように」
「プラス思考で現実を見つめ、適正な行動を起こしていけるわたしになりたい」
「人生に起きている変化はすべて自分のためになると、前向きに受け止められるわたしになりたい」
「一見マイナスに見える出来事が起きても、そこには必ず福音があると信じ、プラスの面を見逃さない人になりたい」
「予期しないことが起きた時、これは自分にとってどんなチャンスになり得るのかと、前向きな気持ちで受け止められますように」
「○○問題について、プラスの面だけを見ていられるわたしでありたい」

仕事

（「ビジネス」も参考にしてください）

仕事は、わたしたちの生活を左右する重要な要素です。仕事がないと、毎日やることがなくて退屈するかもしれないし、将来への不安からうつ病になる人もいます。逆に仕事に追われすぎても、生活のバランスが崩れ、生きている喜びを味わう余裕がなくなります。あなたの今の仕事が心から求める仕事でない場合、あるいは仕事に打ち込める環境にない時、ストレスが高じて、どこかにひずみが生じます。仕事が楽しくできる環境を整えることは、あなたの生活の質を大きく改善していきます。

◆新しい仕事を得る

仕事を選択する時、願いごとが役立ちます。あなたが望む仕事を得るチャンスを招き寄せ、面接でそつのない応対をするためにも、新月パワーを活用しましょう。

●新しい仕事を得るための願いごとの例

「神の叡智がわたしに流れ込み、能力が最大限発揮できる仕事を見つけて始められますように」

「わたしが心から気に入り、この会社のためにがんばろうと思える企業の一員になれますように」

「毎日が充実する仕事と巡り合い、その職を得るわたしになりたい」

「楽しくクリエイティブな職場に採用される言動が、面接でできますように」

「いい仕事を得て、幸福な人生を送るために必要なことを一つひとつ実行していきたい」

「○○（海外旅行など）を伴う、わたしの能力を発揮できる仕事に就けますように」

「○○との交渉がうまく行き、わたしにとって有利な条件で勤めることができますように」

「○○がわたしを雇い入れたいと願い、双方にとって好ましい条件で雇用契約が成立するように振る舞えますように」

◆現在の職場環境を改善する

「ここを変えれば、もっとよくなるのに」と気づいていても、ひとりの力ではどうにもできないと諦めていませんか? 新月の力を借りて、勇気を出して職場の環境を変えると、あなただけでなく、一緒に働くみんなも喜んでくれるでしょう。

●職場の環境を改善する願いごとの例

「オフィスの環境をよくするための具体的なアイデアが浮かびますように」

「オフィスでの立場が弱く、いつも疲れきっていて、自分からは何も始められないというネガティブな感覚がなくなりますように」

「ストレスを感じない仕事の仕方をマスターして、効率よくこなせるわたしになりたい」

「豊かで満ち足りた気持ちになれる地位に昇進するために、すべきことを知りたい」

「お金を得るためだけでなく、生きがいを感じて気持ちよく働けるような仕事を見つけ、能力を開発していけるわたしになりたい」

「仕事の効率を上げる技術や専門知識を習得できますように」

「ボーナスを奮発したくなるよう、○○に印象づけられるわたしになりたい」

「わたしの能力を求めるクライアントと出会い、互いにハッピーになれるビジネス関係が築けますように」

◆同僚とうまくつきあう

フルタイムの仕事を持っている人の大半は、週5日、毎日8時間以上を同じオフィスで過ごします。これほど多くの時間を一緒に過ごす同僚たちと、楽しく調和に満ちた関係を築くことは、あなたの人生の多くの時間を快適に過ごすことにつながります。仕事を楽しんで生き生きと過ごすには、同じ目的をもつ仕事仲間と支えあう思いやりのあふれる環境が不可欠です。

●同僚との関係をよくする願いごとの例

「自分がしてもらいたいことを、職場のみんなにできるわたしになりたい」
「前向きな姿勢で仕事に取り組める職場の雰囲気作りに、貢献できるわたしになりたい」
「職場の和を乱す○○に、嫌味にならずにそれを指摘できますように」
「仕事の効率を上げるために、チームのメンバーからの指摘をむかつくことなく、素直に受け入れられるわたしになりたい」
「仕事をスムーズにこなすために、チームメイトと協力し合える関係を築きたい」
「○○との誤解を解き、以前のように調和の取れたオフィスに戻すため、適切な言葉を伝えられるわたしになりたい」

◆経営手腕を磨く

優秀な経営者は、スタッフの全員が目指す共通の目標を明示し、彼らがやる気になるよう動機づけをして、仕事に励む体制を作ります。自らのやる気と熱意を示すことは、みんなをやる気にさせるよい方法です。スタッフ一人ひとりの状況や能力に気づき、エネルギーを上手に引き出しながら、チームワークを促しましょう。

●リーダーシップを磨く願いごとの例

「仕事の進め方を、身をもってみんなに示していけるリーダーになりたい」
「部下がわたしに忠誠心を感じ、支えようという気持ちになってもらえるように接していけますように」
「部下がついて来たくなるような、前向きなエネルギーを発するわたしになりたい」
「社員がみな能力を発揮して、共通の目標達成に向けてがんばりたいと思えるような社内の雰囲気を作りたい」
「部下に何かを要求をする時は、その前に彼らの功績を認め、ほめる習慣をつけたい」
「常に社員のことを考え、感謝していることを理解してもらえるリーダーでありたい」
「わたしのもとで仕事をしているスタッフ全員への、感謝の気持ちを忘れませんように」

◆ビジネス・プロジェクト

一つのプロジェクトで、それに取り組む各人の姿勢は、結果だけでなく、チーム全体の雰囲気も大きく影響します。嫌々仕事をするメンバーがいるだけで、その場の士気が下がり、仕事の効率も悪くなります。

●プロジェクトに前向きに取り組む願いごとの例

「○○プロジェクトを成功に導く行動を、常に取り続けるわたしでいたい」

「○○プロジェクトが立派に仕上がるよう、優れた能力を持つメンバーを集め、よいチームワークで作業が進められますように」

「わたしの考えを会議に参加した人全員がきちんと理解できるよう、的確かつスムーズにプレゼンテーションできますように」

「幅広い人々と効率よくコミュニケートできる○○（ファックス、電子メール、ニュースレターなど）システムを開発し、新規ビジネスの機会をたくさん発掘できますように」

「○○プロジェクトに対する、嫌だなあ、やりたくないなあという気持ちが吹っ切れて、楽しく明るく、積極的に取り組める自分になりたい」

自信

●不安を解消する願いごとの例

「自分が○○（年を取っている、能力がない、魅力がないなど）という劣等感をすっかりなくしたい」

「不安や心配に悩まされずに、日々穏やかに暮らせますように」

「わたしの中にあるすべての不安感を取り除き、戻ってこないようにしてください」

「○○に対するわたしの過剰な関心（心配）をコントロールしたい」

「傷つきたくないという過度な防衛本能がなくなりますように」

●自信を育てる願いごとの例

「人生のあらゆる局面で、健全な自信と自尊心を持っていられるわたしにな〜れ」

「相手に力を与え、自分にも自信がつくような意思表示ができますように」

「自分の能力を疑うことなく、あらゆることに自信を持って臨めるわたしになりたい」

「いつでも目の前の出来事に意識を集中でき、自信を持って対処していけますように」

「○○（仕事、学校、デート、趣味のグループなど）を、いつでもリラックスして楽しめ、自信を失わずにいられる自分になりたい」

「しかるべき時にリスクを冒し、自分の能力の限界を乗り越える自分でありたい」

「何をするにも安心感と自信を持って行動できますように」

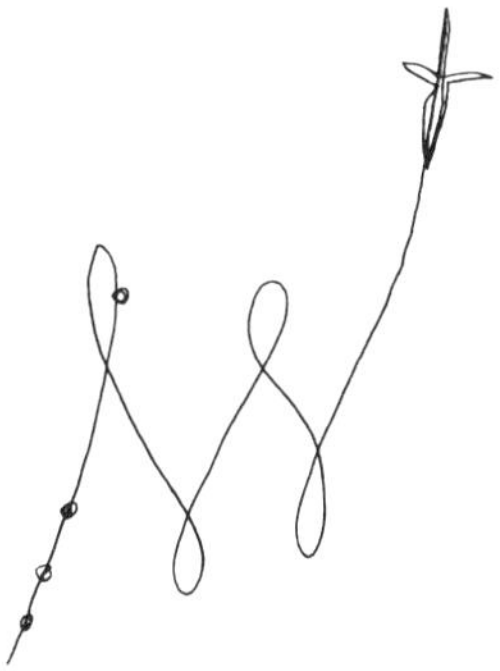

自尊心

◆自己否定をやめる

嫌味でない、健全な自尊心を育てる手っ取り早い方法は、自分を低く表現する（謙遜とは別）習慣をやめることです。自分を卑下する考えは心の中で増殖し、想像以上のダメージをあなたに与えます。あなたの人生にもっとたくさんの幸福が舞い込むように、自分を卑しめる重い影のある考えを、願いごとで追い出しましょう。

●自分を否定する考えを追い出す願いごとの例

「必要以上に自分を厳しく批判する癖をなくしてしまいたい」
「自分には生きる価値がないという自己否定めいた感覚が、一切なくなりますように」
「わたしは誰からも愛されないんだ、というマイナスの自意識が一掃できますように」
「死んだほうがマシ、死ねば楽になるかも、という発想を心の中から追い出せますように」

「〝わたしは悪い奴だ〟と、これからは考えないようにしたい」
「自分を卑下する癖を自覚して、治していける自分になりたい」

◆自尊心を育て、自分を好きになる

能力の範囲で、最大の努力をしている善良な人間だと自覚する――目標を立てて、それに向かって前進していくためには、こうした健全な自尊心が不可欠です。願いごとは、健全な自信を植えつけ、自分自身を信頼し、尊重できるあなたへと導きます。

●自己イメージをよくする願いごとの例

「これまでとは違った、新しい力にみなぎる自分のイメージを持てるわたしになりたい」
「健全で楽しい雰囲気の中で、常に自分のしたことを肯定し続けられる自分でいたい」
「自分の心と体を大切に扱い、尊重し、愛することのできる人になりたい」
「自分が好きになるための行動を、積極的に取れますように」
「自分の時間とエネルギーを大切にできるわたしに変わりたい」
「人生に健全な自尊心と平和をもたらす精神世界の価値観を、大切にできるわたしになりたい」

「人とのやりとりの中で、自分をもっと好きになるような言動をとれますように」

◆自分の価値を高める

もしも「自分は豊かな人生を送る価値がない」というネガティブな思いを潜在意識に抱いていているとしたら、豊かになろうと一生懸命努力をしても、その意識が〝何か〟を引き起こし、あなたは豊かさを逃してしまいます。何が正しくて、尊いことかを知り、それを実践することで自分を肯定する――自尊心はその行為の副産物ともいえるのです。

●自分の価値を認める願いごとの例

「自分にとって価値のあるものを、いつでもきちんと見極められるわたしになりたい」
「自分をよい人間だと思えるように、自身の良心に従った行動を、いつでもとれるようになりたい」
「自分をいい奴だと感じ、立派だとほめてやれるようになりたい」
「どんな状況にあっても、嫌味なく健全に自分を愛し、尊重できる自分でいたい」
「自分の美しさ、善良さを自ら認められますように」

社会的地位

●社会的地位に関する願いごとの例

「やっと勝ち取った現在の地位で、実績を上げられるわたしになりたい」

「誰から見ても、わたしの地位がもっと上がるべきだと思われるような業績をあげたい」

「社会的地位や肩書きだけで、人を判断しがちなところを改めたい」

「現在の社会的地位に心から満足し、よくやったと自分を誇れるようになりたい」

●世間の評価に関する願いごとの例

「自分の人格を磨くように常に心がけ、その結果、名誉ある評判が得られますように」

「評価が上がるよう、自分の能力を周囲にアピールしていきたい」

「自分の評判がやたらと気になる性格を変え、大らかに受け止められるわたしになりたい」

「わたしの評判が上がり、幸せを感じるための効果的な方法を知り、実行したい」

「人々の役に立ち、感謝される人になりたい」

習慣(悪い)

否定的な思考パターンや悪癖は、あなたが求める人生の目標達成の障害となります。困ったことに、多くの場合、それらが障害となっていることを自覚すらしていません。新月パワーの願いごとは、悪い習慣を解消して、着実に夢に近づけます。

◆否定的に考える習慣を断つ

否定的な考えは、あなたが求めるものを真っ向から崩しにかかる、最も忌むべき敵です。もしも罪悪感に苛まれていたら、潜在意識はあなたが幸福になる価値のない悪人だと判断し、望む状況を自ら遠ざけてしまいます。この場合、罪悪感を取り除かない限り、心から満足の行く幸福を味わうことができません。

●否定的に考えるパターンを断つ願いごとの例

「心配や不安は、すべて吹き飛んでしまえ」
「潜在意識に植えつけられている罪悪感は、みんな溶けてなくなってほしい」
「自分が幸せになることを阻む要素が、すべて消えてなくなりますように」
「トラブルを自ら引き寄せるような言動を一切しないわたしになりたい」
「自分や他者を辛らつに批判する癖をなくしたい」
「目標達成を阻む障害すべてを、わたしの中から取り除いてほしい」
「自己嫌悪と、今日限りで決別できますように」
「自分を大切にしない悪習慣をすっかりなくしたい」
「わたしの中にあるすべての悲しみが、消えますように」
「自責の念ではなく、ベストを尽くしたことに焦点をあてられるわたしになりたい」

◆否定的な行動を改める

怒り、忍耐力の欠如、精神批判、気まぐれなどが引き金となって、否定的な反応が引き起こされることがあります。願いを込めることで、あなたの気づかない否定的な行動のパターンを断ち切り、自らを苦境に陥れる言動を減らしていきましょう。

●否定的な言動パターンをなくす願いごとの例

「怒りを感じたら、それをすぐに建設的なエネルギーに変えられますように」

「自分の足を引っ張る頑固さを治したい」

「他人の評価を下げるために、意図的な噂話をするわたしがいなくなりますように」

「短気なわたしから気の長いわたしへと変身したい」

「感情を爆発させて、自分の思い通りにしようとする悪い癖を治したい」

「○○（不平不満をいう、人の悪口をいうなど）習慣が消えますように」

「すぐに○○（つむじ曲がり、悲観主義者など）的に反応する習慣を改めたい」

「相手を批判しているような印象を与えずに、意見をいえる人になりたい」

◆よい習慣をつける

行動パターンを変えるには、新たによい習慣を日常に取り入れるという方法があります。

●新しい習慣を始める願いごとの例

「○○（テレビを見ること、ネットサーフィンをすることなど）への興味が薄れ、自分を好きになるような時間の使い方ができるようになりたい」

「今日から自分を○○（ノンスモーカー、酒を飲まない人など）としてとらえるようにしたい」

「○○（タバコを吸う、配偶者と口げんかをするなど）習慣は当分お休みし、できれば完全にやめられますように」

「○○（飲酒、過剰睡眠、爪を噛むなど）の癖は、△△という習慣に差し替えたい」

信頼

問題が起きた時、大いなる力（宇宙の摂理）の存在を信じるか否かで、あなたのものの見方や対処の仕方に大きな違いが生まれます。最終的に天があなたを守ってくれると信じていれば、現状が苦痛を伴うものだったとしても、いずれ解決・好転すると、明るい展望を持てます。目の前で展開することにあまり抵抗することなく、冷静に受け止めることができれば、苦痛もそれほど感じずに済むはず。大いなる力を信じることは、あなたの苦しみを和らげる働きを持っているのです。

●楽観主義と信頼を促す願いごとの例

「不安を明るい展望に変えられるわたしになりたい」
「高次の自我と直感を信頼し、いつでもそれを意識していられるわたしになりたい」
「決して自分を疑うことのないわたしになりますように」
「どの人が信頼でき、どんな状況がわたしを成長させてくれるかを、はっきり見極められる人になりたい」

「人生に起きる変化は、すべて自分が選んだことで、わたしのためになることなのだと考えられるようになりたい」

「あがきながら必死に道を選ばなくても、宇宙はわたしのためになるシナリオを用意していてくれるのだから、大いなる力を信じて、変化する毎日に身を任せるという姿勢を常に保てるわたしになりたい」

睡眠

●不眠症を解消する願いごとの例

「毎晩ベッドに入ったら、天の無条件の愛を感じつつ、深い眠りに落ちていくわたしになりたい」

「不眠の不快症状がすべて消えてくれますように」

「眠っている時、不快な夢を見ることがありませんように」

「アストラル界の悪いエネルギーがわたしの睡眠を邪魔しないよう、ネガティブなエネルギーを遮断できますように」

「毎晩、わたしの頭が枕に触れたら身体と心がリラックスして、30分以内に健全な眠りへと導かれますように」

「毎晩きっちりと○時間の睡眠が取れますように」

「夜眠っている間、わたしの周りに天使が留まり、安眠を守ってくれますように」

「わたしの安眠を妨害する数々の心配ごとが解決し、寝る時に悩むことがありませんように」

●過剰睡眠を減らす願いごとの例

「悩みから逃げるために、睡眠過剰になる癖を治したい」

「毎晩○時間の睡眠で、心も体もすっきり回復できますように」

「ぐずぐずベッドに留まることなく、元気に行動を開始できるわたしにな～れ」

●健全な睡眠パターンを築く願いごとの例

「健全な深い睡眠をきちんと取り、翌朝には元気に活動することを習慣化したい」

「規則的で健康的な睡眠パターンを作りたい」

「ウイークデイは毎朝○時には、元気一杯で目覚められるわたしになりたい」

「毎晩遅くとも○時にはベッドに入る習慣がつきますように」

ストレス

21世紀の社会に暮らすわたしたちにとって、ストレスは諸悪をもたらす侮れない存在です。汚染物質で日々劣化する環境に暮らし、次々と導入される新しいテクノロジーは、わたしたちの生活の場を電磁エネルギーで乱しています。こうした環境によるストレスに加え、人間関係や常に時間に追われていることなど、ストレスを生む要因は枚挙に暇がありません。ストレスの扱い方がわかれば、日々の暮らしの中で、これまでよりずっと平和で調和した環境を作ることができます。

●ストレスと上手につきあう願いごとの例

「何でも深刻に考えがちな性格を改め、楽観的な人に生まれ変わりたい」
「他人に任せておけばいい問題にまで、手を出さずにいられない性格を変えたい」
「○○問題を、ストレスを感じることなく、楽しみながら解決できるわたしになりたい」
「ストレスを溜めずに生きていくために、瞑想の習慣をつけられますように」

「ストレスの少ない生活をするために、ものごとの精神的価値を見失わない生き方を身につけたい」

「ストレスを解消するために、○○（散歩、ジムに通うなど）の習慣をつけたい」

「安定した心を常に保てるよう、精神世界の知恵をたくさん学びたい」

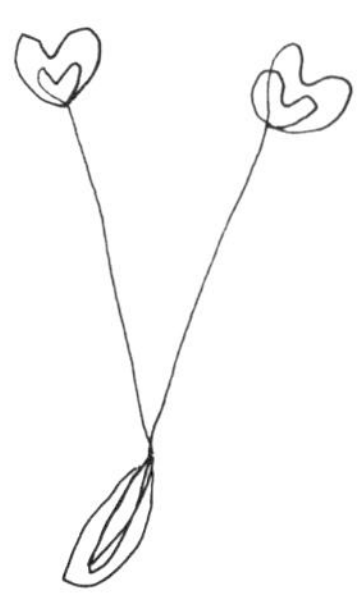

成功

◆成功を手中に収める

心がいつでも成功を求めていれば、その人の元に成功は何度でもやってくるでしょう。成功のパターンを作るにはまず、あなたの中にある障害を取り除くことが必要です。

●心を成功モードに調整する願いごとの例

「どんな状況でも、必ず成功すると信じて行動できますように」
「すべてのことに主体的に取り組めますように」
「○○の分野で、責任を引き受けることに抵抗を感じない自分になりたい」
「○○の分野でしかるべき目標を作り、迷わず進んで達成できるわたしになりたい」
「○○を成功させるための、明確な指針が持てますように」
「何をするにも、楽しみながら成功させることができると考えられるわたしに変わりたい」

●成功する発想を促す願いごとの例

「新しいアイデアに抵抗する、頭の固い自分を変えたい」
「夢を実現させる革新的なアイデアが、たくさん浮かびますように」
「新月の日に送った願いがすべてかなっても、戸惑うことがありませんように」
「自分の能力を今一つ信じられない自分を追い出したい」
「成功の裏にあるよくない副産物を、決して恐れない自分になりたい」
「失敗したらどうしようという恐れに、決してひるまないわたしになりますように」

◆発想を行動に移す

どんな願望も、行動が伴わなければ達成できません。あなたが描く成功を手中に収めるため、願いごとはあなたの背中を押して、行動に移すサポートをしてくれます。

●発想を行動に移す願いごとの例

「○○で成功するために、すぐに行動を起こす自分でありたい」
「求める成功の形がはっきりと見えてくるように、適切な行動を取れる人になりたい」
「幸せな生活を実現するために、必要なものを自ら求めていく姿勢を身につけたい」

「わたしの人生にぜひとも必要な、〇〇という目標を達成できますように」

「本来あるべきわたしの姿や運命に合致した行動を取っていけますように」

「夢を最短で実現する行動を、着々と起こせるわたしになりたい」

「成功することのプレッシャーに打ち克ち、もっと先の、もっと大きな成功を目指していける自分にな～れ！」

◆機会をモノにする

成功は、好機《チャンス》を見極め、すかさず行動できるかどうかにかかっています。たとえばあなたが家を購入したいと真剣に考えていると、周囲は売りに出されている家の情報や、引越しをしようとしている人の話を、あなたに持ちかけてくるものです。アシスタントを一人雇い入れたいと考えていれば、あなたのもとで働きたい人が、どこからか現れるものです。どんな機会を求めているのかを具体的に自覚し、好機と見たらすぐに行動することは、成功への道を開く重要なポイントです。

●成功の機会を見極める願いごとの例

「ものごとの最良のタイミングを知り、好機を活かせるわたしになりたい」

「先回りしようとせず、目の前の仕事に集中することで、着実に目標に近づけますように」

「雑事に追われることなく、上手なタイムマネージメントができるわたしになりたい」

「目標を達成するために協力してくれる人々と出会い、ともに歩んでいけるわたしになりたい」

「〝得られること〟より〝貢献できること〟を重視できる人になりますように」

「関わる全員がプラスになる機会が訪れたら、迷わず進めるわたしになりたい」

誠実さ・自分らしさ

誠実さとは、倫理観や道徳観、信条、理想や夢など、わたしたちが日頃大切にしているものに従って生きることを指します。誠実さを貫くということは、あなたの偽りのない考えを体現することなので、時として孤立してしまうこともあるかもしれません。お金や名誉がほしい、人と違うことはしたくない、愛する人に受け入れてほしい……自分らしさの基本ともいえる信条や哲学に従おうとする時、その決意を萎えさせる別の欲望による誘惑は尽きません。願いごとは、矛盾した欲望に迷う時、あなたらしさを見失わないように働きかけるだけでなく、本当に大切なものを、勇気を持って守り抜く力を与えてくれます。

●**自分らしくあるための願いごとの例**

「敵意や反発を招くことなく、自分らしさを表現できるわたしになりたい」
「わたしの本当の姿を知り、自分らしく生きることができますように」
「人と接する時、いつでもわたしの本質が現れるような接し方をしたい」

「自分に正直でいることへの恐怖心が、すべてなくなりますように」

「わたしの良心と矛盾しない言動が、いつでもできるようになりたい」

「わたしの真の姿や欲求を、はっきり周囲に伝えられますように」

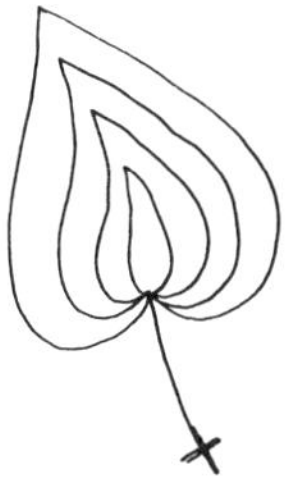

精神世界のサポート

精神世界からの協力はさまざまな形で訪れます。あなたのカウンセラー、教師、宗教のリーダーなど、身近な人を通じてやってくる時もあれば、直感やビジョンとして、宇宙の叡智があなたの心に直接下りてくることもあります。

◆カウンセリング

至福を実感するには、それを自ら妨害する心のパターンを持っていないかどうか、きちんと見極めることから始めなくてはなりません。それが内在する場合、臨床心理士や心理分野の専門的な指示を仰ぐことも必要ですが、もっと大切なのはあなたのことをよく理解し、あなたが癒されることを心から望んでくれる人を見つけることです。

●カウンセラーやヒーラーを招き寄せる願いごとの例

「わたしの○○（問題）を解決するにあたり、相性のいい○○（カウンセラー、ヒーラーなど）と出会い、治療を始められますように」
「わたしの心の準備ができ、カウンセリングの効果が上がりますように」
「○○（目標）を達成するために、最良の形で導いてくれる先生（人）と出会い、着々と前進していけますように」
「守護神から聞いたわたしの魂が進むべき道を、正確に伝えてくれる人と出会い、理解を深められますように」
「わたしがこの世に生まれた目的を、達成できるように導いてくれる人と出会い、学び、成長できますように」

◆精神世界の指導者

自分では判断できずに、〝神〟からの答えを求めたいと思うことはありませんか？　そんな時、あなたのそばにいる守護霊、天使、あるいはあなたの信条を通じて、宇宙の叡智にアクセスしましょう。

●精神世界と交信する力を養う願いごとの例

「○○（幸福な恋愛をするなど）のために、わたしの守護霊からの指示を全部受け止められる能力をお与えください」
「喜びと迷いのない心を維持できるよう、真実を見極められる能力がほしい」
「幸福な未来を実現するために、宇宙の大いなる流れに調和する力を得たい」
「近くにいる天使に導かれて、自分にふさわしい道を歩んでいけますように」
「直感を正しい方向と信じて、従えるわたしになりたい」
「守護霊とつながり、自分が進むべき道を着実に進んでいける自分になりたい」

◆精神性の自覚

わたしたちは肉体だけの存在ではなく、死を超えた魂の世界にも生きる永遠の存在です。魂（高次の自我）は、わたしたちが本当に求めるものを手に入れる方法、進むべき人生の航路を知っています。ですから心の耳を澄まし、魂の動きをじっと観察することはとても大切です。

●魂（高次の自我）を開放する願いごとの例

「ものごとを始める最善のタイミングを見極める感受性を身につけたい」

「人生がより完全なものになるよう、高次の自我の声に耳を傾け、それに導かれて生きていきたい」
「常に天使とコンタクトをとり、よりよい道を選べるわたしになりたい」
「何をするにも自分の内なる声を意識して、自分らしい人生を選んでいけますように」
「わたしの魂の使命をはっきりと理解し、それを行動に移していけますように」
「霊性に目覚めて宇宙のエネルギーをもらい、生き生きと暮らしていきたい」

◆天使のサポート

行き詰った時には、あなたのそばにいる天使の力を借りることもできます。願いごとはあなたの魂の叫びを精神世界の存在に伝え、天使や守護霊による霊的なサポートを引き出します。

●精神世界の力を借りる願いごとの例

「人生の変化は、すべてわたしにとってよい方向へと展開しているのだと、どんな時にも信じていられますように」
「わたしの○○（飲酒、喫煙など）問題をスムーズに解決するために、大いなる存在のお

導きがありますように

「いつでも大いなる力を身近に感じ、自分の能力を自ら限定してしまうことがなくなりますように」

「問題を独力で解決しようとせず、達観して天に任せる姿勢を忘れない自分になりたい」

「○○問題について、大いなる力が働き、いい結果に導かれていきますように」

「わたしの○○（人間関係、仕事、財政など）問題で、天使や守護霊が示してくれた名案を受け止め、それに基づいて行動できるわたしになりたい」

世界平和

世界平和は、今地球上に生きる多様な民族が共存するための切実な課題であり、それなくしては真の豊かさは得られません。また、ストレスの多い現代社会を生きるわたしたちは、地球上の平和だけでなく、心の中にも平和を実現したいと願っています。人生の航路を迷うことなく、宇宙と一体化して進んでいくには、平和で静かな心が欠かせません。

◆世界平和と心の平和

わたしたち一人ひとりが世界平和に貢献する方法の一つは、自分の心の中を平和にすることです。あなたの考え方や生き方、ものごとへの姿勢が変われば、周りの人も変わっていきます。そしてその変化の波が世界中に波及すれば、世界が丸ごと変わるのです。

●心に平和をもたらす願いごとの例

「毎日をもっと平和な気持ちで過ごせますように」
「世界中の人々を自分の家族、兄弟姉妹だととらえることができるわたしになりたい」
「自分と他者とを切り離すものや、他者が脅威だという観念がなくなりますように」
「わたしの人生に現れたすべての〝兄弟姉妹〟たちとの一体感を、常に実感していたい」
「人類すべてに愛と思いやりを持ち続けるわたしでありますように」

◆世界平和を促す行動

あなたがある出来事にどう反応するかは、周りの人々に大きな影響を与え、さらに地球の波動にも影響します。短気、いらだち、批判、不寛容、他者の非難、悲観主義、そして偏見などに基づいた対応をすると、自分が他者よりも上か下かという発想にとらわれ、孤立し、何らかの形で対決や戦いを迫られることになるのです。逆に、愛情と寛容の気持ちで受け止める時、その愛のエネルギーは周りに広がるため、あなたは世界を平和な住処にする動きに、積極的に貢献したことになるのです。

●愛で応じるための願いごとの例

「ものごとを破壊する傾向を、わたしの中から消してください」

「人々の心に平和をもたらす姿勢で、生きてゆけますように」
「自分自身がいつも平和でいることで、世界平和のイメージの原型を示したい」
「世界に平和をもたらすために、わたしにできる行動を起こせますように」
「誰かが戦いや対立を呼びかけたら、すぐに調和をもたらす代案を提起し、不和から平和へと目を転じさせられる人でありたい」
「対話をすることで、対決から相互理解への道を開ける人になれますように」
「誰かと対立しそうになった時、平和的な解決方法を模索できるわたしでありたい」

◆世界平和プロジェクト

身近なところで、そして国際的な組織を通して、より平和で住みやすい世界を作る活動が、各地で起こっています。あなた自身のためになる社会貢献の機会を見つけ、あなたの才能が生かせる活動に参加するために、新月パワーを活用しましょう。

●人道的な活動に参加する願いごとの例

「平和のために何かしたいと思いつつ、先延ばしにしているわたしを変えたい」
「世の中を平和にするために、わたしにできることを知りたい」

「世界から飢えた子どもたちをなくすために、自分にできることを積極的にしたい」
「自分を生かせる世界平和を促進する活動に参加して、さまざまなことを学びたい」
「わたしの理想の環境を作るためのコミュニティ活動に参加したい」

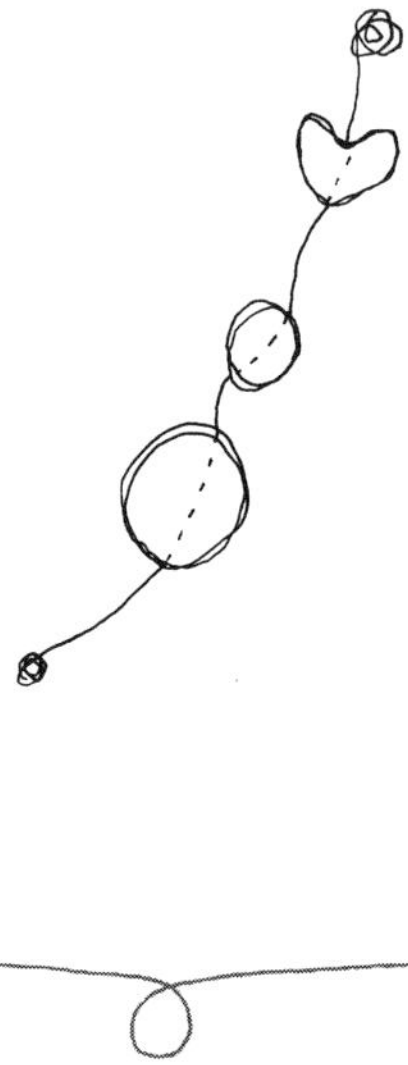

積極性

●積極的な行動を促す願いごとの例

「自立した行動を積極的に取れるわたしになりたい」

「周りの人がわたしの意見を認めてくれるように、建設的な自己主張ができるようになれますように」

「前向きな変化を起こすために、積極的な行動ができるわたしに変わりたい」

「ゲームをするように楽しみながら、イニシアチブを取れる人になりたい」

「最終的に自分のためになる行動を、無意識のうちに起こしていけますように」

セックス

◆性的関係を充実させる

努力なしに、満足な性的関係を長いこと維持するのは困難です。伸びやかで満ち足りたセックスをパートナーと楽しむために、願いごとで心のわだかまりや躊躇する気持ちを取り除いていきましょう。

●性的敏感さを促す願いごとの例

「二人のセックスライフが充実していくように、パートナーがわたしに触れてきたら、それに敏感に応えていけるわたしに変わりたい」

「○○と一つに結ばれる感覚を大切にして、それに至るエネルギーを敏感にキャッチし、調和できるわたしになりたい」

「○○とのセックスが、もっと楽しく喜びにあふれる経験になりますように」

「○○とのセックスを楽しむことを阻むものを、すべて取り除いてほしい」
「わたしの性的満足感を高めるのに必要なことを、相互理解が深まる表現で、○○に伝えられますように」
「親密さを実感する喜びを味わえるように、絶頂に達しなくてはならないという義務感を持たずに抱き合いたい」

●相手を上手にベッドに誘う願いごとの例

「二人の愛と性的親密さが増すよう、パートナーを喜ばせることが上手な自分になりたい」
「パートナーが喜んでくれるようなセックスに誘うテクニックをマスターしたい」
「週○回以上は、パートナーと二人だけの時間を持ち、ロマンチックで充実した時間を過ごせる自分になりたい」
「パートナーのいちばん敏感な部分に、優しく触れることのできる自分になりたい」
「充実したセックスライフが送れるように、優しく相手を導く言葉をかけられるわたしになりますように」
「パートナーの官能的な喜びをもたらす性感帯を見つけ、セックスライフを充実させられるわたしになりたい」

◆セックスへの恐れを解消する

あなたの心の奥にあるセックスへの恐れが、心身の満足感を阻むことがあります。自覚していない不安を取り除くには、願いの力を活用をするのが最も効果的です。

●性に関する恐れを解消する願いごとの例

「過去の性的虐待で味わったつらい思いを心の中から追い出して、セックスに対する恐れを取り除きたい」
「性的に親密になれるよう、わたしが抱いている性に対する恐れをパートナーに忌憚《きたん》なく話し、温かく包んでもらえますように」
「セックスの間、意識をそこに集中させ、満たされる喜びを心ゆくまで味わいたい」
「性的な欲望を抑圧することがありませんように」
「セックス面で、相手から拒絶されることへの恐れをなくしたい」
「セックスに関するあらゆる恐れを、わたしの中から追い出したい」
「わたしの中にある、セックスへの罪悪感を捨ててしまいたい」
「○○（不感症、インポテンツなど）への恐怖を取り除いてほしい」
「パートナーが官能的喜びを堪能していることを、肌で感じられますように」

◆性的魅力を増幅する

性的な自信を増すのに最も効果的なのは、異性にほめられること。セックスアピールも一つのエネルギーで、このエネルギーは願いごとにより増幅していきます。

●性的魅力を増す願いごとの例

「明るく健康的なカリスマ的魅力を、異性関係で発揮したい」

「以前のように、○○がわたしに性的魅力を感じるような言動ができますように」

「自分の魅力や美しさを、たくさん発見できるわたしになりたい」

「わたしが魅力を感じる異性に対して、その人が気持ちよく感じるようなエネルギーを発せられますように」

「ときめきを感じる人が気に入るような服装を、無意識のうちに選んで着ているわたしになりたい」

「他の人が退《ひ》いてしまうような言動は、一切取らないわたしに変わりたい」

創造力

●創造力を活性化する願いごとの例

「わたしの創造力を自由に解き放ち、幸福と喜びを味わいたい」

「○○（創造的な趣味、仕事など）を、週に○日以上はできるわたしになりたい」

「わたしの創造力で、周りの人を喜ばせられるようになりたい」

「自己表現をすることの喜びを経験したい」

「わたしの情熱的なエネルギーを、生産的で創造的な活動に生かせますように」

「わたしが創造力を発揮することを阻むすべてのものが、自然になくなりますように」

「○○に関するわたしの才能を開発できるクラスに参加できますように」

「他の人がテレビを見ていても気を散らせることなく、もっと創造的なことに没頭できるようになりたい」

「○○（芸術、絵画、作文、ダンスなどの創作活動）で、わたしの個性を輝かせたい」

ダイエット

（「運動」も参考にしてください）

ダイエットに関する願いごとは、あなたが理想体重へと至るプロセスのどのあたりにあるかによって、願うべき内容が異なります。当面の目標（体重を減らす、食生活を変える、運動の習慣をつけるなど）が達成されたら、新たなステージに見合った自分のイメージを受け止め、定着させるという内面での作業も行わないと、バランスを崩してリバウンドを起こします。どのレベルでも、以下にあげる項目の、少なくとも一つはあてはまります。状況に合ったものを複数、リストに入れましょう。

◆理想体重を実現する

理想体重を目指す過程で、実現を阻む心の障害物を取り除くこと、食生活や運動の習慣を変えることなど、さまざまな課題を解決しなくてはなりません。望む体重とプロポーシヨンを手に入れるまで、根気よく繰り返し願い続けましょう。

●理想体重を実現する願いごとの例

「体重が〇〇キロで、しかも健康で美しくいられるわたしになりたい」
「理想体重になるまでダイエットに前向きに取り組み、絶対挫折しませんように」
「自分が好きでいられるよう、理想体重をずっと維持できますように」
「体力、体調ともに良好で、スリムな体になるための行動を、次々に起こしていけるわたしになりたい」
「あるべき筋肉がしっかりつき、ぜい肉のない引き締まった健康な体になるための行動を、次々にとれるわたしになりたい」
「不安を感じると過食に走る傾向が、すっかりなくなりますように」

◆食欲を抑制する

挫折を招く大きな要因の一つは、好きなものを食べる習慣を変える難しさ。甘いもの、脂肪分の多いもの、でんぷん類や塩分の多いスナックなど、どれもダイエットの大敵です。新月の力を借りて誘惑から逃れ、理想体重を実現・維持しましょう。

●食欲を抑制する願いごとの例

「食べ過ぎる傾向を抑え、腹8分目の鉄則を守れるわたしに変身したい」
「ドカ食いを二度としないわたしになりたい」
「甘いものについ手を出してしまう習慣が、自然に消えていきますように」
「○○への食欲が完全に消えてしまいますように」
「脂肪分の多い、太りやすい食べ物が嫌いになりますように」
「夜遅くなってから夜食を摂る習慣を、すっかりなくしたい」
「食べ物を口に入れる時、自分は今何をどの程度食べているのかきちんと把握して、無意識に食べ続ける習慣をすっかりなくしたい」

◆心の抵抗を取り除く

より女性的（男性的）になること、目標達成を周囲から期待されることなどに対する抵抗感や嫌悪感、恐れを抱えていると、努力の成果が上がらない場合があります。こうした潜在的な障害物を取り除くことも、目標達成の大事なステップの一つです。

●潜在する抵抗を取り除く願いごとの例

「潜在意識に抱えている体重を減らすことへの抵抗感がなくなりますように」
「自分で立てたダイエット計画の実行を阻むものが、すべてなくなりますように」
「セルフイメージが向上して健康にもなる、新しい食習慣を身につけたい」
「以前のようにスリムで美しい体型を取り戻すことへの恐れを潜在意識から追い払えますように」
「理想の体型を得たら、その自信をベースに内面の美しさを磨いていけますように」

◆健康にいい食品を好きになる

望ましい体型を維持するには、二通りの方法があります。一つは運動を含めたダイエットを習慣化すること。もう一つは太らない食品を日常的に主食とすることです。ローファット、ローカロリー食品を好きになれないと、やがて以前の食生活に戻り、リバウンドするのは明らかです。願いごとで、従来の食へのこだわりや思い込みを変え、理想体型と健康を維持する食生活を、体が求めるようにできます。

●健康にいい食品が好きになる願いごとの例

「自然に近い健康食品で、カロリー、脂肪分の少ないものをおいしく感じ、そういうものだけを食べるという食習慣に、すんなりと移行できますように」

「新鮮な野菜が大好きになり、それを中心にした食習慣に変えたい」

「理想体重を維持できる食材を、常に選べるわたしになりたい」

「たくさんの量を食べなくても、満足できるようになりたい」

「健康によい食事を作ることが楽しみになりますように」

楽しむこと・楽しみ

日常の義務からほんの一時でも解放されて、楽しいことをすると、いい気分転換になります。楽しいことをすると、あなたの中にある子ども心や遊び心が元気になります。日常の仕事に遊び心を取り入れる時、また毎日新しいことを見つけて生きている喜びを感じる時、あなたの中にあるエネルギーが輝きを増します。

◆喜びと楽しみを経験する

わたしたちの周りには生命、愛、喜びを感じる機会があふれていますが、それを受け止めるオープンな気持ちがなければ、存在しないも同然です。その存在に気づくようになると、あなたの人生は大きく変わるはずです。

●喜びと楽しみに気づくための願いごとの例

「日々をもっと楽しく幸福に過ごせるように、わたしの中にある子どものような純真さや好奇心を活性化させたい」
「楽しく喜びに満ちた人生を阻むものを、わたしの中からなくしたい」
「人生は楽しい冒険だと実感する毎日を過ごせますように」
「恍惚とするほどの喜びを、健全な方法で経験したい」
「自分を抑圧することなく、のびのびと楽しい毎日を送りたい」
「日々の暮らしに、さまざまな楽しい要素を取り込んでいきたい」
「いつでも楽しいことを見つけ、人生を楽しんでいるわたしでありたい」

◆楽しいことをする時間を作る

仕事を一生懸命やるのはいいけれど、時には遊ぶことも必要です。願いごとのリストに入れておくと、仕事オンリーになっている頭のどこかで眠っている、遊ぶための時間を作ろうとするエネルギーが活性化します。ここでは活動例としてダンスを挙げていますが、あなたにとっての楽しいことに変えて、願いの文を作りましょう。

●楽しいことをする時間を作る願いごとの例

「わたしを解放し、喜びを味わわせてくれる旅ができますように」
「一緒に（ダンスのレッスン）を楽しめるよう、○○を誘う上手な方法を知りたい」
「（ダンスクラス）に登録し、思い切り楽しい時間を過ごせるわたしになりたい」
「楽しい（ダンス）のイベントに、定期的に参加するわたしになりたい」
「わたしが喜びを感じられるような目標を持ちたい」
「毎月○回、○時間以上は、楽しい経験をするための時間を取れるわたしになりたい」
「日々の暮らしで、楽しいことをする時間を少しでも確保できるわたしになりたい」
「定年退職後、どうすれば楽しい時間を過ごせるか、今から情報を集めておきたい」

食べ物

◆料理

健全な食生活に不可欠なのが料理。料理することを楽しめるように、潜在意識にある苦手意識や抵抗感を、願いごとで取り除きましょう。

●料理好きになる願いごとの例

「わたしと○○のために、ヘルシーな食事を楽しみながら作れるようになりたい」
「健全な食生活にするために、必要な努力を惜しまないわたしでいたい」
「料理に関する苦手意識をなくしたい」
「食事を用意する過程を楽しめるわたしになりたい」
「おいしくヘルシーなごはんを、上手に作れるわたしにな〜れ」

◆健全な食生活を守る

レトルト食品やファーストフードばかり食べていると、長い間には体に悪影響を及ぼすこともあります。新月の力を借りれば、食事の嗜好を魔法のように変えて、健全な食物を選べるようになれます。

●健全な食生活を促す願いごとの例

「体にいい食品だけに食欲を感じ、そういうものだけを食するわたしになりたい」
「ジャンクフードやコンビニ弁当などを、無性に食べたくなることがなくなりますように」
「わたしを太らせるケーキやクッキー、ペストリー類を食べたいと思う欲求がなくなりますように」
「いい意味でのプライドを持てる体を作る食生活を送れますように」

◆食品に対する姿勢

時として、食事は愛情や安心感、満足感などが得られないことの代替行為として、不健全に求められることがあります。願いのリストに繰り返し入れておくことで、感情面のバランスを崩した時でも過食の誘惑を抑え、健全な食生活を確保することができます。

●感情の乱れから過食に走らない願いごとの例

「食物を、〃無意識〃に口にしていることがなくなりますように」

「感情の乱れを、やけ食いで補おうとしないわたしに変わりたい」

「感情面で満たされることと食事を結びつける癖をすっかりなくしたい」

「夜○時以降は、決して食物を口にしない、意志の強いわたしになりたい」

友だち・友人

バランスの取れた楽しい毎日を送るために、友は欠かせない存在です。忙しい現代の生活では、仕事と家庭の往復に終始して、なかなか友人と過ごす時間が見つけられない人も多いでしょう。友人と疎遠になることはあまりにも簡単で、会わない時間が長引くほど両者の間の絆も失われがち。友はあなたに、ものごとの別の見方を教えてくれ、さまざまな気づきを与えてくれます。新月パワーは、新鮮な洞察力、協力、喜びや絆をもたらす友人を作ったり、友情を深める手助けをします。

◆友だちになる

誰かと出会い、「この人とならいい友人になれそうだ」と思っても、自分からアプローチするのはなかなか勇気がいることです。願いごとは、あなたが自覚していない壁を取り除き、親しみのエネルギーを形にするアシストをします。

●友人関係を築く願いごとの例

「健全で楽しい雰囲気の中で、自然に社交性を磨けますように」

「楽しく健全な友情をもたらす集まりに、参加できるわたしになりたい」

「気持ちが通い合い、友情を育める人と出会えますように」

「健全な友人関係が作れるよう、わたしから話しかける勇気をお授けください」

「わたしと同じような価値観や関心を持つ友人が、たくさんほしい」

「誰かといい友人関係を築き、楽しいことをたくさん経験できますように」

◆友人を増やす

もっと友だちがほしい。でもどこに行けば出会えるのかわからない。そんな時には、同じ趣味を持つ人たちが集まるサークル、文化活動やスポーツの集まりなどに参加してみるのもいいでしょう。友人を増やす機会は、ほんの少し心をオープンにすれば、日常のさまざまなシーンに案外たくさんあるものです。

●友人を増やすための願いごとの例

「共通の趣味があって、互いに協力し合える人と、楽しい友だちづきあいをしたい」

「新しい友だちがた〜くさんほしい！」

「互いにプラスになる、健全で楽しい友だちがたくさんできますように」

「いつも一緒に楽しく行動できて、わたしを成長させてくれるグループと知り合いたい」

「わたしの長所を伸ばしてくれる友人と出会い、人とつきあうことへの抵抗感や恐れがなくなりますように」

「長続きする友情が始まりますように」

「友人を作ることの苦手意識や、友だちを作りにくくしている性格が改善され、社交的なわたしになりたい」

「臆せず、気さくに接することで、たくさんの人たちと楽しいつきあいができますように」

「集団の中で行動することへの抵抗感が、わたしの中から消えてほしい」

◆友情の育て方

気の合う人と出会い、友情を育てられるかどうかは、あなたの姿勢いかんです。相手を心から思いやり、見返りを期待せずに手を差し伸べる――あなた自身がこうしたことに喜びを見出すことが、絆を深める大きな原動力となるのです。

●友情を深める願いごとの例

「友情を育めるように、相手のいうことに耳を傾けられるわたしになりたい」
「友情を育てられるよう、親しみを込めた協力的な態度で相手と接したい」
「お互いに思いやりを持てる友人関係を築くためにはどうすればいいか、宇宙の指示を仰ぎ、知恵を得たい」
「相手にとってわたしが協力者となり、わたしにとっては相手が脅威とならないような関係を築けるように、相手に興味を持ち、理解できる人になりたい」
「○○の助けを、ありがたく受け入れられるわたしになりたい」
「○○と長続きする友情が芽生え、育てることができますように」

◆友人とより親密になる

大切な友だけど、まだよくわかり合えてない――。関係を一歩進めるために、次のような願いごとで二人の間の絆を作る行動を起こしてみてください。

●友人とより親密になるための願いごとの例

「気まずくなっていた○○との関係が完全に修復され、互いに善意を持って協力し合えるようになりたい」

「○○が友情を感じ、尊重といたわりの気持ちを持つことを促す言動ができるわたしになりたい」

「少くとも毎週△回は、○○と一緒に過ごす時間を持ちたい」

「○○と健全で楽しい友情を育てる確実な方法を知りたい」

「○○と一緒に楽しいことができるよう、積極的に誘えるわたしになりたい」

人間関係

多様な人々とさまざまな交流をしていると、心の調和が乱されることも多くなります。こうしたトラブルを防ぎ、充実した人間関係を築くためには、性格や人格の成長段階に応じた、乗り越えるべき課題があります。

◆パートナーシップ

2人以上の人が集まり、同じ目標に向かって協力し合うことを、パートナーシップと呼びます。あなたに合ったパートナーを見つけて絆を深め、一緒にいて楽しく、しかも社会的にも成功できるパターンを構築すると、目標達成がよりスムーズになります。

●パートナーシップを築くための願いごとの例

「仕事で成功し、お互いが豊かになれるビジネスパートナーを招き寄せ、仕事を始められますように」
「一緒に楽しく仕事ができて、誠実で、ともに働けば高い収入が望めるパートナーと出会った時、直感でわかるわたしにな～れ」
「わたしの夢を実現するためのパートナーと出会い、仕事を始め、関わる全員にとってプラスになる環境が作れますように」
「○○がわたしに協力して、互いに支え合おうという気持ちになる言葉をかけられるわたしになりたい」
「○○とパートナーになることで、わたしの長所が引き出されますように」

◆過去を水に流す

関係の修復を図りたいなら、過去の思い出したくない出来事や傷ついたことなどを、きれいさっぱり忘れる必要があります。過去の呪縛を解き放つと心が軽くなり、ゼロから望みの関係作りに乗り出すことができます。

●過去を水に流すための願いごとの例

「○○との不幸な過去を、すべて水に流したい」

「○○に対する否定的な考えを、わたしの心からすべて消してしまいたい」
「楽しい関係を築くのに、障害となるものが、すべてなくなりますように」
「過去のつらく悲しい思い出を、わたしの中から追い出せますように」
「恐れや引け目などの人間関係に関する否定的感情を、わたしの中から消してください」

◆新たな絆を作る

前向きなアプローチと明るい応対があれば、あなたはいつでも新しい絆を築くことができます。人と接する姿勢が変わると、相手も変わっていくものです。

●新たな絆を作る願いごとの例

「人と接する時は、いつでも健全な自信を持って、相手と向き合えるわたしになりたい」
「○○の話を親身に聞いて、求めていることを知り、支えられるようになりたい」
「○○といい関係を築くために、素直でオープンな心を持ちたい」
「代償を求めない健全な愛情を持って、周りの人たちと接することができますように」
「投げやりになることなく、積極的に人と関われるわたしに変身したい」
「相手がストレートに表現しなくても、欲求や望みを感じ取れ、双方に思いやりの気持ちが深まるようなコミュニケーションが取れるわたしになりたい」

「お互いが楽しめる、軽やかで明るい会話ができるようになりたい」

「それぞれが虚勢を張ることなく、ありのままの自分でいられる、のびのびとした人間関係を築けますように」

◆自他の境目を上手に守る

親しき仲にも礼儀あり。これを忘れると、人間関係にひびが入ることがあります。人づきあいの基本は、正直で誠実な自分を相手に常に示していくこと。双方がこれをわきまえていれば、相手の領域に土足で踏み込んだり、過度に期待することもなくなります。

●自他の境目をわきまえる願いごとの例

「自分を好きでいられるように、他者との関係に惑わされることなく、自分なりの倫理にかなった行動ができますように」

「自分は自分。他人《ひと》は他人。おせっかいをしない、されない人でありたい」

「他人の自由を尊重し、相手の領域を侵害しない人になりたい」

「状況を的確に判断し、みんなが喜ぶように事態を収拾できるようになりたい」

「○○独特の人間関係の進め方を理解した上で、それに巻き込まれることなく、自分を守れるわたしになりますように」
「○○の心理状態が、一目で理解できる能力をお授けください」
「○○との関係を、わだかまりなく終わらせるための上手な手順が明確に心に浮かび、実行に移せますように」

◆特定の関係

特別な人との関係をよくしたい時、次の願いごとを活用してみてください。

●特別な関係に変化をもたらす願いごとの例

「○○といる時は、二人の関係がプラスに転じるよう、常に意識していられますように」
「○○がやさしい気持ちになれる言葉をかけられるわたしになり、関係が好転しますように」
「荒れた行動を○○が反省するように促すメッセージを、うまく伝えられますように」
「世界のどこかにいるわたしの魂の家族と出会い、触れ合いができますように」
「○○が人生の新しい目標を見つけ、前向きに歩き始められるよう、プラスの発想と愛のエネルギーを注ぎ込んであげられるわたしになりたい」
「〇〇がわたしを信頼してくれるような言動ができるようになりたい」
「〇〇とわたしの間にあるわだかまりをなくし、楽しく会話ができるようなきっかけを作れますように」
「自分の都合のいいように〇〇を変えたいという願望を捨て去りたい」

ビジネス

（「仕事」も参考にしてください）

◆パートナーシップ

ビジネスには、共同事業や共同出資という形を取ることが少なくありません。この場合、事業の成功は、パートナーとの関係をどう調整するかにかかっています。よりよい成果を生むために、パートナーと接するあなたの姿勢を変える願いごとをしてみましょう。

●ビジネスパートナーとよりよい関係を築く願いごとの例

「○○とチームを組んで仕事をすることへの抵抗感が、すべて消えますように」
「○○との間に素晴らしい絆が生まれ、そのことを大切に思えるわたしになりたい」
「○○の貢献を、高く評価できるわたしになりたい」
「△△ビジネスで、○○と全面的なパートナーシップを組みたい」

◆ビジネスを成功に導く

成功することへの潜在的な抵抗感があると、ステップを踏み外してしまうことがあります。願いの力は潜在意識に直接訴え、成功への恐れや抵抗を鎮め、まっすぐ成功へと向かう道筋を作ります。

●ビジネスを成功に導く願いごとの例

「ビジネスを成功に導くために必要な次のステップが、具体的に思い浮かびますように」
「ビジネスの話題を多くの人と共有し、その中から多くの顧客が生まれますように」
「わたしにプラスになるクライアントと出会えるような社交の場に出かけ、その人と意気投合して、新たなビジネスが始まりますように」
「長く取り引きができるクライアントと出会う機会を、自ら創出できますように」
「クライアントが、友人にわたしを紹介したくなるような接し方ができるようになりたい」
「コミュニティにプラスになり、しかもたくさんの人がわたしのクライアントになってくれるような内容の話ができますように」

◆軌道に乗せる

願いを書き記すことは、成功への公式を再認識するという効果もあります。ここに挙げた文例は、わたしのクライアントたちに絶大な成果をもたらした〝折り紙つき〟の願いの言葉で、これを繰り返し使うことで、ビジネスを順調に進めることができます。

●ビジネスの成功を意識に組み込む願いごとの例

「ビジネス目標を達成することから、決して目を逸らさない自分になりたい」
「ビジネスに打ち込めば、物質的豊かさはもちろん、精神的な豊かさをもたらしてくれると、身をもって感じたい」
「誰かの役に立つことを第一に考えてビジネスを進めれば、必ず成功すると、常に確信していられますように」
「自分自身を律すれば、外から試練は来ないということを、常に自覚していたい」
「顧客がたくさん発注したくなるように、常に明るく接したい」
「事業を成功に導く次のステップがわかり、実施できる自分になりたい」
「ビジネス上の成功が、わたしの人生の第一目標であると、常に考えていたい」
「仕事上の細かい点に気を配っていれば、大局も自ずからうまく行くと、常に意識していられるわたしになりたい」

「ビジネスを軌道に乗せるための行動を、常に起こせますように」

ペット

●ペットとの幸せな関係を築く願いごとの例

「○○（ペットの名）の病気（怪我）を治すため、わたしが取るべき行動を知りたい」

「愛犬が△△できるようになるための訓練が、楽しく上手にできますように」

「生活を見直して、住環境を効率よく管理し、ペットの世話に縛られることなく、自由に生きられる自分になりたい」

「信頼できるペットシッターと出会い、愛犬（猫）の世話を任せられるようになりたい」

「人生に深い愛情と充実した幸せをもたらしてくれる、わたしのペットとなるべき動物と出合い、家族にできますように」

「○○（ペットの名）の気持ちや欲求がよくわかり、関係がよりよくなるために、彼の目線でものごとが見られる、やさしい飼い主になりたい」

変化

●積極的に変化の波に乗るための願いごとの例

「変化の渦中にあっても、静かで落ち着いた気持ちを維持できますように」
「自分自身の成長の過程を楽しみ、幸せを感じられるわたしになりたい」
「外界の変化を自分のためになることと理解し、うまく対処できますように」
「人生がよい方向に向かうように、リラックスして心を解放できる人になりたい」
「自分のためになるのなら、どんな変化も喜んで受け入れるわたしでありたい」
「避けられない変化を、わたしのためになることだととらえ、前向きに受け止められる人になりたい」

法律問題

◆直接の対話

訴訟に持ち込まれるケースでも、いちばんいいのはやはり当人同士が直接話し合うことかもしれません。それが可能な時、願いごとはあなたと利害の敵対している相手が円満に解決できる対話を促します。

●よりよいコミュニケーションを促す願いごとの例

「○○とわたしの双方にとってプラスになる解決法を導き出せる対話にするため、的確な言葉を選んで話せますように」

「○○との離婚問題で、彼（彼女）が今の関係を解消して次の人生を歩み始めたいと思い、すぐに書類にサインしてくれるように促す会話ができるわたしになりたい」

「双方に公平な形で離婚が成立するように、事を運べるわたしになりたい」

◆弁護士との関係

訴訟でいちばん重要なのは、あなたが抱える問題に精通した有能な弁護士を見つけることです。さらに弁護士と友好関係を築き、大金を請求されないようにすることも必要です。訴訟の各段階で弁護士がどんな活動をしているのか、どの程度のコストや時間がかかるのかについても、きちんと把握しておきましょう。

●弁護士と友好関係を保つ願いごとの例

「わたしが始めようとしている訴訟のケースを、たくさん経験している専門性の高い弁護士を見つけ、雇い入れられますように」

「訴訟を有利に進めるための、弁護士との接し方を知りたい」

「訴訟を進めるにあたり、どの程度の資金が必要になるか、金額を明示するよう指示できるわたしになりたい」

「歩合契約でわたしの代理人となり、勝訴できる弁護士と出会いたい」

「満足できる訴訟の展開にするために、わたしが弁護士に伝えるべきことを知りたい」

◆訴訟

結審するまでは意識が訴訟に集中し、他のことがおろそかになりがちです。ストレスを軽減し、訴訟をスムーズに終わらせるために、願いごとの力を借りましょう。

●訴訟をはかどらせるための願いごとの例

「○○の訴訟で、わたしにとって最良の結果になるよう、なすべきことをてきぱきとこなせますように」

「法廷での戦いに勝つまでの過程に伴うすべての〝痛み〟が、すぐに消えますように」

「この訴訟に勝つことを阻むものが、全部なくなりますように」

「わたしが直面している法律問題を、訴訟で解決するのがわたしにとっていいことなのか、もしそうならいつ訴訟を起こしたらいいのか、天のお導きがありますように」

「わたしの将来にプラスになる形で訴訟を進めるための方策がひらめきますように」

「トラブルを訴訟ではなく、時間とエネルギーをかけずに示談で解決するために、必要な行動をてきぱき取れるわたしになれますように」

瞑想・祈り

●瞑想に関する願いごとの例

「人生を静かに落ち着いて見つめられる人になれますように」

「瞑想を通じて気持ちが静まり、その喜びを経験できるわたしになりたい」

「わたしに合った瞑想法を見つけ、ストレスを追い出せますように」

「願わくば、毎朝毎回○分以上は静かに座り、心を空っぽにする時間を作れるわたしになりたい」

「瞑想を通じて、心の平和を感じたい」

「わたしに合った瞑想法を教えてくれる人と出会い、瞑想の習慣をつけたい」

「瞑想を通じてわたしを導いてくれる天上の存在と心を通わせ、最も幸福を感じられる場所に至るよう、宇宙の啓示を敏感に聞き取れるわたしになりたい」

●祈りに関する願いごとの例

「週○回以上は、お祈りをする習慣が身につきますように」

「わたしが求めている答えを聞くためにはどんなお祈りをすればいいのか、はっきりと知りたい」

「わたしが祈りを捧げる対象（神様、宇宙、大いなる存在など）を身近に感じ、深い結びつきを実感できますように」

「週○日、○分以上はお祈りまたは精神世界の活動をし、それを通じて自分自身を見つめる習慣が身につきますように」

勇気

◆恐れを解消する

潜在意識にある恐れが、運命に従おうとするあなたの勇気をくじくことがあります。願いごとは、あなたの前に立ちはだかる障害を取り除いて、麻痺した心を正常化し、勇気を持って行動する道を切り拓いてくれます。

●無意識の恐れからくる、心の麻痺を取り除く願いごとの例

「勇気を阻む、否定的で批判的な考えや感情がすっかりなくなりますように」
「何をするにも自らイニシアチブを握り、果敢に進んでいけるわたしになりたい」
「独力で生きていくことに対する恐怖感が、完全になくなりますように」
「どんな人にも愛情を持って、心をオープンにする勇気をわたしにお与えください」
「○○の目標を達成するために、勇気と自信が湧いてきますように」

◆リスクを冒す

リスクを負う時、人はその結果が吉と出るか凶と出るかに興奮を覚えます。もし、失敗を恐れる心に支配されて、新しい人生の可能性を閉ざしてしまうと、結果的に後悔することに。願いごとは、リスクを伴うチャレンジを否定する恐怖に打ち克ち、果敢に立ち向かっていくあなたにエネルギーを授けます。

●リスクに挑む勇気を生む願いごとの例

「自分のためになるリスクを恐れずに向かっていけるわたしになりたい」
「人生に活気と喜びを与えてくれるリスクを、迷わず冒せる自分になりたい」
「わたしが成長し、幸福になるための挑戦を常に受け入れたい」
「○○に出そうと思っている手紙を書き上げて、投函できるわたしになりたい」
「偽りのないコミュニケーションをとるために、○○にいうべきことをきちんと伝える勇気をたくさんください」

両親

両親との関係は、人生で最も重要な人間関係の一つです。ちょっとした誤解や、コミュニケーション不足から疎遠になっていたとしても、親との親密な関係を再開する機会は、いつでもあなたに向かって開かれています。

◆両親との関係を改善する

父親、または母親との間に作ってしまった否定的なパターンを改めて見直し、もっとポジティブで愛情に満ちた関係に変える機会は、あなた自身が変えたいと思った時にやってきます。たとえ小さなろうそくでも、1本灯せば真っ暗な部屋が見通せるようになる――愛は世界の隅々まで照らす力を持っているのです。新月のたびに繰り返し両親のことを願い、よりよい未来をイメージしていると、否定的なパターンはやがて融解し、新たな関係が築けるようになっていきます。

●両親との関係を改善する願いごとの例

「両親との間に愛と調和、協力の気持ちが呼び起こされる会話ができるようになりたい」

「過去の辛い思いを一切水に流し、母（父）に対して愛と理解を持ちたい」

「両親との間に強い友情と協力の絆を築くための積極的な行動がとれますように」

「わたしが選んだ人生を父が認め、協力する気持ちになることを促す言葉をいえるわたしになりたい」

「父（母）と対等で親密な関係を築く会話ができるわたしになりたい」

「母が癒されていくよう、励ます言葉をたくさんいえるわたしになれますように」

◆過去を水に流す

わたしたちは皆、学びと成長の途上にあり、両親も例外ではありません。彼らだって〝完璧〟ということは滅多にないのです。さまざまなプレッシャーから、親は時として、子どもにとって心理的なトラウマになる言動をすることがあります。また、両親の言動で心に傷を負った子どもが自ら親になった時に、今度は加害者として、同じことを繰り返しているケースや、実家のよくない習慣を持ち込んでいるケースなど、意識せずに子どもを傷つける行動を繰り返す親は、案外多いものです。自覚することなくあなたを傷つけていた親の〝罪〟を、新月に願いを込めることによって水に流し、よくない家族のパターンを断ち切ることで、新たな親子関係を築くことができます。

●過去を水に流すための願いごとの例

「子どものころに傷ついた記憶のすべてを水に流し、心から追い出したい」

「母から精神的に独立する、健全で幸せな方法を知りたい」

「わたしのプライバシーや人生を母が尊重し、喜んで自立をサポートしてくれるために、必要な言葉をいえるわたしになりたい」

「母（父）がわたしを無条件で愛し、精神的な支えになってくれることを促せるわたしになれますように」

「子ども時代にわたしが傷ついた母の言動と、同じことをしてしまうわたしを変えたい」

旅行

●旅行を招き寄せる願いごとの例

「ビジネスの要件を満たし、その上、心身ともに安らげる旅の機会が舞い込みますように」

「手頃な予算で、心身ともに癒される旅ができますように」

「無理ないコストで、夢に描いた長期休暇をとり、心から楽しめますように」

「○○への旅行が、安価な予算で実現しますように」

恋愛

◆新しいロマンスと出合う

現在独身で、恋愛パートナーがいない人は、胸がときめく相手があなたの前に現れるよう、宇宙に希望を伝えましょう。

●新しい恋愛相手を引き寄せる願いごとの例

「ロマンチックで楽しい関係を築ける男性（女性）と出会い、デートできますように」
「○○（包容力のある、自信にあふれた、夢のあるなど）男性（女性）と出会い、おつきあいが始まりますように」
「夢に描いた男性（女性）と出会える場の情報が、簡単に手に入りますように」
「苦しみのない健全な恋に落ち、胸がときめく経験ができますように」
「一緒にいて二人とも心地よく、長続きする恋愛関係が作れるわたしになりたい」

「ソウルメイトの一人と出会い、ロマンチックで幸せな日々を過ごせますように」
「一緒にいて落ち着ける、向上心を持った楽しい男性（女性）と出会い、すぐに恋愛が始まりますように」

●自分自身の魅力を増す願いごとの例

「楽しく健全なロマンスを経験する機会に敏感なわたしになりたい」
「異性の前でも緊張せず、人間としての魅力に惹かれる相手と、いいおつきあいが始まりますように」
「異性に対するカリスマ的魅力を身につけ、幸福で健全な恋愛関係をスマートに始められるわたしになりたい」
「異性といる時、わたしの魅力が最大限に引き出される会話ができますように」
「異性とのつきあいを、気軽に楽しめるわたしになりたい」
「周りの人から示された愛情や、人生がわたしに用意してくれる様々な経験を、感謝して受け入れられるわたしになりたい」
「恋愛関係を、わたしにとってプラスの経験にできますように」
「恋愛のチャンスを見極め、ハッピーな恋に発展する種だけを拾って育てられるわたしになりたい」

◆心の障害を取り除く

幸せな恋愛を阻むものは、案外自分の中にあるかもしれません。「真に幸福になれる恋愛なんかあるものか」などと思っていたら、どんなに素敵な人が現れても、素通りしてしまいます。その場合、恋愛に至る最初のステップとして、心の中の障害物を取り除き、あなたが求める幸福と満ち足りた経験を招き寄せる態勢を整えることが必要です。

●恋愛を阻む心の障害を取り除く願いごとの例

「誰かと恋愛することへの恐怖心や自信のなさを癒せるよう、自分の心の中が見通せるわたしになりたい」

「恋の喜びや楽しさを体験することを妨害するエネルギーを、すべて取り除いてください」

「異性と一緒に楽しい時を過ごすことへの抵抗感が、溶けてなくなりますように」

「恋することへの緊張感や恐怖心が、消えてなくなりますように」

「わたしのためにならない恋愛パターンに陥りませんように」

「恋愛関係から得られる癒しのエネルギーを、拒絶することがなくなりますように」

「喜びをもたらしてくれる恋愛関係を築きたいと思うわたしに変わりたい」

◆恋愛への自信を育てる

幸せな恋をするには、自分の魅力を認め、異性にアピールできる自信を持つことも必要です。

●自信を育てる願いごとの例

「健全な自信を持って、デートができますように」
「わたしが魅力を感じる異性と接する時、自然な会話ができるという自信を持っていられますように」
「自分にしかない魅力があるのだという健全な自信が、わたしの中に育ちますように」
「心魅かれる異性との距離を縮め、愛を勝ち取るための名案が浮かびますように」
「恋の相手と緊張せずに自然な会話ができ、純粋に相手の人柄に関心を寄せられるわたしになりたい」

◆成功する恋愛パターンを作る

恋愛相手としてふさわしい人があなたの前に現れた時、その人を素直に受け入れずに、わざと遠ざけようとする態度に出ることがあります。駆け引きをせずに、相手を進んで受け止めるパターンを作ることは、成功する恋愛への近道かもしれません。

●成功する恋愛のパターンを作る願いごとの例

「誰かと恋に落ちる時、相手のすべてを背負ってしまうことなく、相手と自分の問題をきちんと分けて考えることのできるわたしになりたい」

「誰かを好きになったら、親密になることを急がず、お互いをじっくりと観察し、愛を育てられるわたしになりたい」

「恋愛関係が始まったら、最善のタイミングで、しかも自分が納得できる形で、性的関係に進めるわたしになりたい」

「人を好きになったら、ロマンチックなムードにおぼれる前に、相手の人柄をしっかりと見極め、正直な気持ちを伝えられるわたしになりたい」

「恋愛に関して、いつでも受身になってしまう癖をなくしたい」

◆二人の間にロマンスを取り戻す

二人の関係が長く続くと、絆が深まる一方で、ロマンチックな気持ちも薄れがちです。

二人の間にロマンスを復活させるためには、次のような願いごとが有効です。

●ロマンスを復活させる願いごとの例

「わたしと○○が再び恋をして、幸せになることを拒否する気持ちが消えますように」

「二人の関係に愛を取り戻すために、相手の心に響く会話ができるわたしになりたい」

「二人がもっと幸福で愛情にあふれる関係になるための具体的な方法を思いつき、実践できますように」

「二人がもっと理解し合い、調和して、互いに協力を惜しまない関係になることを促す言動が取れるわたしになりたい」

「二人の愛をいつまでも新鮮に保ち、幸福で楽しい生活が続けられるよう、いつでも相手に明るく接していられるわたしになりたい」

「○○との間にロマンチックな雰囲気をもたらす行動を起こせるわたしになりたい」

新しい次元に生きる

エネルギーの軸が変わる

新月パワー周期を積極的に活用していると、あなたの人生は驚くほど変わります。紙とペンを用意して、新月の日に願いごとを書きとめるということは、あなたが宇宙に対してこういっていることに他なりません。

「さて、今からわたしが宇宙を動かします。わたしは今の人生をもっとよくして、幸福になることに決めました。ついては次のことが実現されなくてはなりません！」

宇宙の舵をとり、自らの人生に必要なものを名指しした瞬間、エネルギーの軸が移動し、宇宙とあなたの立場が入れ替わります。

ほしいものが手に入らない理由はただ一つ、これまでの人生を作ってきたあなたの潜在意識（無意識）の問題です。潜在意識に残っている前世での記憶や子ども時代にいわれたこと、世間でいわれていることなどが束になって、「そんなものを手に入れることはできないぞ！」「お前にはまだその資格はない！」とか「あれとこれと両方ほしいなんて厚かましいぞ！」などと、あなたを脅しています。そしてその結果として、今のあなたの人生があるのです。

新月パワー周期は、あなたの潜在意識から発信される、これらの否定的な考えを掘り起こして外に解き放ち、願いを実現させる態勢を整えてくれるのです。

願うことは自分自身と向き合うこと

本書のメッセージは「何をおいても自分の夢を追いかけよう！」ということです。夢がすぐに実現しなかったとしても、自分の夢に疑問を持ってはいけません。夢をあきらめたり、妥協するのではなく、夢にたどり着く方法を工夫してみてください。あなたが心に抱く夢は神聖なもので、そもそも手に入れる運命にないものは、あなたがほしいと願うことはないのです。

夢を実現する過程で、あなたは人格が磨かれていく体験をするでしょう。これは、ちょうど昔のおとぎ話の筋立てのようなもの。主人公がお姫様や王子様と結ばれ、お城で幸せに暮らすために、怪物の退治や、恐ろしい危険がいっぱいの旅をしなければならないように、あなたも試練を乗り越えなくてはならないのです。

切望するものを手に入れる過程で、あなたは心の中にある、あるいは外的環境にある、最も恐れているものに立ち向かうことになるでしょう。それまで夢の実現を阻んでいた恐れの正体は、きちんと向き合うことで融解し、二度と姿を現すことはありません。

夢を実現し、もっと自由になるために障害物はどんどん片づけましょう。苦い思いで捨て置かれたものに光をあて、果敢に挑戦していきましょう。一瞬ひるむことはあっても、安全でつまらない過去に立ち戻ることなく、新しい次元に立つあなた自身を求めて前進してください。

あなたが心から求めるものは、何をおいても手に入れなくてはなりません。なぜなら、宇宙はそのシナリオの先に、あなたがこれまで味わったことのない幸福を用意しているからです。

訳者あとがき

満月の夜には犯罪や交通事故が増し、赤ちゃんがたくさん生まれると言われます。満月の日、月の引力のために人の精神のバランスが崩れるという統計的データは、狼男伝説を裏付けるものでした。ミステリアスな満月（十五夜）が過ぎると、十六夜《いざよい》月、立待《たちまち》月、居《い》待《まち》月、臥待《ふしまち》月、宵待《よいまち》月、残月と、月は次第にやせていき（下弦の月）、ついに新月（朔月《さくづき》）となります。

夜毎に形を変え、満ちては欠ける周期的な運動を繰り返す月は、古今東西を問わず世界中の人々の関心を集め、時を刻む尺度（カレンダー）として、また文化や芸術の題材として使われてきました。20世紀には人類が月面に降り立ち、多くが科学的に解明されているにもかかわらず、月の神秘に惹きつけられる現代人は少なくありません。

占星術で扱う10の惑星の中で、月がつかさどるのは「変化と願望」といわれます。「新月のソウルメイキング」のノウハウを本書で手に入れた読者諸氏にとって、月は、眺めるだけの対象から、自分の人生に変化をもたらし、願望を一つひとつ具現化していくための強力な味方へと変化したのではないでしょうか。

著者のジャン・スピラーは、多様な占星術の〝ツール〟の中で月をとりわけ重要視し、月をテーマとした占星術の本を著してきました。「月は人の感情や情緒に関する豊かな情報を網羅しているため、ほかのどの惑星よりも多くのことを語りかけるのよ」と、ジャンは以前わたしに話してくれたことがあります。彼女の日本デビューを飾った前作『前世ソウルリーディング――あなたの魂はどこから来たのか』（徳間書店）でも、占法の中心にあるのはドラゴンヘッド（月の軌道と地球の軌道の北の交点）とドラゴンテイル（同、南の交点）でした。直訳すると「龍の頭」と「龍の尻尾」。この名前は古代中国で、月の満ち欠けは龍に食べられるから起きると考えられたことに起因しています。

ジャンは東洋に関心が深く、ニューヨークシティの自宅にはたくさんの仏像が、そしてサンタフェの別宅にはアジアの血をひくと言われるアメリカインディアン・アートの作品が、数多く飾られています。東洋の〝波長〟にもごく自然に親しんでいる彼女が著書の中で語るメッセージには、いわゆる西洋占星術という範疇《はんちゅう》を超えた、精神世界のインスピレーションがあふれています。占いというジャンルと一線を画し、西洋占星術ではあまり扱わない前世にも光をあて、何千年という月日を生き延びてきた魂を見据える姿勢が、多くの人に感銘を与えるのかもしれません。

「人が心から求めるものは、その人の運命の一部。本来実現されるべきものなのです」と、ジャンは言っています。この言葉を聞いて、「本当にそのとおりかもしれない」と思える人は、新月パワーの助けを借りて次々と思いを実現していくでしょう。「そうはいっても、人生、そううまく運ぶものじゃないさ」と感じた人は、前世からの、そして幼少時からこれまでの人生の中で、うまくいかない経験をたくさん積んできた人かもしれません。その場合、潜在意識に刷り込まれた「人生とはうまくいかないものだ」という認識を掘り起こし、光をあてて外に放り出すことが先決です。このプロセスを怠っていると、その人の人生はいつまで経ってもうまくいかないままでしょう。これは「現実はあなたの心が作るもの」という精神世界の〝常識〟をいいかえたものです。けれども「思い通りにならないものはない」と100％信じられる人も少ないのが現実。あなたが思うに任せないと感じている分野に関心を向け、新月パワーを活用して、否定的な既成概念を捨て去ることから始めてみてください。それができたら「なりたい自分」のイメージ作りをじっくりと楽しんでみてください。

毎月訪れる新月のたびに、「さて、自分は何がほしいのかな？」と考える機会を得ることは、とても楽しいものです。本書の英語版を手にとり、新月が願いごとを聞き届けてくれると知った時から、わたし自身、毎月のリストを作るのが楽しみになりました。これまで作ったリストには、すでにかなったものもたくさんあり、まだ実現されていないものもいくつかあります。

この習慣ができて気づいたのは、願いごとを言葉にすることをきっかけにして、自分が何を求めているのかにまっすぐ目を向けるようになり、リストに書き記すことで、日々の行動がその目的にフォーカスされていくこと。「幸せになりたいなあ」と漠然と思っていてもなかなか進展しませんが、「幸せになりたい」と具体的に願うことは、あなたを確実に幸福に近づけるのです。まず、あなたにとって何が幸せなのか、という定義に始まり、その幸せに近づくことを阻む自己妨害的行為をしていないかどうかに関心が向けられます。「これがほしい」と新月に向かって宣言をすると、不思議なことにそれを手にした自分がイメージできるようになります。そしてそのイメージはやがて現実になっていくのです。

自分が幸せだと実感できる人は、周りにもその喜びの波動を振りまき、周りの人も幸せにしていきます。だから、誰よりも先に自分が幸せになることが大事なのです。わたしにとっての幸福は、「いつでも自分らしくあること」です。ジャン・スピラーの本を日本の読者に紹介することが、いつでも大きな喜びなのは、わたしがジャンの宇宙観に深く共鳴している証しかもしれません。

読者の皆様が、これまでの経験から身につけた否定的な思い込みに改めて光をあて、既成概念の呪縛から解放されて幸せをつかむきっかけに、本書を活用していただけることを切に願っています。

最後に、本書の編集に当たってくださった徳間書店の石井健資編集長、えん工房の橋上玲子さんに深く感謝いたします。

２００３年11月
東川恭子

著者 **ジャン・スピラー**（Jan Spiller）

全米占星術界で最も信頼されている重鎮の一人。
世界最大の発行部数を誇る占星術誌『デル・ホロスコープ』
マンスリー・コラム連載のほか、米国内外の様々なメディアや講演、講座などで活躍。
前作『Astrology for the Soul（前世ソウルリーディング）』は、
既存の占星術の枠を超えた鋭い洞察が日本を含め世界中で高い評価を得た。
『新月のソウルメイキング』で新月のたびに願い事をリストアップする
習慣が紹介されて以来、日本中に広まり、現在に至っている。
『スピリチュアル占星術』『コズミック★ラブ超占星術』（いずれも徳間書店）など、
多数の著作がある。（1944〜2016）
ホームページ——https：//www.janspiller.com

訳者 **東川恭子**（ひがしかわ・きょうこ）

翻訳家。ヒプノセラピスト。
ハワイ大学卒業、ボストン大学大学院国際関係学部修了。
ハーバード大学研究助手。メタフィジカル・スピリチュアル分野の探求を経て
2014年よりヒプノヒーリングサロンを開設。
エネルギーサイエンスをベースにヒプノセラピー＆コーチングを行う傍ら、
潜在意識の活用法の普及に努めている。
翻訳書は『前世ソウルリーディング』『[魂の目的]ソウルナビゲーション』
『スピリチュアル占星術』（徳間書店）、
『最先端のタイムトラベル理論を身につけてあなたは「時空飛行士」になる』
（竹内薫氏と共訳、ヒカルランド）、
『あなたという習慣を断つ』（ナチュラルスピリット）など多数。
ホームページ——https：//hypnoscience-lab.com

レイアウト……………………小島由紀子
イラスト……………………水崎真奈美
編集協力……………………えん工房

〔魂の願い〕**新月のソウルメイキング**

第１刷　2003年11月30日
第19刷　2021年８月31日

著者　ジャン・スピラー
訳者　東川恭子
装幀　坂川栄治＋田中久子
発行者　小宮英行
発行所　株式会社徳間書店
郵便番号141-8202
東京都品川区上大崎3-1-1　目黒セントラルスクエア
電話　編集（03）5403-4344　販売（049）293-5521
振替00140-0-44392
印刷　日経印刷（株）
製本　ナショナル製本協同組合
カバー印刷　真生印刷（株）

本書の無断複写は著作権法上での例外を除き禁じられています。
購入者以外の第三者による本書のいかなる電子複製も一切認められておりません。

©2003 HIGASHIKAWA Kyoko, Printed in Japan
乱丁・落丁はおとりかえ致します。

ISBN978-4-19-861764-6

好評重版中（徳間書店刊 A5ソフト版 2800円+税）

※お近くの書店にてご注文下さい